国家中等职业教育改革发展示范校创新系列教材

顾　　问：余德禄
总 主 编：董家彪
副总主编：杨　结　吴宁辉　张国荣

模 拟 导 游

顾　问　王　薇
主　编　陈　蕾
副主编　江　澜　张永幸
主　审　董家彪

北京·旅游教育出版社

编委会

主　任：董家彪

副主任：曾小力　张　江

委　员（按姓氏笔画排序）：

王　娟（企业专家）　王　薇　邓　敏

杨　结（企业专家）　李斌海　吴宁辉

余德禄（教育专家）　张　江　张立瑜

张璆晔　张国荣　陈　烨　董家彪

曾小力

总 序

在现代教育中,中等职业学校承担实现"两个转变"的重大社会责任:一是将受家庭、社会呵护的不谙世事的稚气少年转变成灵魂高尚、个性完善的独立的人;二是将原本依赖于父母的孩子转变为有较好的文化基础、较好的专业技能并凭借它服务于社会、有独立承担社会义务的自立的职业者。要完成上述使命,除好的老师、好的设备外,一套适应学生成长的好的系列教材是至关重要的。

什么样的教材才算好的教材呢?我的理解有三点:一是体现中职教育培养目标。中职教育是国民教育序列的一部分。教育伴随着人的一生,一个人获取终身学习能力的大小,往往取决于中学阶段的基础是否坚实。我们要防止一种偏向:以狭隘的岗位技能观念代替对学生的文化培养与人文关怀。我们提出"立德尚能,素质竞争",正是对这种培养目标的一种指向。素质与技能的关系就好比是水箱里的水与阀门的关系。只有水箱里储满了水,打开阀门才会源源不断。因此,教材要体现开发学生心智、培养学生学习能力、提升学生综合素质的理念。二是鲜明的职业特色。学生从初中毕业进入中职,对未来从事的职业认识还是懵懂和盲从的。要让学生对职业从认知到认同,从接受到享受到贯通,从生手到熟手到能手,教材作为学习的载体应该充分体现。三是符合职业教育教学规律。理实一体化、做中学、学中做,模块化教学、项目教学、情景教学、顶岗实践等,教材应适应这些现代职教理念和教学方式。

基于此,我们依托"广东旅游职教集团"的丰富资源,成立了由教育专家、企业专家和教学实践专家组成的编撰委员会。该委员会在指导高星级饭店运营与管理、旅游服务与管理、旅游外语、中餐烹饪与营养膳食等创建全国示范专业中,按照新的行业标准与发展趋势,依据旅游职业教育教学规律,共同制定了新的人才培养方案和课程标准,并在此基础上协同编撰这套系列创新教材。该系列教材力争在教学方式与教学内容方面有重大创新,突出以学生为本,以职业标准为本,教、学、做密切结合的全新教材观。真正体现工学结合,校企深度合作的职教新理念、新方法。经过近二年时间的努力,现已付梓。

在此次教材编撰过程中,我们参考了大量文献、专著,均在书后加以标注,同时我们得到了旅游教育出版社、南沙大酒店总经理杨洁、岭南印象园副总经理王娟以及广东省职教学会教学工作委员会主任余德禄教授等旅游企业专家、行业专家的大力支持。在此一并表示感谢!

2013 年 8 月于广州

前 言

导游服务贯穿于旅游活动的全过程,是连接旅行社和旅游者的纽带。但是,导游服务不是一般的纯体能的服务或简单的技能服务,而是一种复杂的、高智能、高技能的服务。对于中职毕业的学生来说,往往需要经过较长的职业适应期才能够熟悉和适应导游工作。

模拟导游是中等职业学校旅游服务与管理专业的一门核心课程,本课程着重对学生的导游职业能力进行培养,让学生能够胜任旅行社导游的基本工作。在现有的教材中,有的偏重于理论,有的偏重于地陪讲解的实训,而从培养导游在工作中成长、发展所需职业能力的角度编写的教材比较少。

本书在编写过程中,专门对本地区、本行业的旅游企业实践专家进行了访谈,依据"旅游服务与管理专业的工作任务和职业能力分析表"中"合格导游"的工作领域和要求,以由易到难的顺序理顺工作流程并合理设置项目。项目设计时,以工作任务为中心,以超仿真产品(或服务)为载体,围绕着产品和项目让学生自主完成工作任务,教师则更多的是引导、分析以及评价学习效果,为仿真产品(或服务)任务的完成作项目引领。

经过与旅游企业专家深入细致的讨论分析,本教材确定了以下三个模块:分别是地陪、全陪、领队的服务训练。按照工作时间持续长短、出行距离的远近、工作复杂的程度安排项目的顺序,让学生随着同为职校毕业生的"李玉"一同成长,深入实践导游技能,最终达到"合格导游"的要求。

与同类教材相比,本书的特色主要体现在以下三个方面。

第一,教材结构创新性强。

中职毕业的学生参加工作的时候,普遍年龄比较小,面对导游服务的复杂性容易出现畏难情绪。本教材以工作时间较短、工作任务较简单的一日游学生团为入门项目,让学生能轻装上阵,然后再逐渐加大难度。

第二,实际操作性强。

在编写本书的过程中,得到了很多旅行社一线专家的支持,将正规、大型旅行社的各类规范表格近乎完整地呈现在学生面前。教材运用了大量的仿真接待计划,包括在同类的教材中很少出现的导游出团通知书、团队费用计划、详细的游客名单表、机票行程单、出境旅游团队名单表、团队签证等,都直接运用在学生的工作任务模拟实训中,让学生不再是游离于导游员带团情境之外的旁观者,而是置身于各类仿真的情境之中,能得到更真实的操作体验。

第三,互动性强。

本教材注重互动性,各个任务的设置都是针对学生的学习能力重点培养其动手能力,让学生能够自主分析,主动进入到职业情景中去,在教材内容指导下充分与教师以及同学互动、完成工作任务,在这个过程中领会导游工作流程。此外,书中列举了大量的图表,可以让学生养成用表格来分析任务、用表格来总结工作的良好习惯,对于学生今后规范操作导游工作有极强的指导作用。

本书由陈蕾担任主编,张永幸和广东省旅游协会导游分会执行会长、广东省资深高级导游江澜担任副主编,黄润洁编写模块一项目三的任务三专题知识讲解训练一,李艳芬编写项目三任务四专题知识讲解训练二,本校的陈建莹、谭家尧、陈创光、刘洁等几位老师给予了协助。

广东省旅行社行业协会秘书长、广东省旅游协会导游分会会长郑文丽,岭南印象园副总经理王娟以及广东中旅导游有限公司副总经理肖青国对本书的编撰给予了指导并提供了许多意见和建议;韶关市中等职业技术学校、韶关市广中旅行社高级导游罗世雄以及广东省旅游协会导游分会副会长、广东省资深高级导游梁洪沛为本书提供了大量资料并编写导游词;岭南印象园企业为本书提供了资料,在此一并向他们表示感谢。

在本书编写过程中,参考了大量文献和资料,谨向原作者表示衷心的感谢。

本书可作为旅游中等职业学校的专业教材和高等旅游职业院校(系)的辅助教材,也可作为旅行社导游岗位培训用书和导游从业人员的自学用书。

由于时间仓促、编者水平有限,书中难免存在不足之处,敬请业内专家及读者予以批评指正。

编者
2013 年 11 月

目 录

模块一 地陪服务训练 ·· 1
项目一 一日游学生团地陪服务训练 ·································· 1
  任务一 学生团工作任务分析 ·· 3
  任务二 服务准备 ··· 9
  任务三 服务过程 ·· 13
  任务四 景点讲解初练 ·· 17
  任务五 带团总结 ·· 22
项目二 省内游地陪服务训练 ·· 24
  任务一 服务准备 ·· 28
  任务二 迎接服务 ·· 35
  任务三 住宿以及核对行程安排服务 ·································· 40
  任务四 餐饮服务 ·· 44
  任务五 参观游览服务 ·· 47
  任务六 送客服务 ·· 54
  任务七 后续工作 ·· 60
项目三 地陪导游讲解训练 ·· 63
  任务一 欢迎辞训练 ·· 65
  任务二 沿途导游讲解训练 ·· 70
  任务三 专题讲解训练一——孙中山 ·································· 80
  任务四 专题讲解训练二——六祖惠能 ································ 87
  任务五 景点讲解训练一 ·· 95
  任务六 景点讲解训练二 ·· 101

模块二 国内游全陪服务训练 ·· 106
项目四 国内游全陪服务过程训练 ···································· 106
  任务一 线路分析与学习 ·· 115
  任务二 服务准备 ·· 123
  任务三 国内出发和入住饭店服务 ···································· 130
  任务四 其他服务 ·· 140

任务五　回程和后续服务……………………………………………… 148
项目五　国内游部分线路介绍…………………………………………… 157
　　任务一　湖南张家界高铁线路分析……………………………………… 163
　　任务二　华东旅游线路分析……………………………………………… 170
　　任务三　山西、内蒙古线路分析………………………………………… 175
　　任务四　西藏旅游线路分析……………………………………………… 181
项目六　旅途才艺训练(展示)…………………………………………… 188
　　任务一　个人才艺训练…………………………………………………… 189
　　任务二　旅途游戏训练…………………………………………………… 199

模块三　出境游领队服务训练…………………………………………… 205
项目七　出境游基本业务………………………………………………… 205
　　任务一　出境旅游业务说明……………………………………………… 206
　　任务二　申办证件以及表格填写………………………………………… 211
项目八　出境游领队工作要务训练……………………………………… 223
　　任务一　服务准备工作…………………………………………………… 229
　　任务二　出境前的说明会………………………………………………… 233
　　任务三　出入境服务……………………………………………………… 240
　　任务四　境外旅游服务…………………………………………………… 249

参考文献……………………………………………………………………… 252

模块一　地陪服务训练

开篇案例

　　李玉是一名职校毕业生,进入广州某旅行社担任地陪导游工作,从事导游工作已经有五年时间了。从实习开始到现在,李玉从学生团的跟团助理到导游,再到大型团队的队长导游,又担任了省内游的地陪工作。从散客成团到单位包团,遇到过形形色色的客人,处理过各种各样的问题。在这个过程中,李玉一直认真反思和总结自己在带团工作的优点和失误,经常向前辈请教,努力丰富自己的经验,提升自己的讲解水平和带团技能。经过几年的"实战"训练,李玉从一名实习导游成长为一名合格导游,并努力向金牌导游的目标迈进。

训练目标

　　★ 能完成学生团的工作任务分析、服务准备、服务过程和后续工作等地陪服务。
　　★ 能完成省内游团队的服务准备、迎接服务、参观游览服务、其他服务、送客服务以及后续工作等地陪服务。
　　★ 能为旅游团进行致欢迎词、景点讲解、沿途导游讲解以及专题知识讲解等导游讲解服务。

项目一　一日游学生团地陪服务训练

　　一日游学生团是初任导游时经常面对的工作任务。把带好学生团作为自己导游工作的起点,逐渐积累经验、熟悉地陪服务,是一个新导游提高服务能力的良好途径。因此,掌握学生团工作任务的要求,做好服务准备,认真面对工作中的每一个环节,对于刚开始接触导游工作的新导游来说至关重要。

　　任务一　学生团工作任务分析
　　任务二　服务准备
　　任务三　服务过程
　　任务四　景点介绍训练
　　任务五　带团总结

模拟案例一

旅行社承接了某学校的秋游活动,拟派遣本社的专职导游和实习导游担任本次大型学生团队的导游工作。根据以下出团任务书以及团队费用计划的要求,完成本项目中的任务。

表1-1 导游出团任务书

行程安排	见下表	接团时间地点	广州市××区××小学
公司团号	ZHGDXS20130924	计调、电话	陆×× 138××××××××
线路名称	广州岭南印象园一天游	地陪、电话	张×× 139××××××××
总人数	24个班1010名学生48名老师	订票计划	公司计调 罗×× 133××××××××
用车情况	×××旅运 24部50座	车队联系人	田力137××××××××
备注	导游持"××旅行社"旗接团,餐、景点、车报本社团号+班级		

日期	游览项目		用餐
9月24日	7:30 学校门口集中,学生8:00到校。 08:30 出发前往岭南印象园,由景区正门入(已安排景区导游)。 按低、中、高年级分线路游览,并分时段观看大型表演《印象珠江》、《岭南印象》、《陆丰皮影戏》、《五华提线木偶戏》。 按学校要求,已安排户外拓展区和儿童捉鱼池活动,按人数分批进行。 下午15:15集中,送返学校。		计调部叶××统管。 午餐,各组组长按时间要求领取盒饭,导游协助派发。各组用餐位置由组长负责协调。
注意事项	低年级组,用餐时间:11:30—12:00 　　　　　用餐地点: 中年级组,用餐时间:11:30—12:00 　　　　　用餐地点: 高年级组,用餐时间:11:30—12:00 　　　　　用餐地点:		
导游安排	导游总领队:张×× 136××××××××　客人总负责:刘×× 139×××××××× 　低年级组导游组长:李×× 138××××××××　一年级4班,共170人,分别为42、43、43、42 　二年级4班,共165人,分别为41、40、42、42 　中年级组导游组长:吴×× 133××××××××　三年级4班,共169人,分别为40、45、43、41 　四年级4班,共168人,分别为41、43、44、40 　高年级组导游组长:向×× 159××××××××　五年级4班,共171人,分别为41、43、43、44 　六年级4班,共167人,分别为42、41、42、42		

续表

备注	1. 提醒学生带好学生证,随时提醒注意安全。 2. 上车清点人数,若有变动马上通知本组组长,组长汇总后通知门票计调和用餐计调。 3. 每年级安排本社专职导游担任负责人,实习导游注意认真学习和准备。

表1-2 团队费用计划

团号	ZHGDXS20130924		类型	学生团
人数	1010名学生48名老师		服务方式	本社地陪
团队综合费用	房费/司陪房费	无		
	餐费	公司统一结算		
	门票	公司统一结算		
	其他费用			
	导游补贴			
	车费+路桥费	公司统一结算,路桥费停车费组长统一支付。		
	购物点	无		
	备注			

注意事项:
1. 拿到计划后立即主动与司机沟通,确定接团地点、时间、车牌号码。
2. 接到团队后,马上核实人数,若有出入,马上联系计调。
3. 住:提前落实人数,告知当天酒店正确入住房数,以免违约扣罚房费。
4. 吃:提前落实人数,告知餐厅准确用餐人数。
5. 景:抵达景区前详细讲解游览的注意事项、自费项目收费、集合时间、集合地点。
6. 若对带团线路不熟悉,务必与司机联系,沟通行车路线和线路指引,并及时咨询计调。
7. 每一个团队的支出都要索取相应发票(收据),团返3天内报账。

任务一 学生团工作任务分析

一、任务描述

不同年级阶段的学生,有不同的心理特点和出游习惯,同时组织活动的各单位也会有不同的出游要求。带学生团,就要了解针对不同阶段学生的工作任务,掌握团队要求,从而对自己的工作进行安排和设计。

请完成下面的工作任务分析表和注意事项。

表1-3 学生团工作任务分析表

序号	学生年级	陪行	自我管理能力	导游角色	适用语言、讲解内容、游戏
1	幼儿园				
2	小学低年级				
3	小学高年级				
4	初中				
5	备注				

表1-4 学生团注意事项

序号	注意事项	具体要求
1	安全事项方面	
2	文明教育方面	
3	组织安排方面	
4	其他方面	

二、任务分析

完成本任务的关键在于通过各种途径了解关于学生团的资料,搜集老导游对于学生团的工作心得,进行分析、归类、提炼,并对工作任务进行安排和设计。

三、相关知识

(一)某小学秋游通知

尊敬的家长:

你们好!金秋9月,天高气爽,正是秋游的大好时光。为了拓宽学生视野、传承岭南文化、提高学生文化修养,学校决定在第四周周三(9月26日)组织全校学生进行广州"岭南印象园"的秋游活动,并且以"美丽的岭南,我的家"为活动口号,开展以岭南文化为主题的活动,学生可以征文、摄影、绘画等多种形式参与,以增强学生爱祖国、爱故乡的情感。

本次活动以自愿参加为原则。请愿意参加活动的同学将款项×××元/人(含:保险费、旅游巴士费、门票费、导游服务费、用餐费用等)及回执在9月18日(星期一)交到班主任处。届时,请家长为孩子准备好太阳帽或雨具以及水、衣物等所需物品,并配合学校做好学生外出活动的安全教育等工作。感谢你们的支持与配合!

(二)秋游时学生注意事项

1. 出发前准备

(1)出发前,若身体不适要及时通知老师。

(2)整理服装、仪表,管理好自带物品(要求准备瓶装矿泉水、纸巾、垃圾袋)。

(3)记好自己的组别以及组长,记住老师和导游的电话号码。

2. 乘车要求

(1)上车前先上厕所,且要由老师组织带领,不能私自离开。

(2)排队上车、下车,座位要听从老师安排,去程和返程座位要固定。

(3)车上要注意安全,不要私自开窗。如需即兴表演的同学要拉好扶手,并由老师或导游在旁保护方可。

(4)车上不吃零食,垃圾要放入事先准备的垃圾袋,保持车内卫生。

3. 参观、拓展、游玩要求

(1)玩游乐项目时,要排好队,听从工作人员和老师的安排。

(2)游玩项目结束后,如身体有不舒服,例如头晕或想呕吐等,一定要告诉带队的老师或导游。

(3)参加拓展游戏时,要听从教官指挥,勇敢参与。

(4)参观展馆时,要保持安静,遵守秩序,不要在馆内奔跑和大声喧哗。参观的过程中一定要紧跟班级的队伍,不要擅自离开。

(5)入馆参观过程中,不要触摸展品,若损坏照价赔偿。

4. 文明礼貌要求

(1)外出旅游要讲文明、讲礼貌,互相礼让。

(2)爱护景点的一草一木和设施设备,不破坏公物。

(3)游玩过程中要讲卫生,时刻记住不要随手扔垃圾,要把垃圾放在塑料袋内。

(4)快乐的行程结束后,要感谢所有随行的老师、导游以及司机叔叔和接待我们的工作人员。

四、任务准备

1. 查阅相关资料。

2. 准备电脑、网络,便于查询。

3. 将学生分成学习小组,分组完成各个阶段的工作任务。

五、任务实施

表1-5 任务实施表

序号	步骤	操作及说明	要求	备注
1	查找资料	查阅各类资料,包括不同年级学生团的出游通知以及注意事项和工作要求等。	(1)分工合理 (2)资料查找方向准确	可以课前准备。
2	小组讨论分析	将查找到的资料进行分析、整合,找出对工作任务有用的内容,并加以理解和整理。	分析整合资料信息能对服务工作有指导性。	意见不同可保留备用。

续表

序号	步骤	操作及说明	要求	备注
3	完成表格	将讨论出的工作任务分析和注意事项加以整理,按要求填写表格,并注意不同对象的文字表述。	(1)内容合理 (2)表格清楚 (3)有指导性	
4	分享与完善	各组派代表分享本组任务完成情况,并且进行讨论完善。	(1)表述清晰 (2)内容完整	可制作PPT辅助介绍。

六、任务评价

表1-6　学生自评表

序号	内容	评价结果			
		优	良	合格	不合格
1	任务完成情况				
2	成员参与性				
3	分工合理				
4	团队合作				
5	讲解能力				
6	实际操作表现				
7	其他				

表1-7　学生互评表

序号	被评小组		评价组别		
1	优点				
2	存在问题				
3	改进意见				
4	备注				
5	评价结果	优	良	合格	不合格

表1-8 教师评价表

序号	内容	评价结果				情况分析
		优	良	合格	不合格	
1	任务完成速度					
2	任务完成质量					
3	成员参与性					
4	分工合理					
5	团队合作					
6	讲解能力					
7	实操能力					
8	其他					

七、问题及解决

表1-9 问题及解决表

序号	问题	解决方式	意见和建议

八、知识拓展

阅读材料

不同阶段学生的心理特点

1. 幼儿园阶段

能按大人的要求做事,能控制自己的行为,但情绪对幼儿活动的影响较大,自控能力较差,要让孩子保持愉快的情绪,可借助游戏等活动。具体来说:

3—4岁(幼儿园小班)

语言和游戏能力发展极为迅速,行为受情绪支配,喜欢模仿。

4—5岁(幼儿园中班)

活泼好动,缺乏技巧性,经常做一些危险的事情。特别爱游戏、爱提问,喜欢刨根问底,喜欢模仿,语言能力大大提高。

5—6岁(幼儿园大班)

观察力、理解力增强,求知欲和好奇心旺盛,爱说、好动,有独立个性,自我意识有一定的发展,喜欢自由活动,渴望参加成人活动,盼望自己快点长大。

2.小学阶段

注意力持续时间短,容易分散,易受干扰,对感兴趣的事情(电视、游戏等)注意力相对集中。精力旺盛、活泼好动,但自制力不强,意志力较差,遇事很容易冲动,意志活动的自觉性和持久性都比较差。在完成某一任务时,常依靠外部的压力推动,而不是靠自觉的行动。

3.初中阶段

情绪高亢激烈,充满激情和热情,活泼向上,富有朝气,情感两极化明显。表现为情感不稳定、自我意识强烈,常常走向片面和极端;对友谊的理解表面化,容易屈服于同龄人的压力;遇到困难、挫折,受了批评易气馁、心灰意冷;做错了事、知道错了也不想改,没有勇气改;缺乏实际行动,思维简单,辨别是非能力较差;有时有逆反心理,自控能力差。

(以上资料由广东省旅游职业技术学校陈建莹老师提供)

如何带好学生团

有的导游不愿意带学生团,认为没有挑战性,累心累人还得不到应有的回报。也有的导游认为学生团很简单、易操作,不需要讲解,因而不认真面对和仔细准备资料。但是每个孩子都是家庭的中心,再加上年龄小,自我控制能力和自我管理能力还较低,所以对于导游工作的细致耐心有很高的要求。重视学生团的地陪操作,正确面对每一次带团的过程,能够积累经验,让一个"新人"成长为合格导游。

1.角色

年级较低的孩子心里没有导游这个概念,他们会想当然地认为导游也是老师,带这样的学生团你只要带一点点关心和一点点威严就够了。也就是说你要同时担当两个角色——家长和老师,这两个角色都是小学生既爱又怕的角色。

高年级的学生,已经进入了最叛逆的青春期。对于这个阶段的学生你若摆出老师和家长的姿态,会激起他们强烈的抵触心理,所以要带好这样的团亦师亦友的角色是适合的。

2.讲解

有些导游带学生团的时候,只在开始上车的时候进行自我介绍,然后说一说注意事项和集合时间。在路上,大部分的时间就交给了孩子们自己。这是对自己的不信任,也是对孩子们的一种不尊重。而且重要的是,孩子们不了解你,也不相信你,你也失去了和孩子们沟通的机会。

对于年级较低的孩子,你若讲到与他们平时所学的课文相关的知识,他们便会立刻兴奋起来,还会齐刷刷地大声背诵,效果出奇的好。

3. 管理

对于学生团的管理,大家千万不要忘记老师的作用,一个负责任的老师可以使你在带团过程中非常省力。充分相信老师,老师会很好地配合导游的工作,而且老师会比导游更紧张学生的安全问题。

此外,对于学生干部、小组长等比较活跃的孩子,可以给他们适当的权限,比如临时成立小组,任命小组长,或者让体育委员整队、维持秩序,这都是比较好的方法。

4. 安全

安全,是我们每一个导游在工作中时时刻刻都要注意的事情。学生安全无小事,所以我们在学生出游过程中一定要随时注意安全。作为一名新导游在带团过程中一定要首先培养自身的安全意识,只有自己有了安全意识,才会有意识地去保护别人。

5. 团队

导游工作本身就是一项需要合作精神的工作,而学生团动辄十几辆或几十辆旅游车,在导游过程中更要注意相互配合,切忌只顾自己的车或者自己带的一小部分人。很多时候,只有整个导游团队相互配合才能使得整个带团过程顺利地进行。

(资料来源:AloHa.《如何更好地带好学生团》,http://www.17u.net/)

任务二 服务准备

一、任务描述

旅行社承接了某小学的秋游活动,时间为一天。请根据出团任务书,做好出团前的准备工作,并完成下面的出团物品准备表。

表 1—10 出团物品准备表

用途		物品明细
带团工作用品	各类证件	
	业务用品	
	游客用品	
个人用品		
备注		

按照本小组的工作任务,组织学生游览适宜该年级的景点,安排适宜的活动。按照分组情况,完成下面的活动安排表。

表 1-11　学生团活动安排表

分组	总人数	负责导游	负责老师	游览路线设计	表演时间安排	其他
一年级组						
二年级组						
三年级组						
四年级组						
五年级组						
六年级组						

二、任务分析

完成本任务的关键在于要掌握出团任务书中的各类要求,准备好出团需要用的各种物品。并且充分了解前往的景区特色,根据各年级学生的年龄特点安排活动。注意根据表演场地、表演场次错开观看时间,根据游览地的人流疏密合理安排游览路线。

三、相关知识

(一)相关表格

1. 导游派遣单

根据《导游人员管理条例》的规定:导游人员从事导游活动,必须由旅行社委派。未受旅行社委派的导游人员,不得私自接待游客。

导游派遣单由旅行社出具,是导游人员从事导游工作的证明文件,导游人员在带团出游或者担任地陪工作时,必须随身携带。一般来说,派遣单一式两份,一份旅行社存档,一份由导游人员携带供旅游行政管理部门检查。

表 1-12　导游派遣单

导游姓名		联系方式		证件号		导服金额	
带团单位				负责人		联系方式	
导游语种		带团日期			团号线路		
导游派遣人		联系方式					
导游签名				日期			

2. 出团任务书

出团任务书是出团前旅行社给本社导游的通知,其中包含线路的详细行程以及餐、房、车等的服务要求和相关联系人,以及旅行社内部的相关负责人、联系人等信息。主要用途是通知提醒导游出团时间和地点,让导游人员明确突发事情的具体负责人等具体事项。

附:见表 1-1 导游出团任务书

3. 团队费用计划

团队费用计划显示旅游团的价格明细，需要付费的项目和标准。

附：见表1-2 团队费用计划

（二）做好物质准备

导游人员上团前要带好导游派遣单、出团任务书、团队费用计划单等单据，以及导游证、胸卡、导游旗、车头纸或车辆标志等必备物品。还要按照出团任务书带好团队所需的款项或者结算票据，以及准备好个人必需物品。

（三）做好心理准备和组织准备

不同的团队具有不同的特点，会给导游以不同的心理压力。特别是对于一个刚刚接触导游工作的新导游来说，最常见的心理不适就是紧张。而认真做好每一项准备工作，对于增强自己带团的信心会很有帮助。

本次任务接待的是一个大型学生团队，根据团队的具体情况，如小学阶段学生的行为心理特点，可以对其进行分组，每个小组确定一个小组长，并且与跟班老师密切配合，增强对团队的控制力和组织力。

四、任务准备

1. 在课前将学生分为六个学习小组，分组完成接待工作。
2. 阅读资料、查找导游业务相关要求。
3. 通过互联网、相关书籍等资源查找前往景点的具体情况资料，进行任务分配和布置。
4. 搜集资料并整合信息，完成表格。

五、任务实施

表1-13 任务实施表

序号	步骤	操作及说明	要求	备注
1	准备工作	按照任务要求分成6个小组，各组抽签决定服务的学生年级。	(1)分组合理 (2)准备充分	
2	查找资料	各小组查阅资料、查找相关要求，了解具体情况。	(1)分工合理 (2)资料查找方向准确	
3	整合资料 完成表格	将搜集到的信息资源进行整合和分析，按要求完成表格。	(1)内容合理 (2)表格清楚	
4	分享与完善	各组派代表分享本组任务完成情况，并且进行讨论完善。	(1)表述清晰 (2)内容完整	可制作PPT辅助介绍。

六、任务评价

见 P6～P7 "六、任务评价"表格。

七、问题及解决

表 1-14　问题及解决表

序号	问题	解决方式	意见和建议

八、知识拓展

岭南印象园简介

　　岭南印象园位于广州大学城(小谷围岛)南部,原练溪村的区域内,总占地面积 300 亩,是集观光、休闲、娱乐、餐饮、购物、住宿于一身,供游客体验岭南乡土风情和岭南民俗文化的旅游景区。由广州市三驿旅游发展有限公司负责开发及经营管理。

　　岭南印象园中富有特色的街巷、宗祠、民居和店铺等,充分展现了岭南传统文化的精华。景区突出原生的岭南文化和乡土景观,复原岭南民间繁荣生活场景,以岭南建筑完整、民间文化深厚、田园乡村风情浓郁成为现代人了解岭南古文化的窗口,岭南人回味溯源本土文化的沃土,外地人短时间了解岭南文化的课堂,满足了广大游客一天领略岭南民间千年古文化的心愿。

　　岭南印象园是典型的岭南传统风格建筑群落。民居依水而建,或窄门高屋,或镬耳高墙。悠长的青云巷、古朴的趟栊门、壮观的蚝壳墙、精致的满洲窗,小溪蜿蜒,池塘清澈,处处散发着岭南水乡的韵味。

　　岭南印象园汇聚了大量的广东非物质文化遗产,在许多工艺美术大师和传承人的展示下,您可以亲眼看到、亲身体会到广东非物质文化遗产的魅力,如广绣、珠绣、广彩、木雕、榄核雕、牙雕、灰雕、木雕、石雕、砖雕、广东粤剧、肇庆端砚、新会葵艺、佛山剪纸、佛山陶瓷、黄振龙的百年老店,等等。除了参观之外,许多民间手工艺大师还现场授艺,教游客现场制作,这些作品凝聚了众多艺术创作者的心血,具有很高的艺术价值。

　　附:学生游览注意事项

　　1. 园区面积较大,请叮嘱孩子只可以在游乐区活动,听清楚集中时间、地点。

　　2. 捉鱼仔活动会弄湿衣服,请多带一条裤子更换。

3. 保管好自己的物品,请告知孩子带一个书包或背囊,写好班级姓名方便辨别。
4. 出门在外,请对孩子进行文明安全教育。

岭南印象园表演及表演时间

岭南印象园在继承传统文化的基础上,隆重推出大型原生态技艺表演"印象·岭南",还有全新体味珠江百年史诗的汇演"印象·珠江",吉祥喜庆的互动式表演"绣球招亲",童趣盎然的"提线木偶",生动逼真的"陆丰皮影戏"等。精彩演出天天上演,让您尽享岭南文化视觉大餐。

表1-15 表演时间表

表演内容	演出时间	表演地点
陆丰皮影戏	10:00 11:00 13:00 14:00 15:00 12:00(节假日加演) 16:00(黄金周加演)	皮影剧场
五华提线木偶	10:30 11:45 13:30 14:30 15:30 12:30(节假日加演) 15:00 16:30(黄金周加演)	水上戏台
水乡捕鱼节	11:00	水上广场
激情岁月	13:30	练溪戏台
印象·珠江	10:30 14:00(黄金周加演)	珠江剧场
印象·岭南	11:45 14:00(仅平日) 11:45 14:45(仅周六日) 11:45 15:00(仅黄金周)	岭南剧场

注:1. 所有表演均可免费观看。
2. 具体演出时间会因天气等原因有所调整,请以当天公告为准。

任务三 服务过程

一、任务描述

按照工作要求,了解带一日游学生团的服务过程和各类注意事项,完成服务工作过程分析表。

表 1-16 学生团工作过程表

工作时间	工作要点	工作内容	提示
出团的前一晚	发送短信给司机	短信内容：	重点:应要求回复
	发送短信给跟班老师	短信内容：	
接团服务	1. 准时到达 2. 清点人数 3. 集合登车		人数有变化时及时正确处理;合理安排座位。
前往景点途中	1. 致欢迎词 2. 说明乘车注意事项	欢迎词内容： 注意事项内容：	视不同年龄孩子的语言接受能力合理安排。
景点参观游览	1. 说明下车前的注意事项 2. 说明游览注意事项	下车前的注意事项内容： 游览注意事项内容：	
返校途中工作	1. 清点人数 2. 集合登车		
备注			

二、任务分析

要完成本任务,首先要对地陪的服务程序有初步了解,再根据为学生团服务在细心、细致方面的要求,进一步进行工作任务分析。

三、相关知识

（一）某旅行社学生团的导游工作流程

【出发前】

1. 提前到达:提前 20 分钟,穿工衣、带导游旗、导游证等。

2. 提前联系司机,上车后试用车上麦克风,查看是否正常,查看车上是否已备好塑料袋（垃圾袋）。

3. 与司机确定迎接及到景点的行车路线、用餐时间及地点。

4. 检查车上矿泉水等物品的准备情况,检查车头纸及车号牌是否按要求贴在车前挡风玻璃右下角及车门旁边。

5. 听从导游组长统一安排和指令,集体前往接人地点。

【接团服务】

1. 按要求停放好旅游车,掌握车辆停放的位置,并确认上车的安全程度。

2. 站在指定位置,高举导游旗或导游牌,面带笑容,按要求接团:
(1)上学校班级接学生上车。
(2)与跟班老师联系,确认交接地点。
(3)在车门等候学生、老师上车。
3. 导游应站在车门前,照顾学生上车及问好,坐好后点清人数(核实该车学生人数,跟班老师人数),提醒老师带好工作证(没有工作证的老师要学校开证明盖公章,并带上身份证),注意做好以下工作:
(1)由跟班老师签名落实人数,将人数确认单交导游组长。
(2)上车后先点清人数,然后马上致电总负责人告知准确人数。
4. 开车听从导游组长统一安排,开车前注意提醒学生坐好、扶稳。

【途中服务】
1. 分发垃圾袋,提醒学生注意保持车上卫生。注意安全,将座位上的手扶把拉起,配备安全带的车辆要求学生扣好安全带。
2. 兼职导游应力求以熟练、细心的服务得到学生和老师的认可。
3. 面对学生讲解时,应用活泼、明快的语调,讲清该团的活动内容及注意事项,交代用餐及集中的时间,这些内容应不厌其烦地多做重复,其余时间可同学生猜谜语、讲故事及玩游戏。
4. 行车期间注意学生的活动,若有学生站起或走动,及时制止。
5. 下车前派发矿泉水。

【景点游览服务】
1. 提醒学生带齐物品并有序下车,再次强调用餐、集中时间及地点。
2. 站在车门前照顾学生下车,并随时关注学生安全。
3. 集中学生并引领学生去洗手间,请跟班老师协助看管,导游前往票务处取票(或找旅行社负责人取票),交给跟班老师点清票后协助分发给学生。
4. 按顺序排队进入景点,如团队要求照相,应尽早照相,确保学生的整体仪容。
5. 导游应细心并用适当方式引领小朋友参观,随时提醒注意安全。
6. 提前半小时到餐厅安排用餐,返程时应引领学生上车。
7. 如用盒饭,导游应提前半小时到达指定位置,按人数领取盒饭后,到达用餐集中地点按名单分派好盒饭(可请跟班老师协助)。
8. 如有机动游戏,导游必须在游戏处提醒学生注意安全。

【返校途中服务】
1. 上车点齐学生后,听从导游组长统一安排指挥,才能开车回程。
2. 在回程途中,补充介绍景点,可邀请学生分享见闻,并请老师加以评论。或者根据学生的精神状态组织适当活动,如:讲解和唱歌、游戏。
3. 要求老师填写相应的意见表,导游随时关注学生在车内的情况,以防意外。
4. 回程时须把车头纸、车门纸取下并与意见书、车号牌一齐交给本社导游组长。

【送团服务】

1. 到校前十分钟叫醒学生,可推荐明年的学生游活动,致欢送辞。
2. 到达后,站在车门旁照顾学生下车并道别,多谢老师配合工作。
3. 学生下车后,上车检查是否有遗落物品,如有应交给跟班老师。
4. 导游按要求集中,将桥路费及意见表统一交导游组长,如是兼职导游应交还导游旗、旗杆等物品。
5. 组长及时向计调报告实际活动人数及全程事宜。

四、任务准备

1. 查阅相关资料。
2. 准备电脑、网络,便于查询。
3. 课前将学生分成4个学习小组,分组完成表格。

五、任务实施

表1-17 任务实施表

序号	步骤	操作及说明	要求	备注
1	查找资料	查找《导游业务》等课程资料,了解地陪服务程序的相关要求,通过网络查找学生团的出游注意事项等有关工作要求的资料。	(1)分工合理 (2)资料查找方向准确	可以课前准备。
2	小组讨论分析	将查找到的资料信息进行分析、整合。	分析整合	
3	完成表格	将经过讨论的资料信息加以整理,按要求填写表格。表格内"提示"一栏内容属于重点要求,要特别注意。	(1)内容简明有条理 (2)表格清楚	
4	分享与完善	各组派代表分享本组任务完成情况,并且进行讨论完善。	(1)表述清晰 (2)内容完整	可制作PPT辅助介绍。

六、任务评价

见P6~P7"六、任务评价"表格。

七、问题及解决

表1–18 问题及解决表

序号	问题	解决方式	意见和建议

任务四　景点讲解初练

一、任务描述

学生团一般是由学校统一进行安排,团队出游的时间多为一日,再加上管理等方面的具体要求,前往的景点数量较少(多数为某一固定景点或固定主题游览项目)。对比成人旅游团,安全教育和提醒注意事项在导游语言中所占的比例较大。对于新导游来说,是练习景点讲解的好机会。

根据出团任务书的游览景点,以及本小组制定的游览路线、观看表演的顺序以及安排的活动,进行景点讲解模拟训练。

二、任务分析

完成本任务,首先要了解前往游览景点的游览项目,针对游览路线进行导游词讲解的训练。

三、相关知识

(一)出团任务书

参照【模拟案例一】中的出团任务书(表1–1 导游出团任务书)。

(二)学生团讲解要点

1. 以朋友的身份置身其中,在轻松愉悦的气氛中进行导游讲解。
2. 可以采取启发式、引导式、提问式等互动的方式进行讲解。
3. 用鼓励的眼神、亲和的语言和辅助的肢体语言与学生互动交流。
4. 结合学生的年级、理解能力合理做好语言准备,力求做到语言活泼易懂。
5. 根据学生注意力集中程度,对自己的讲解方式和时间分配进行合理安排。

四、任务准备

1. 场地准备,模拟景点环境。
2. 用品准备,【模拟案例一】的出团任务书、"任务二服务准备"中的游览路线表等。
3. 按照完成任务二时的分组,将学生分为六个学习小组。
4. 通过互联网查找景点资料。
5. 分组完成景点讲解训练。

五、任务实施

表1-19 任务实施表

序号	步骤	操作及说明	要求	备注
1	查找资料	按照本组在"任务二服务准备"中完成的游览路线设计,查找相应游览景点的资料。	(1)分工合理 (2)资料信息准确	可以课前准备。
2	小组讨论分析	将查找到的资料信息进行分析、整合,按照本组游览路线,进行导游词的编排。	导游词编排合理	
3	模拟讲解训练	将编排好的导游词分配给各组员进行讲解训练,各组共同完成本组的景点讲解训练。	(1)分配合理 (2)讲解连贯 (3)语言流畅	要求每名组员都能负责一部分内容。
4	分享与完善	各组展示本组的景点讲解示范,并且进行评价。	(1)表述清晰 (2)讲解内容完整	

六、任务评价

见 P6~P7 "六、任务评价"表格。

七、问题及解决

表1-20 问题及解决表

序号	问题	解决方式	意见和建议

八、知识拓展

导游词范例——岭南印象园之广州日报线路

各位游客：

你们好！欢迎来到被誉为"岭南文化的集中展示"的国家4A级旅游景区岭南印象园游览参观。很荣幸今天由我带领大家参观我们园区，希望通过今天的游览，经过我的介绍，大家能对岭南文化留下深刻的印象。

首先介绍岭南印象园的概况。本园位于广州大学城所在的小谷围岛，总占地面积达16.5公顷。景区四面环水，西临洛溪岛、北临生物岛、东临长洲岛，与会展中心所在的琶洲岛隔江相望，交通便利。

这里原来叫做"练溪村"，是一个自然村落。为了大学城的建设，村民已经全部搬迁到对面的新造镇。村内的13栋古建筑被保存并修复，又从村外迁移了4栋祠堂，另外新建了38栋传统与现代相结合的岭南建筑，共55栋单体建筑，组成了一个非常典型的岭南村落，占地总面积16.5万平方米，就是我们现在所看到的岭南印象园。

景区自2008年正式对外开放以来，已连续被评为"最具吸引力的文化景区"、"广州市滨海金游廊示范景区"，还是目前广东地区短线旅游的热门景区之一。这里离广州市中心不到20公里，但在之前没有路桥与市区相通，进出只靠轮渡，因此环境保护得很好，绿化覆盖率很高。

进入景区后，这条长廊叫"一帘幽梦"。这种植物叫做锦屏藤，又称富贵帘，数百或上千条的细长气根垂悬于棚架下，风格独特。这些新长出的气根呈红色，一段时间后转为黄绿色，因此整串气根上、下颜色不同，更富情趣。

大家看，这种单面彩色玻璃叫满洲窗，上面镶嵌着各种图案。清朝时期，广州西关十分流行满洲窗。传统满洲窗传世并不多，而且传统制作酸蚀配方已经失传，我们现在看到的满洲窗只是仿造的。

正前方是具有浓郁地域特色的岭南建筑——镬耳墙。这种建筑整体采用了灰色系的仿古清水砖建造，在其屋檐上方左右有两个类似耳朵的墙体，所以得名"镬（锅）耳墙"。镬耳墙造型优美，是广东建筑文化的重要组成部分。

这里是龙舟池。为了防止木质的龙舟爆裂，人们想出了一个办法——将龙舟用淤泥埋在池里，龙舟就会得到很好的保养。第二年，端午时节再将龙舟从池里取出，经过清洗后，就可进行划龙舟比赛。在番禺，每年的端午节都会进行一次大型的划龙舟比赛，村里会组织吃龙船饭、吃龙船饼、喝龙船茶等。有兴趣的游客可以到前面的龙舟文化展馆，详细了解龙舟的历史文化。

这座保留下来的古建筑是包公庙，这座包公庙有上百年的历史。包公庙内供奉了许多神像，有观音神像、关公神像等，都是村民在搬迁的时候，从各自的家里拿来放到包公庙内常年供奉,现在练溪村村民也会时常回来拜祭。

　　旁边的是天后宫,天后宫也称妈祖庙。妈祖原名叫林默,是沿海百姓崇祭的海神。因为以前的练溪村有三分之一的村民是疍家人,靠打鱼为生,所以村民就建起天后宫,祈求出海打鱼平平安安地归来。

　　在岭南印象园我们还能看到一些传统的手工艺制作,我们右手边的就是"烧玻璃"。烧玻璃工艺主要是利用玻璃高温下会变柔软、可塑造的特性,通过吹制、吹模、切割、雕刻、镌刻、缠丝、镀金等方法,锻造成各种各样造型的玻璃工艺品以及一些精致饰物和生活用品。

　　我们园区有很多民间的手工艺人,技术出神入化,比如这里见到的吹玻璃,还有糖画儿、剪影、捏面人、草编,等等。

　　这座展馆名叫香港故事。香港岛南部的小港湾,因转运东莞出产的香料而得名"香港"。据说那时香港转运的香料,被列为进贡皇帝的贡品,并造就了当时鼎盛的制香、运香业。在展馆的外面,展示了大家耳熟能详的香港电影和百年电影的历程;在展馆里面,展示的是20世纪50年代香港的城市面貌和居民生活,也有香港经济腾飞之前的乡村居民的生活场景。

　　接下来是敬佛堂,这里供奉的佛像——三头六臂释迦牟尼像,是广州美术学院08届学生毕业金奖的作品,敬佛堂内除了供奉释迦牟尼外,还讲述了释迦牟尼成佛的故事。

　　紧接着看到的是保留下来的古建筑之一——华光古庙,里面供奉的是华光大帝,又名火神,也是我们传说中的二郎神。

　　接下来是澳门故事的展馆,澳门以前是个小渔村,它的本名为濠镜或濠镜澳,因为当时泊口可称为"澳",所以称"澳门"。澳门有赌城、赌埠之称,与蒙特卡洛、拉斯维加斯并称为世界三大赌城。1961年2月,葡萄牙海外省颁布法令,准许澳门以博彩作为一种"特殊的娱乐",从此澳门博彩业正式合法化。

　　接下来可以参观另一个民间艺人的绝活儿——糖画。

　　益养坊有古法配制的米酒、青梅酒,还有客家美名远扬的大埔酿酒。我们专门为大家介绍以下两种特色酒。

　　九江双蒸酒,是酒类中的"万宝路"。双蒸就是将醉饭蒸出来的酒再倒入同量的醉饭中重蒸得到的酒,是广东省生产米酒的一种传统工艺,已有数百年的历史。滴珠酒,有六种口味(人参、枸杞、砂仁、当归、陈皮、北芪),以其"润莹欲滴,凝稠成珠"得名,是精选优质大糯浸制而成,含丰富的葡萄糖和多种对人体有益的氨基酸,是现代人时尚健康饮品。

　　人人理发店还原了广州七八十年代老理发店的布局,铸铁底座的老式理发椅、不锈钢皮的洗头水桶、卷发的塑料卷筒、长柄剃发刀等重又登场。

　　练溪村最大的一个祠堂——霍氏大宗祠,是香港富豪霍英东的祖祠。霍英东(1923年5月10日—2006年10月28日),原名霍官泰,结婚时按辈分取名"好钊",生于香港,香港企业家,官至中华人民共和国中国政协副主席,成为首名跻身中国国家领导人级别的港人,有"爱国商人"称号。新华社将他形容为"中国共产党的亲密朋友";而特首曾荫权称赞他为"左派港人"。

正门两边各有一座石包台,它们是广东祠堂建筑特有的设置。每逢举行大型的祭祖或喜庆活动,必请一班八音乐手,在此吹打奏乐助兴,场面十分热闹,使整个祠堂充满节日欢乐的气氛。在祠堂正门口的两旁,有一对连座高2米的大石鼓,鼓面直径达1米。石鼓是大门重要的组成部分,象征和体现着其门第的高贵和社会地位的显赫。这座宗祠的大门分上下两扇,当地位优越的贵客到来时,村民才会打开上下两个门来迎接;若官位次于族中领袖,就只能从小门进,"低低头,弯弯腰",代表着尊敬的意思。

古祠堂是一个姓氏血脉相承的地方,族人总是积极地予以保护维修。即使经历了上百年的风雨洗礼,它们仍旧是乡村中最威严、最抢眼、最讲究的建筑。

在霍氏祠堂屋檐上,有一个两角弯弯的脊梁,这在岭南建筑中称为龙舟脊,龙象征着水,而水可以灭火,寓意保平安,所以在广州大大小小的祠堂里都会有龙舟脊的建筑。山墙上两边用石灰塑的装饰叫灰塑,也称为灰雕,是岭南建筑装饰艺术的一大特色。

练溪村有两大姓氏——霍、萧,旁边的是萧氏公祠,是以一个武馆的形式向大家展示,里面有木人桩、沙包、舞狮免费提供给大家体验。

这面墙是用生蚝的壳做成的"蚝壳墙",这是珠三角的一种特有的建筑方式。蚝壳墙的墙心用石块,外墙用黄泥加石灰,再把蚝壳斜斜地贴上,在保持美观的同时,也可以让雨水排流通畅。蚝壳墙因其坚固耐用、冬暖夏凉、防火防台风等优点,为村民所喜爱,并成为岭南建筑特色。由于"蚝"和"豪"同音,谁家里要是四面都是蚝壳墙的话,我们就说他家住的是豪宅了!

景区在不同位置还安排了不同口味的广东特色小食,比如有荔湾的艇仔粥、西关小食牛腩粉、萝卜牛杂、银丝蛋面、竹升面、南信双皮奶等。

园区有很多表演,比如岭南剧场、珠江剧场、皮影戏、木偶戏、绣球招亲、练溪剧台每天都将进行精彩的独具岭南特色的表演,具体表演时间大家在园区示意图上就可看到。

为大家介绍一个很特别的展馆——《广州日报》老报馆。广州日报集团是中国内地第一家报业集团。主报《广州日报》创刊于1952年12月1日。在大厅里大家可观赏到报刊印刷的工具以及报社曾经的办公环境,在这里大家还可以看到毛主席亲手所写的《广州日报》的报头。

广州荔湾的西关百景图画廊中的百景图,都是由广州著名画家潘应强先生创作的,真实地反映了荔湾这一广州老城区的特色风貌。

接下来的时间为自由活动时间,大家可以参观练溪大街。在这里大家可以走走逛逛,寻寻岭南的特色、尝尝岭南的小吃。比如我们的广绣、牙雕、榄雕,还有一些民间艺人的绝活儿如剪影、捏面人,等等。年轻的朋友们还可在我们的创意集市里淘一些特色工艺品,小朋友也有许多游戏可玩,比如童趣鱼池、旋转木马、小火车等,当然还有一些特色表演,有关于此的详细信息在大家手中所拿的园区示意图上均可查阅,大家可安排时间进行观赏。

谢谢大家,祝大家在园区玩得愉快!

(资料来源:岭南印象园导游词编写:陈泽萱 汤大江)

任务五　带团总结

一、任务描述

通过带团总结的实操训练，学习导游人员在带团结束之后必须完成的总结工作，总结可以便于逐步积累经验。按照本项目的团队实际操作情况，完成本次的带团总结。

表1-21　导游带团总结表

导游姓名		部门		填表日期	
团号		线路		出团日期	
带团总结内容					

二、任务分析

要完成本任务，必须对本项目的各项工作有较全面的掌握，学习带团总结应包括的主要内容和写作要求，结合整个项目中的各个环节工作，进行较为深入的体会和反思。

三、相关知识

(一)带团总结的内容和写作要求

带团总结应包括带团经过和个人的体会、反思两部分。

带团经过应包括对带团时间、游览景点、游客的情况、交通工具状况、带团中发生的主要事件等的客观表述。个人体会、反思则是导游人员对此次带团的总结性表述，特别是对工作中的不足之处和闪光点等的深入认识。

具体来说，带团总结的写作要求有：

1.要真实。带团总结必须客观、真实地反映团队情况。

2. 要高度概括。在保证记述全面的同时,突出重点,记述带团过程中有意义的内容,语言简练,言简意赅。

3. 针对具体的游览线路以及团队的不同情况,侧重点应有所不同。不同旅游产品的带团总结也应有所区别。比如,游乐项目的带团总结应突出学生的组织安排方面的优缺点,对于学生安全教育等方面的工作体会等;红色旅游项目的带团总结应突出旅游过程中凸显的革命和教育意义、学生的感受和导游自身的想法等。

四、任务准备

1. 查阅相关资料,利用电脑、网络辅助查询。
2. 本项目前几个任务的完成资料等。

五、任务实施

表1-22 任务实施表

序号	步骤	操作及说明	要求	备注
1	查找资料	查阅前几个任务的完成资料,并根据带团总结的工作要求准备资料。	资料查找方向准确	可课前准备
2	小组讨论分析	将资料信息进行分析、整合,共同找出前面任务完成的精彩之处和困难。	信息的分析整合要能对服务工作有指导性	
3	完成带团总结	按要求完成带团总结。	(1)内容有条理 (2)体会深刻	
4	分享与完善	各组派代表分享本组任务完成情况,并且进行讨论完善。	(1)表述清晰 (2)有代表性	可制作PPT辅助介绍。

六、任务评价

见 P6~P7 "六、任务评价"表格。

七、问题及解决

表1-23 问题及解决表

序号	问题	解决方式	意见和建议

项目二　省内游地陪服务训练

通过学生团的地陪工作锻炼,你初出茅庐的紧张慌乱慢慢得到了消除,在旅行社经验丰富的专职导游的指点下,你熟悉了地陪工作的各个环节。旅行社开始安排你担任省内游团队的地陪工作,放心地让你独立完成。作为一名逐渐成长起来的导游,你要掌握地陪服务的要求,做好准备,认真面对地陪工作中的每一个环节,这是走向"合格导游"的重要过程。

任务一　服务准备
任务二　迎接服务
任务三　住宿以及核对行程安排服务
任务四　餐饮服务
任务五　参观游览服务
任务六　送客服务
任务七　后续工作

模拟案例二

导游人员接到旅行社的工作任务,要接待前来本省旅游的团队,根据接待计划(出团任务书、团队费用计划、游客名单)中的要求,完成地陪工作任务。

表2-1　广州××旅游公司省内游导游出团任务书

国内组团社	北京××国际旅行社	联系人、电话	刘×× 010-562××××
团号	NBHP20131115	全陪、电话	谢×× 139×××××××
行程安排	见行程表	接团时间、地点	CA1327（14:00/17:15）广州新白云国际机场
公司团号	ZHGDNB20131115	计调、电话	彭×× 138×××××××
线路名称	广州全景、珠海、深圳中英街、东部华侨城五天游	地陪、电话	汤×× 138×××××××
总人数	22大4小+1	订票计划	本公司出回程机票19日 CA1316（15:30/18:40）
用车情况	××旅运33座金龙	车队联系人	于×× 137×××××××
备注	中英街通行证已办		

续表

日期	游览项目	用餐		住宿
D1 11月15日	17:15 接广州新白云国际机场 CA1327(14:00/17:15),晚餐后入住酒店	早:无		广州:翔江大酒店 ★★★
		中:无		
		晚:翔江酒家		
D2 11月16日	早餐后,前往珠海(140千米,约100分钟),梅溪牌坊+农科奇观(90分钟),午餐后湾仔码头澳门环岛游(60分钟),情侣路+珠海渔女(约60分钟),晚餐后回酒店	早:酒店		珠海:五湖商务酒店 ★★★★
		午:海意美食园		
		晚:兄畅饭店		
D3 11月17日	早餐后,前往深圳(160千米,约2小时),车游深南大道、邓小平画像、孺子牛铜像及赛格大厦等;前往中英街(已办证,约2小时),午餐后游览大梅沙海滨浴场(约2小时),小梅沙深圳海洋世界(自理140元,约2小时),后入住酒店,晚餐自理	早:酒店		深圳:百科酒店 ★★★
		午:保港城酒楼		
		晚:自理		
D4 11月18日	早餐后,游览东部华侨城大侠谷景区(约3小时),茶溪谷景区(自理180元,约2小时),全程高速返回广州,晚餐后入住酒店	早:酒店		广州:天荷宾馆 ★★★
		午:退餐费自理		
		晚:新瑞桦酒家		
D5 11月19日	早餐后,游览花城广场(约60分钟),游览白云山风景区(已含大门票、缆车以及环保车,约70分钟),午餐后送团,15:30 广州新白云机场 CA1316(15:30/18:40)	早:酒店		
		午:云山酒家		
		晚:无		
备注				

表2-2 团队费用计划

团号	ZHGDNB20131115		
人数	22大 4小 共26人		
团队综合费用	房费/司陪房费	广州:翔江大酒店(020-34×××××)320元/间,司陪200元/间 珠海:五湖商务酒店(0756-8×××××)220元/间,司陪130元/间 深圳:百科酒店(0755-25×××××)260元/间,司陪150元/间 安排12双+2司陪	

续表

		D1	无	无	晚餐:餐标35元 翔江酒家
团队综合费用	餐费	D2	早餐:酒店15元	午餐:餐标35元 海意美食园 0756-88××××	晚餐:餐标35元 兄畅饭店 0756-22××××
		D3	早餐:酒店15元	午餐:餐标35元 宝港城酒楼 0755-25××××	无
		D4	早餐:酒店15元	午餐:餐标35元 退餐费	晚餐:餐标35元 新瑞桦酒家 020-283××××
		D5	早餐:酒店15元	午餐:餐标35元 云山酒家 020-37××××	无
	门票		梅溪牌坊+农科奇观:75元/人 澳门环岛游60元/人 大侠谷160元/人 白云山5+20(缆车)元/人		
	其他		水:每日1支,1×5×26×2元,共260元,交付司机,车队负责上水		
	导游补贴		200元/天×5		
	车费+路桥费		租车费:9000元/辆(支票付),路桥费、停车费另付。		
	购物点		无		
	备注				

注意事项:
1. 拿到计划后立即主动与司机沟通,确定接团地点、时间、车牌号码。
2. 接到团队后,马上核实人数,若有出入,马上联系计调。
3. 住:提前落实人数,告知当天酒店正确入住房数,以免被扣房费。
4. 吃:提前落实人数,告知餐厅准确用餐人数。
5. 景:抵达景区前向客人详细讲解游览的注意事项、自费项目收费、集合时间、集合地点。
6. 若对带团线路不熟悉,务必与司机联系,沟通行车路线和线路指引,并及时咨询计调。
7. 每一项团队的支出都要索取相应发票(收据),团返3天内报账。

表2-3　游客名单表

团号:BJNB20131115									合计:26+3	
编号	姓名	身份证号	性别	年龄	房号	房号	房号	房号	房型	备注
1	苏建文		男	35					标双1间	
2	苏诗慧		女	9						
3	梁兰芳		女	33						
4	李恩欣		女	26					大床房1间	
5	梁志文		男	27						
6	李子睿		男	21					大床房1间	
7	吴淑慧		女	20						
8	何素媚		女	55					标双2间	小童过敏体质
9	高珉发		男	42						
10	高小洁		女	11						
11	叶倩欣		女	38					标双1间	素食
12	林涛		男	71						
13	谭少莹		女	68						
14	曾勇军		男	46					标双1间	
15	刘青学		男	47						
16	马凤娟		女	33					标双1间	
17	任婉瑜		女	28						
18	李淑彤		女	5						
19	刘颖欣		女	10						
20	陈凯翔		男	25					标双1间	
21	陈广富		男	33						
22	梁寿京		男	31						
23	邓雯		女	13					用房2间	自愿补房差
24	邓玉君		女	22						
25	梁华影		男	55					标双1间	
26	陈亮明		男	51						
27	谢××		男	33					陪同1间	全陪
28	司陪								陪同1间	
全程总用房:客用12间,陪同2间										

注:以上表格中游客名单以及酒店、餐厅、景区价格、标准等均为虚构,旨在锻炼学生的操作能力。

任务一　服务准备

一、任务描述

做好服务准备,是地陪提供良好服务的重要前提。地陪应事先对接待计划进行认真阅读、分析,重要事宜还要做记录。熟悉接待计划时,若有不清楚的内容,应及时咨询计调人员或旅行社相关负责人。

试以地陪的身份,按照【模拟案例二】中的接待计划,对旅游团和游客的信息进行归纳和整理,完成下列表格。

表2-4　接待计划中应注意的内容

内容	应熟悉的内容	接待计划内容	不清楚,需咨询的内容
组团社基本情况	国内组团社名称 团号 联系人姓名、电话 全陪姓名、电话	北京××国际旅行社	
地接社基本情况	地接社名称 团号 线路名称(团名) 计调姓名、电话 地陪姓名、电话		
旅游团组成情况	人数 老人年龄、人数 儿童年龄、人数 儿童缴费情况		
交通工具情况	到达本地航班情况 离开本地航班情况 本地用交通		
需付费用的项目	住宿 用餐 景点 用车、路桥费等		
注意事项	特别要求 注意事项		
其他	其他准备		

在熟悉接待计划后,地陪还要做好物质准备、知识准备等其他准备工作。在旅游团抵达的前一天,地陪对于各项接待事宜还要做落实和确认工作。因此,地陪必须掌握落实接待事宜所需要的各接待单位的联系方式。

试以地陪的身份,按照【模拟案例二】中接待计划的内容,完成联络电话表。

表 2-5　联络电话表

分类	相关联络电话	备注
旅行社方面		
酒店		
餐厅		
景点		
其他		

二、任务分析

完成本任务,首先要对地陪服务程序中的服务准备环节的工作要求有一定的了解,并且认真阅读接待计划,对于接待计划中的各项信息加以分析和研究。在本任务中,接待计划有意设计了一些问题,作为地陪应找到这些问题,并且咨询计调。其中,学生的角色为"导游",老师的角色就是"计调"。

三、相关知识

(一) 中华人民共和国国家标准(GB/T 15971-2010)《导游服务规范》(节选)

5.1　准备工作

5.1.1　熟悉接待计划与团队情况

上团前,导游员应认真查阅团队接待计划及相关资料,熟悉掌握旅游团(者)的全面情况,团队行程安排、特殊要求或注意事项等细节内容,注意掌握其重点和特点。

5.1.2　必需物品的查核与准备

上团前,导游员应做好证件、交通票据、资金以及有关资料等必需资料物品的准备。从计调人员处接收团队资料时应做好核查登记,以确保团队的相关资料与票据是适宜和可用的。对不适用的票据或资料应及时提请计调人员处理。团队资料交接记录应予保存。

5.1.3　知识准备

导游员应熟悉旅游地的旅游及文化资源、风土人情、法律法规等情况。

5.1.4　联络与沟通

全陪导游员或地接社等相关接待单位应建立并保持有效沟通,互通情况,以确保团队接待的相关事宜得到妥善安排。

地陪导游员应:

a) 与食宿、交通、游览等有关部门落实、核查旅游团(旅游者)的交通、食宿、行李运输等

事宜;

    b)确认旅游团(旅游者)所乘交通工具及其准确抵达时间;

    c)与司机确认车辆停放的位置,需要时,在旅游团出站前与行李员取得联络,落实行李运输事宜。

(二)地陪的知识准备

《导游服务规范》要求:导游员应掌握法律法规常识、旅行常识、必要的政治经济和社会知识,旅游地历史、地理、文化、民俗知识和心理学与美学知识。

1. 地陪应根据接待计划上确定的参观游览项目,做好讲解内容的准备,外语导游还要做好语言表达方法上的准备

对于接待计划中要到访的城市或地区,准备相关的概况、气候条件、人口、行政区域划分、社会生活、文化传统、土特产品、历史沿革等当地资料,并且对于沿途经过的城市市貌、发展概况及沿途经过的重要建筑物、街道的信息也要做出相应的准备。

对于接待计划中游览的景点,把讲解内容中的年代、数据、人名以及具体事件做梳理和复习,不清楚的地方要查阅资料,还要对历史、人文等方面知识底蕴进行多方位的准备。

对于讲解内容中的个别生僻词汇(地名、人名等专用名词),以及自己没把握的字词,应事先查阅清楚。外语导游对于语言表达、固定用法等方面更要认真准备。

2. 接待有专业要求的团队,要做好相关专业知识、词汇的准备

要对于团队要求的专业进行深入的信息查询,对于专业团队想要了解的资讯、知识做全方位的准备。导游要把握专业旅游团活动的目的,对专业的要求进行相关知识和词汇的准备。

3. 做好当前的热门话题、国内外重大新闻、游客可能感兴趣的话题等方面的准备

地陪的知识准备还包括各类话题,这些话题既能够丰富地陪的讲解内容,又能够增强游客对地陪的信任感。俗话说,"地陪不怕讲,就怕问!"这是因为游客的情况千差万别,经常会根据自己的兴趣和爱好提出各种各样的问题。因此,地陪就要做好充分的知识准备,要关注当前的新闻和热门话题,了解有关游客的知识,深入探究游客的喜好。

4. 对自己不熟悉的景点应事先设法做详细了解

对新的旅游景点或不熟悉的参观游览点,地陪应事先了解其概况,特别要掌握开放时间、最佳游览路线、厕所位置、景观特色和管理规定等。地陪可向游览过该景点的同事咨询,也可以查阅相关书籍,还可以上网查询相关资料,让自己做到手中有粮,心中不慌。

(三)地陪的形象准备

《导游服务规范》要求:导游员应仪表端庄,并按照旅行社的要求着装。服装要求整洁、大方、得体。导游员应表情稳重自然、态度和蔼诚恳、富有亲和力,言行有度,举止符合礼仪规范。

地陪要做好形象准备,主要是指达到"修饰美",包括服饰美、化妆美和发型美等几个方面。

1. 地陪的着装要符合导游人员的身份，要方便导游服务工作

地陪的着装要符合本地区、本民族的着装习惯和导游人员的身份，衣着大方、整齐、简洁，以方便导游服务工作。部分少数民族地区的旅游管理部门要求，地陪要穿着带有民族特色的导游服饰，既表现和烘托了丰富的民族文化和氛围，又能让游客感到地区和民族的风情。接待要求稍高的旅行社，会要求地陪在接团和送团的当天，以及有重要会议和安排时，穿着正装。

2. 地陪的仪容应该简洁、整齐、大方、自然，佩戴首饰要适度，不浓妆艳抹

男性导游人员的仪容应注重整洁、自然，女性导游人员接待团队时可以化淡妆，以表现对团队的重视和尊重，但佩戴首饰要适度，不能浓妆艳抹，不用味道太浓的香水。

3. 导游人员上团时，必须佩戴 IC 卡

按照《导游服务规范》中的要求：在服务过程中始终佩戴导游证。

（四）地陪的心理准备

《导游服务规范》中对导游员的心理素质要求是：导游员应心胸开阔、善解人意、耐心细致，并具有良好的观察能力和感知能力、调整旅游者情绪的能力、自我心理平衡能力、承受能力和沉着冷静与有条不紊的处事能力。

1. 准备好面对艰苦复杂的工作

地陪要按正规的工作程序要求为游客提供热情服务，遇到问题、发生事故时要冷静面对、沉着处理，对需要特殊服务的游客应及时予以帮助。有了这些心理准备，地陪就会做到遇事不慌，遇到问题也能妥善迅速地处理。

2. 准备承受抱怨和投诉

有时导游人员虽然已经尽其所能热情地为游客服务，但还会遭到一些游客的挑剔、抱怨、指责，甚至投诉。对于这种情况，地陪也要有足够的心理准备，要冷静沉着地面对，无怨无悔地为游客服务，使游客得到及时、热情、友好的接待。

四、任务准备

1. 准备【模拟案例二】中的接待计划（含出团任务书、团队费用计划和游客名单表）。
2. 查阅相关资料，利用电脑、网络辅助查询。
3. 将学生分成4个学习小组模拟训练，学生的角色为"导游"，老师的角色为"计调"。

五、任务实施

表 2-6 任务实施表

序号	步骤	操作及说明	要求	备注
1	阅读资料	仔细阅读出团任务书、团队费用计划和游客名单表，达到地陪服务准备中"熟悉接待计划"的要求。	（1）阅读细致 （2）重点内容能够准确记录	可以课前准备。

续表

序号	步骤	操作及说明	要求	备注
2	小组讨论分析	将查找到的重点资料进行分析、整理。	分析整理的内容有指导性	
3	完成表格	对接待计划内容加以整理，按要求填写表格，有不清楚的地方咨询"计调"。	(1)内容正确 (2)表格清楚 (3)问题到位	
4	分享与完善	各组互换位置，参考其他组制作的表格，将本组表格加以讨论完善。	(1)虚心学习 (2)内容完整	

六、任务评价

见 P6~P7 "六、任务评价"表格。

七、问题及解决

表 2-7 问题及解决表

序号	问题	解决方式	意见和建议

八、知识拓展

对于不同特点游客的服务心理准备

（一）冷静对待争辩激动型的游客

大部分争辩激动型的游客，是生理或心理上的原因所造成的。他们的好胜心强，对于问题和事情容易提出异议和反驳，不达目的誓不罢休。在争论中显得比较激动，说话声音高且快。激动时难免出言不逊，易伤害别人的感情，往往搞得不欢而散。

导游员对待此类游客要有充分的准备，防止与游客的关系陷入僵局。

对待争辩激动型的游客，要避免被卷入毫无意义的争辩之中。

导游员可以对其某种观点和意见表示赞同,并努力转移争辩话题,不要令对方难堪和下不了台。在与此类游客打交道的过程中,要注意保持头脑冷静,保持交往距离。当游客与你发生争辩、情绪激动时,要克制自己不要冲动,态度平和、保持微笑,等到游客情绪稳定后,再进行诱导。在诱导过程中,要和气、要论据充足、论证合理,还要速战速决,防止再度引发新一轮的争辩,同时要给游客面子,不能伤和气、伤感情。

(二)落落大方对待猜疑型游客

猜疑型游客的最大特点是遇事生疑。他们不仅对导游员以及其他游客抱着猜疑的态度,而且对旅游团队所发生的事情与问题也有所怀疑。他们的遇事生疑主要是由于其个人的性格和本质特点所决定的。

导游员在与游客打交道的过程中,首先要尽快熟悉和了解游客的性格脾气,并确实做到心中有数。一般来说,猜疑型的游客其表现与其他游客的表现有所不同,导游员要注意"察言观色",就可以从游客言行举止上得到信息。对待猜疑型的游客,导游员要谨慎接待,既要不怕麻烦保持耐心,又要在态度和行动上落落大方。导游不仅要表现出事事有信心、处处有把握的姿态,而且说话要有根据,处理事情有理有据。要求导游员严格按照旅游接待计划书的内容进行活动,不能随意更改合同中的条款。即使需要调整也必须事先让旅游团(者)清楚,态度要热情诚恳,要给游客可以信赖的感觉。

地陪落实接待事宜部分对话范例

1. 根据【模拟案例二】的内容,地陪与车队联系,落实用车。

地陪:喂,您好,我是广州××旅游公司的导游小汤,请问您是××旅运的于先生吗?

于×:是的,我是。

地陪:是这样的,我明天的团是用你们车队的车,是广州全景、珠海、深圳中英街、东部华侨城五天游,团号是ZHGDNB20131115。请问,车和司机安排好了吗?

于×:稍等一下,等我查查。好的,查到了,广州××旅游公司,团号ZHGDNB20131115,广深珠五天,用的是33座金龙,对吗?

地陪:是的,没错。

于×:车已经安排好了,司机姓杨,电话是159××××××××,车牌号码是:粤A5×××,我们已经通知了司机大致路线,你和他联系通知具体时间和安排吧!

地陪:好的,谢谢您,我已经记好了!

2. 地陪与司机联系,落实用车的具体安排。

地陪:喂,您好,是杨师傅吗?我是广州××旅游公司的导游小汤,明天的广深珠五日团是由我跟您合作,请问您收到通知了吗?

司机:你好!我已经接到车队的通知了,咱们在哪里会合啊?

地陪:航班正点是17点15分到达,咱们要在16点45分前到达机场。我明天下午在公司,不知道您能不能接上我一起去机场呢?

司机:没问题,从你们公司到机场大约不到一小时。这样吧,下午三点半我到你们公司门口接你。

地陪:那就辛苦您啦!对了,杨师傅,咱们这部33座金龙车车况如何?空调和麦克风都没有问题吧?

司机:放心吧!车子落地不超过一年,我还刚做完保养,车况很好!

地陪:那太好了!车牌号码是粤A5×××××,没错吧?

司机:没错。

地陪:好的,谢谢您,杨师傅,那明天下午三点半公司门口见,再见!

3. 地陪与第一晚入住的饭店前台联系,落实住房情况。

地陪:您好!我是广州××旅游公司的导游,我姓汤。我们公司已预订明天的客房,团号是ZHGDNB20131115,请问前台收到住房预订的通知了吗?

前台:请您稍等,我查一查。好的,我查到了,明晚入住,一共预订了12间标准双人房,还有两间司陪房。

地陪:房间数量没错,不过,应该是10间标准双床房,两间大床房。

前台:您稍等,我再马上给您调整。好的,已经安排好了。请问还有其他要求吗?

地陪:我希望能把团队用房和司陪房都安排在同一楼层,方便照顾。

前台:好的,我尽量帮您安排。

地陪:还有,请问团队的早餐是安排在哪个餐厅呢?

前台:早餐是在二楼的西餐厅,用餐券到时会和房卡一起交给你们的。

地陪:好的。这个团队我们明天会在晚餐后来入住,大约21点到21点半左右,请您提前安排好行李员。谢谢!

前台:好的,没有问题。

【模拟案例二】"接待计划中应注意的内容"填表参考答案

表2-8 接待计划中应注意的内容

内容	应熟悉的内容	接待计划内容	需咨询的内容及备注
组团社基本情况	国内组团社名称	北京××国际旅行社	
	国内组团社团号	NBHP20131115	是否订回程机票?
	联系人、电话	刘×× 010-562××××	
	全陪姓名、电话	谢×× 139××××××××	

续表

内容	应熟悉的内容	接待计划内容	需咨询的内容及备注
地接社基本情况	地接社名称	广州××旅游公司	
	团号	ZHGDNB20131115	房、餐、景点、车
	线路名称（团名）	广州全景、珠海、深圳五日游	
	计调姓名、电话	彭× 138××××××	
	地陪姓名、电话	汤×× 138××××××	
旅游团组成情况	人数	22大4小	缴费情况？
	缴费情况	2、10、18、19号按儿童缴费	不占床，门票半票
	几个家庭	10家庭	
	老人人数和年龄	2人，1名71，1名68	是否免票？
	小孩人数和年龄	4人，5岁9岁10岁11岁	留意免票、半票标准
交通工具情况	到达本地	CA13271400/1715	
	离开本地	CA13161530/1840	本公司代订，联系人？
	本地用的交通	××旅运33座金龙	田× 137××××××
费用	酒店（房费）	4晚房费12客2陪	缺18日酒店价格、电话
	餐厅（餐费）	7正4早，22大4小	正35元/人，早15元/人
	景点（门票）	4景点门票	门票价格？免票、半票标准
	用车（租车路桥停车）	××旅运33座金龙	路桥、停车费大约多少？
注意事项	注意事项	回程机票是否落实，联系人？	
		通行证？联系人？	
	特别要求	10号过敏，12、13号素食	素食如何处理？费用？
其他		提供每日一支矿泉水	

任务二　迎接服务

一、任务描述

迎接服务是地陪第一次与游客直接接触。给游客留下的"第一印象"，将很大程度上影响整个旅游过程中游客对地陪的观感和评价，同时也影响他们对整个旅游过程的满意程度。

依照【模拟案例二】中的接待计划,模拟完成地陪迎接服务。

二、任务分析

完成本任务,要学习地陪服务中迎接服务的工作要求,模拟机场或车站(码头)的迎接场景,由学生分组模拟问讯处接待员、旅游车司机、地陪、全陪以及旅游团游客等角色,模拟迎接服务的全过程(首次沿途导游的讲解部分除外)。

三、相关知识

(一) 中华人民共和国国家标准(GB/T 15971-2010)《导游服务规范》(节选)

团队抵达时,地陪导游员应:

a) 旅游团(旅游者)出站后,确认应接的旅游团,有全陪的,及时与全陪接洽;
b) 及时引导旅游团(旅游者)前往停车场,在车门旁恭候旅游者上车,并协助旅游者就座;
c) 开车前礼貌地清点人数,以确保不落下旅游者;
d) 需要时,协助旅游者与全陪核对行李件数无误后将行李移交给行李员;
e) 行车途中,做好途中讲解,包括介绍本地概况、沿途主要景观、相关注意事项等。

(二) 旅游团抵达前的服务安排

1. 地陪应在接站前确认旅游团所乘交通工具的准确抵达时间

按照惯例,若旅游团乘搭飞机抵达,可在抵达的预定时间前2小时确认;若旅游团乘搭火车或轮船抵达,可在抵达的预定时间前1小时确认。确认方法是与机场、车站、码头的问讯处联系,若是自动问讯则要用航班号或车(船)次查询。

地陪应提前与全陪取得联系,随时了解旅游团抵达的准确信息。若是旅游团推迟抵达,也可以及时得到讯息,并对本地的接待做出相应的调整。

2. 地陪应提前30分钟抵达接站地点

地陪应提前与司机取得联系,介绍旅游团的日程安排,通知司机接站的具体时间,并确定会合的时间、地点。到达接站地点后,地陪应确认旅游车停放的具体位置,并与司机落实接待计划的全部行车路线。

3. 再次核实交通工具抵达的准确时间

地陪在提前抵达迎接地点后,要再次核实该旅游团所乘航班(车次、船次)抵达的准确时间。可在机场、车站、码头的电子显示屏上查阅旅游团所乘航班、车船的抵达讯息,也可到问讯处进行人工查询。

4. 与行李员取得联系

若是旅游团的接待计划中,有专门安排行李车和行李员负责运送行李,地陪应提前与行李员取得联系,通知行李员接站的时间和地点以及行李运送的地点。

大部分旅行社没有专职的行李员,若是有运送行李的服务,多由旅行社接到任务的工作人员负责,地陪应掌握行李员的联络方式。

5. 持接站标志迎候旅游团

当地陪安排妥当旅游团抵达前的服务准备后,应持接站牌站立在出口处明显位置,热情迎候旅游团。接站牌上应写清团名、团号,入境团应写明领队姓名,国内团应写明全陪姓名,接散客小包价旅行团或无领队、无全陪的旅行团时要写上游客姓名。

(三)旅游团抵达后的服务

1. 认找旅游团

游客出站时,地陪应尽快找到自己的旅游团。认找旅游团时,地陪应站在明显的位置举起接站牌以便领队、全陪(或客人)前来联系。同时地陪也可从游客的民族特征、衣着以及组团社的徽记等分析、判断或上前委婉询问,主动认找自己的旅游团。

地陪应及时与领队、全陪接洽,问清该团来自哪个国家(地区)、客源地组团社名称、领队及全陪姓名等。如该团无领队和全陪,地陪应与该团成员逐一核对团名、国别(地区)及团员姓名等,一切相符后才能确定是自己应接的旅游团。

2. 核实实到人数

地陪接到旅游团后,应立即向领队、全陪或旅游团成员核对实到人数。如出现与计划不符的情况应及时通知当地接待社的有关部门。

3. 集中清点行李

(1)核实实到人数之后,地陪应协助本团游客将行李集中放在临时指定位置(比较僻静、安全的地方),提醒游客检查自己的行李是否完好无损(火车托运的除外)。

(2)与领队、全陪和行李员共同清点行李。核对行李件数无误后,移交给行李员,双方办好交接手续。

(3)若有行李未到或破损,导游人员应协助当事人到机场登记处或其他有关部门办理行李丢失或赔偿申报手续。

4. 集合登车

(1)地陪要提醒客人带齐随身携带物品,然后引导游客前往乘车处。

(2)游客上车时,地陪要站在车门旁,恭候游客上车,并给予游客必要的帮助。

(3)地陪应最后一个上车,上车后礼貌地清点人数。

(4)地陪还要协助游客就座,并且检查行李是否摆放稳妥,请游客们坐稳后,让司机开车。

(四)首次沿途导游

1. 致欢迎辞

致欢迎辞时,地陪应在车厢前部靠近司机的地方(导游站立讲解位,正式的旅游车都有设置),面向游客站立讲解,让游客都能看到自己,自己也能随时留意游客的反应。

有关欢迎辞的具体内容见项目三任务一。

2. 调整时间

接入境旅游团,首站的地陪在致完欢迎辞后,还要介绍两国(两地)的时差,请游客将自己的表调到北京时间。

3. 沿途风光导游

地陪做沿途风光导游时,要求语言节奏明快,讲解的内容与所见景物同步,见人说人,见物说物,但要取舍得当。总之,沿途导游贵在灵活,导游人员要反应敏锐、掌握时机。

4. 本地风情介绍

地陪应该适时向游客介绍本地的概况,包括历史沿革、行政区域划分、人口、气候、社会生活、文化传统、土特产品等,还可以适时介绍本地的市貌、发展概况及沿途经过的重要建筑物、街道等。

5. 介绍下榻的饭店

地陪应向游客介绍所住饭店的基本情况:饭店的名称、星级、规模、地理位置、主要设施和设备、饭店的有关注意事项等,以及周边的环境,例如地铁等交通设施、大型购物场所、超市等生活设施这些游客关心的内容。

四、任务准备

1. 进行角色安排,并设计好场景。
2. 利用电脑、网络资源,查阅相关资料。
3. 将学生分成4个学习小组,分组准备角色演练。

五、任务实施

表2-9 任务实施表

序号	步骤	操作及说明	要求	备注
1	模拟示范	教师示范"落实接待事宜"部分对话,提出本节课模拟练习的要求。	准备充分	
2	角色分配	各组分配组员角色,并且讨论各角色重点要求。	抽签分配小组任务	可以课前准备。
2	设计场景和问题	按照不同类型角色,设计对话和问题。	演练内容设计好,服务工作有指导性	意见不同可保留备用。
3	角色扮演抵达前的服务	各小组按照角色分配,进行旅游团抵达前的工作模拟。	(1)角色清晰 (2)工作到位 (3)问题合理	
4	角色扮演到达时的服务	各小组按照角色分配,进行旅游团抵达时的工作模拟。	(1)角色清晰 (2)工作到位 (3)问题合理	
5	分享与评价	由各组自评、互评,再由老师进行点评。	(1)分享体会 (2)巩固知识	

六、任务评价

见 P6~P7 "六、任务评价"表格。

七、问题及解决

表 2-10　问题及解决表

序号	问题	解决方式	意见和建议

八、知识拓展

地陪与全陪接洽的对话范例

根据【模拟案例二】的内容,地陪与全陪确认团队的对话如下:

地陪:您好!请问您是北京××国际旅行社的谢××先生吗?

全陪:对,我就是。您是广州××旅游公司的地陪汤××吗?

地陪:是的,我是,咱们的团号是 NBHP20131115,全团共 22 大 4 小,应该没有错吧?

全陪:团号没错,不过人数有点变化。因为两位客人因故取消行程,所以实际到达是 20 大 4 小,共 24 人。这两位是名单表中的曾勇军和刘青学两位男士,减少一间标准双床房。

地陪:是这样,那我先打电话向旅行社说明这个情况,赶紧退房,还要改餐厅人数。麻烦你集合游客,把行李放在这里,我们认真清点。谢谢!

全陪:好的,没有问题,咱们团的游客都出来了,我们在这里集中就好。

……

地陪:好!都安排好了,各位团友,请大家检查一下行李,看看有没有什么问题……

另附:当团队人数有变化时

在接团时,地陪发现实际到达人数与原计划人数不符时,应立即通知旅行社相关部门,告知实到人数,以便地接社及时与组团社联系,确认人数更改后的行程安排的变更情况。地陪及时通知,可以让地接社及时应对,以免给旅行社和游客造成更大的损失。

任务三 住宿以及核对行程安排服务

一、任务描述

地陪要做好旅游团各项旅行生活方面的服务,对于接待计划内的住宿、核对行程安排等内容要提前做好安排。

1. 按照【模拟案例二】中的接待计划,完成"阅读材料 1-2-2-1"中的交接,实到人数为 20 大 4 小,计算整个行程中应付的住宿费用。

表 2-11 住宿费用一览表

费用	日期	地点	标准	数量	付费方式	应付	实付	备注
房费	D1							两位游客未到,实付 11 双 2 司陪
	D2							
	D3							
	D4	广州天荷宾馆	280/200	12/2	现付	3760 元	3480 元	
	合计							

备注:付费方式是指现金支付、支票支付抑或结算单支付,按照接待计划中的要求付费。表中数量和应付栏都以原接待计划中数目计,实付部分按实际发生额计算。

2. 按照【模拟案例二】中的接待计划,模拟完成旅游团入住饭店以及核对行程安排的服务。

二、任务分析

完成本任务,要在学习地陪服务程序中的入住饭店、核对接待日程等服务的工作要求的基础上,进一步掌握出现特殊问题和情况时的处理方法。

三、相关知识

(一)中华人民共和国国家标准(GB/T 15971-2010)《导游服务规范》(节选)

5.3.3 食宿服务

5.3.3.1 住宿

旅游团(旅游者)抵达饭店时,导游员应及时办妥住店手续,热情引导旅游者进入房间和认找自己的大件交运行李,并进行客房巡视,处理旅游团(旅游者)入住过程中可能出现的各种问题。

全陪导游员应做好分房方案,并按照方案办妥入住登记手续。属于单位集体包团或入境游团队中有境外旅行社代表的,分房方案应分别交由包团单位代表或境外旅行社代表制定。

地陪导游员应：
a) 与饭店保持有效沟通和联系，落实住宿安排，取得客房钥匙；
b) 告知旅游者：
  1) 饭店基本设施和住店注意事项；
  2) 饭店名称、位置和入店手续，有关服务项目和收费标准；
  3) 当天或次日游览活动的安排，以及集合的时间、地点；
  4) 饭店内就餐形式、地点、时间。
c) 掌握全陪和旅游者的房间号，便于联系；
d) 需要时，等待行李送达饭店，核对行李，督促行李员及时将行李送至旅游者房间；
e) 必要时，安排次日的叫早服务。

（二）入住饭店的服务

在抵达饭店后，考虑到游客长途劳顿，地陪应尽快协助办理好入住的手续，让游客入住房间并及时取到行李。地陪也要让游客及时了解饭店的基本情况和住店的注意事项，并且使其清楚当天或第二天的活动安排。

1. 协助办理住店手续

旅游团抵达饭店后，地陪要协助领队和全陪办理住店登记手续，请领队（若是国内长线团则由全陪）分发住房卡。地陪要掌握领队、全陪和团员的房间号，并将与自己联系的办法如房间号（若地陪住在饭店）、电话号码等告诉全陪和领队，以便有事时尽快联系。

2. 介绍饭店设施

进入饭店后，地陪应向全团介绍饭店内的外币兑换处、中西餐厅、娱乐场所、商品部、公共洗手间等设施的位置，并讲清住店注意事项。

地陪要协助游客了解饭店的具体情况，如在饭店内如何拨打内线电话，房间内的用品哪些是免费、哪些是需要收费的，房间内有没有免费矿泉水供应，饭店是否提供一次性洗漱用品等。

3. 通知旅游团早餐的地点和形式

游客进入房间之前，地陪要向其介绍饭店内的早餐的形式、地点、时间，以及饭店餐饮服务的有关规定。客人到餐厅用早餐时，地陪应主动带领，若有特殊要求，应及时通知餐厅经理或主管。

4. 宣布当日或次日的活动安排

地陪应在游客回房间前向全团宣布当天和第二天的活动安排，以及集合的时间、地点。

5. 照顾行李进房

地陪应等候本团行李送达饭店，并负责核对行李，督促饭店行李员及时将行李送至游客的房间。

6. 协助游客处理入住后的各类问题

游客入住房间后，可能会对房间内的设施、环境以及房间物品的使用提出疑问，需要帮助。因此，地陪应在游客居住的楼层停留一段时间（半小时左右），协助游客检查房间设施，及时提供服务,解答游客的各种问题。

在游客入住饭店之后,地陪要按照接待计划中注明的付费方式和标准跟饭店结账。通常的付费方式有现金支付、支票支付和结算单支付,用结算单支付后由旅行社相关部门与饭店按月或按季度结算。

(三)核对行程安排

《导游服务规范》要求:全、地陪导游员应认真核实旅游行程,行程宜以组团社的为准。如遇现场难以解决的问题,应及时请示组团社。

旅游团在一地的参观游览内容都已明确规定在旅游协议书上,在旅游团抵达前,旅行社有关部门已经安排好该团在当地的活动日程。即便如此,地陪也必须进行核对行程安排的工作。若是领队(或全陪)手中的旅行计划与地陪的接待计划有部分出入,地陪应及时报接待社查明原因,分清责任,若是接待社方面的责任,地陪应实事求是地说明情况并赔礼道歉。

四、任务准备

1. 准备【模拟案例二】中的接待计划,含出团任务书、团队费用计划和游客名单表等。
2. 查阅相关资料,利用电脑、网络辅助查询。
3. 将学生分成4个学习小组,各组内分配"地陪""全陪""饭店服务人员""游客"等角色进行模拟训练。

五、任务实施

表2-12 任务实施表

序号	步骤	操作及说明	要求	备注
1	模拟示范	教师示范"入住饭店服务"中工作要点,提出本节工作要求以及模拟实训要求。		
2	分配小组任务	各组完成住宿费用表,并进行入住饭店服务模拟练习。要包括核对行程安排的服务。	(1)表格清晰 (2)抽签完成	
3	角色分配、设计场景和问题	各组内分配不同类型角色,设计对话和可能出现的问题。	(1)场景和对话设计合理 (3)问题合乎情理	安排第二天的叫早、早餐时间。
4	角色扮演入住饭店服务	按照小组任务角色,选派代表进行工作模拟。	(1)角色清晰 (2)工作到位 (3)问题合理	
5	分享与评价	由各组自评、互评,再由老师进行点评。	(1)分享体会 (2)巩固知识	

六、任务评价

见 P6~P7 "六、任务评价" 表格。

七、问题及解决

表 2-13 问题及解决表

序号	问题	解决方式	意见和建议

八、知识拓展

导游带团小窍门——饭店位置表

导游在带团的过程中,经常会遇到游客提出一些小疑问,比如:下榻饭店的位置,周边有无地铁公交、是否有24小时便利店、是否有邮局、是否有书店、是否有大型购物场所、是否有医院,饭店在哪个区,距离某地远近、搭乘出租车到某地要多久多少钱等五花八门的问题,让导游头疼不已。

为了使自己的带团过程进行顺利,导游人员就要事先多下工夫做准备。比如,把饭店的位置以及周边情况等需要掌握的信息列成表格,在出团前咨询计调或导游前辈确认完善,也可以使用网络查询,让自己做到有备而来。

表 2-14 饭店位置表

类型	日期	名称	电话	具体地址	标志建筑	周边情况
饭店	D1					
	D2					
	D3					
	D4					

任务四 餐饮服务

一、任务描述

地陪要做好旅游团各项旅行生活方面的服务,对接待计划内的用餐要根据要求提前做好安排。

1. 按照【模拟案例二】中的接待计划,以及阅读材料1-2-2-1中的交接,实到人数为20大4小,计算整个行程中应付的用餐费用。

表2-15 用餐费用表

费用	日期	时间	标准	数量	付费方式	应付	实付	备注
餐费	D1	晚餐	35元/人	22大4小	现付	840元	770元	
	D2							
	D3							两客人未到,实到20大4小
	D4							
	D5							
	合计							

备注:团队用餐小童按成人的半价计费,付费方式是指现金支付、支票支付抑或结算单支付,按照接待计划中的要求付费。数量和应付都应以原接待计划中数目计,实付部分按照实际发生额结算。

2. 按照【模拟案例二】中的接待计划,模拟完成旅游团用餐时的服务。

二、任务分析

完成本任务,要在学习地陪服务程序中的住宿、餐饮等服务的工作要求的基础上,进一步掌握出现特殊问题和情况时的处理方法。

三、相关知识

（一）中华人民共和国国家标准（GB/T 15971-2010）《导游服务规范》（节选）

5.3.3 食宿服务

5.3.3.2 饮食

导游员应按照旅游合同约定安排饮食。全陪导游员应对此实施监控。旅游团（旅游者）就餐时，地陪导游员应：

a）提前与餐厅联系，核实订餐情况；
b）简单介绍餐馆及其菜肴的特色；
c）引导旅游者到餐厅入座并介绍餐馆的有关设施；
d）旅游者如需另加酒水或菜肴，应向其说明类别和价格；
e）满足有宗教习惯的旅游者的用餐需求；
f）随时关注用餐情况，解答旅游者在用餐过程中的提问，解决出现的问题。

（二）地陪的餐饮服务

地陪要提前落实本团当天的用餐，对午、晚餐的用餐地点、时间、人数、标准、特殊要求逐一核实并确认。

用餐时，地陪应引导游客进餐厅入座，介绍餐厅的有关设施、饭菜特色、酒水等，要告知全陪的导游用餐地点及用餐后全团的出发时间。

用餐过程中，地陪要巡视旅游团用餐情况一二次，解答游客在用餐中提出的问题，并监督、检查餐厅是否按标准提供服务并解决可能出现的问题。

用餐后，地陪应严格按实际用餐人数、标准，如实与餐厅结账。

四、任务准备

1. 准备【模拟案例二】中的接待计划（含出团任务书、团队费用计划和游客名单表）。
2. 查阅相关资料，利用电脑、网络辅助查询。
3. 将学生分成 4 个学习小组，各组内分配"地陪""全陪""餐厅服务人员""游客"等角色进行模拟演练。

五、任务实施

表 2-16 任务实施表

序号	步骤	操作及说明	要求	备注
1	模拟示范	教师示范"餐饮服务"中工作要点，提出本节工作要求以及模拟实训要求。		

续表

序号	步骤	操作及说明	要求	备注
2	分配小组任务	各组完成用餐费用表,并各负责第二天到第五天其中一天的入住饭店服务模拟练习。	(1)表格清晰 (2)演练到位	
3	角色分配、设计场景和问题	各组内分配不同类型角色,设计对话和可能发生的问题。	场景、对话和问题设计合理	
4	角色扮演餐饮服务	按照小组任务角色,选派代表进行工作模拟。	(1)角色清晰 (2)工作到位	问题合理
5	分享与评价	由各组自评、互评,再由老师进行点评。	(1)分享体会 (2)巩固知识	

六、任务评价

见 P6～P7 "六、任务评价"表格。

七、问题及解决

表 2-17　问题及解决表

序号	问题	解决方式	意见和建议

八、知识拓展

导游带团小窍门——餐厅位置表

旅行社为了能让游客一尝本地的丰富美食,所预订团餐的餐厅所处的位置比较清晰,经常让导游和司机较为困扰。

为了让自己的带团过程进行顺利,导游人员就要事先把餐厅的位置以及周边情况等需要掌握的信息列成表格,在出团前咨询计调或资深导游确认完善,也可以使用网络查询。

表 2-18 餐厅位置表

类型	日期	名称	电话	联系人	具体地址	周边标志建筑
餐厅	D1					
	D2					
	D3					
	D4					
	D5					

任务五 参观游览服务

一、任务描述

参观游览服务是多数旅游团最主要的服务内容,也是多数游客最关心的,组织好参观游览活动是地陪服务工作的中心环节。

1.试以地陪的身份,按照【模拟案例二】中的接待计划,对行程计划中的信息进行归纳和整理,完成下列表格。

表 2-19 全程行车路线表

日期	目的地城市	途经城市或地区	行车路线
D1			
D2			
D3			
D4			
D5			
备注			

2. 在参观游览服务环节,地陪除了做好导游讲解工作以外,还应该努力使旅游团的参观游览全过程安全、顺利。因此,针对这个环节地陪要认真准备、精心安排、热情服务,在参观游览全过程及时随时交代注意事项。

依照【模拟案例二】中接待计划的内容,分组按日期完成以下的注意事项表。

表2-20 注意事项安排表

日期				
环节	有关注意事项	提醒的具体内容		备注
出发前	当日天气(衣服、雨具)			
	游览点地形、行走时间(鞋)			
途中导游	当日的行程安排			
景点游览	下车前(集合、上车等)			
	游览点(路线、时间等)			
	相关游览注意事项			
	游览中的安全事项			
返程途中	次日活动安排			
其他	各类物品的提醒			

3. 各组按照本组任务,模拟完成参观游览服务。

二、任务分析

完成本任务,要在学习地陪服务程序中的参观游览服务工作要求的基础上,结合接待计划中的各项信息并加以分析和研究,模拟实操训练。

三、相关知识

(一)中华人民共和国国家标准(GB/T 15971-2010)《导游服务规范》(节选)

5.3.4 行程游览服务

5.3.4.1 导则

全、地陪导游员应认真核实旅游行程,行程宜以组团社的为准。如遇现场难以解决的问题,应及时请示组团社。

在景点游览过程中,导游员应:

a)在计划的时间与费用标准内,使旅游者充分地游览、观赏,做到讲解与引导游览相结合,适当集中与分散相结合,劳逸适度,并应特别关照老弱病残的旅游者;

b)应注意旅游者的安全并随时提醒旅游者自己注意安全,自始至终与旅游者在一起活动,并随时清点人数,以防旅游者走失或意外事故的发生;

c)在服务过程中始终佩戴导游证,携带接待计划,旅游团人数超过10人时打导游旗;

d)积极配合执法部门的检查和监督,遵纪守法,不吸烟酗酒。

5.3.4.2 全陪导游员

全陪导游员应:

a)与各站保持有效沟通使旅游接待计划得以全面顺利实施,并监督各站服务适时到位;

b)适时向接待社和地陪提出相应的建议和意见,确保各站按旅游合同约定兑现旅游服务,确保团队接待服务质量符合要求;

c)在乘坐交通工具向异地移动途中,提醒旅游者注意人身及财物的安全,安排好旅游者旅途生活,适时组织娱乐活动或专题讲解,努力使旅游团(旅游者)在旅途中感到充实、轻松、愉快;

d)游览过程中,协助和配合地陪导游员做好其各项工作;

e)在地陪导游员缺位或失职的情况下,兼行地陪导游员职责。

5.3.4.3 地陪导游员

地陪导游员应:

a)提前到达集合地点,并督促司机做好出发前的各项准备工作;

b)团队出发及每次移动前清点人数;

c)向旅游者报告当日重要新闻、天气情况及当日活动安排,包括午、晚餐的时间、地点。

d)在前往景点的途中,向旅游团(旅游者)介绍本地的风土人情、自然和人文景观,回答旅游者提出的问题,主动与旅游者进行交流。

e)抵达景点前,向旅游者介绍该景点的简要情况,尤其是景点的背景、价值和特色;

f)抵达景点时,告知旅游者在景点停留的时间,以及参观游览结束后集合的时间和地点和游览过程中的注意事项;

g)游览过程中,尽量使用生动、风趣、吐字清晰易懂、富有感染力的讲解语言,对景点作繁简适度的讲解,包括该景点的历史背景、特色、地位、价值等内容,使旅游者对游览点的特色、价值、风貌、背景等及旅游者其他感兴趣的问题有基本的了解;

h)当日游览活动结束时,询问旅游者对当日活动安排的反映,并预报次日的活动日程、出发时间及其他有关事项。

(二)参观游览活动工作要点

参观游览过程中的地陪服务,应努力使旅游团参观游览全过程安全、顺利,使游客详细了解参观游览对象的特色、历史背景等及其他感兴趣的问题。为此,地陪必须认真准备、精心安排、热情服务、生动讲解。

1. 出发前的服务

出发前,地陪应准备好小旗、胸卡和必要的票证。地陪应提前10分钟到达集合地点,并督促司机做好各项准备工作。提前到达不仅为了在时间上留有余地,以身作则遵守时间,应付紧急突发的事件,也是为了礼貌地招呼早到的游客,询问游客的意见和建议。

(1)核实、清点实到人数

若发现有游客未到,地陪应向领队或其他游客问明原因,设法及时找到,若有的游客愿意留在饭店或不随团活动,地陪要问清情况并妥善安排,必要时报告饭店有关部门。

(2)提醒注意事项

地陪要向游客预报当日天气和游览点的地形、行走路线的长短等情况,必要时提醒游客带好衣服、雨具以及换鞋等。

(3)准点集合登车

地陪在早餐前向游客问候时,就应再次提醒集合时间和地点。游客陆续到达后,清点实到人数并请游客及时上车。地陪应站在车门一侧,招呼游客上车,并适当协助游客登车,开车前,要再次清点人数。

2. 途中导游

(1)重申当日活动安排

开车后,地陪要向游客重申当日活动安排,包括午、晚餐的时间地点,说明乘车途中所需时间,视情况介绍当日国内外重要新闻。

(2)风光导游

在前往景点的途中,地陪应适时向游客介绍本地的风土人情、自然景观,回答游客提出的问题。

(3)介绍游览景点

抵达景点前,地陪应向游客介绍该景点的简要情况,尤其是景点的历史价值和特色。讲解要简明扼要,目的是满足游客的求知欲,激起其游览景点的欲望,也可节省到目的地后的讲解时间。

(4)活跃气氛

如旅途长,地陪可以与游客讨论一些国内外问题,或适当组织娱乐活动活跃气氛。

3. 景点导游、讲解

(1)交代游览注意事项

抵达景点时,下车前地陪要讲清楚并提醒游客记住旅行车的标志、车号和停车地点、开车的时间。在景点示意图前,地陪应讲明游览路线、所需时间、集合时间和地点等。地陪还应向游客讲明游览参观过程中的有关注意事项。边境游的旅游地陪在出境前应向游客讲清旅游目的地国的风俗、习惯及注意事项。

(2)购票进入景点

到了景点大门,地陪要按照实到人数购买门票。在购票时需注意,按小童付费的旅行社只负责儿童票价(多数景点按身高1.2—1.5米)付费,若儿童身高超高则需由游客补差价,有些景点设有学生优惠票价。老人按各景点的要求有不同程度的优惠,如有些景点65岁至69岁半价、70岁以上免费,有些景点则有长者优惠价,等等。地陪可合理利用这些优待条件,请游客出示相应证件,获得门票优惠。

(3)景点导游讲解

抵达景点后,地陪应对景点进行讲解。讲解内容应繁简适度,包括该景点的历史背景、特色、地位、价值等方面的内容。讲解的语言应生动,富有表现力。在景点导游的过程中,地陪应保证在计划的时间与费用内,游客能充分地游览、观赏,做到讲解与引导游览相结合,集中与分散相结合,劳逸适度,并应特别关照老弱病残的游客。

(4)留意游客的动向,防止游客走失

在景点导游过程中,地陪应注意游客的安全,要自始至终与游客在一起活动,注意游客的动向并观察周围的环境,和全陪、领队密切配合并随时清点人数,防止游客走失和意外事件的发生。

4. 返程中的工作

(1)回顾当天活动

返程中,地陪应回顾当天参观、游览的内容,必要时可补充讲解,回答游客的问询。

(2)风光导游

如旅游车不从原路返回饭店,地陪应做沿途风光导游,若走原路返回可适当安排其他专题讲解或活动。

(3)宣布次日活动日程

返回饭店下车前,地陪要预报晚上或次日的活动日程、出发时间、集合地点等,提醒游客带好随身物品。地陪要先下车,照顾游客下车,再与他们告别。

四、任务准备

1. 准备【模拟案例二】中的接待计划(含出团任务书、团队费用计划和游客名单表)。
2. 查阅相关资料,利用电脑、网络辅助查询。
3. 将学生分成4个学习小组,各组抽签分别完成地陪接待任务中一天的游览服务工作。

五、任务实施

表2-21 任务实施表

序号	步骤	操作及说明	要求	备注
1	模拟示范	教师示范本任务中的工作要点,提出本节工作的要求和模拟演练要求。	准备充分	
2	分组完成表格	各组结合本组任务,依据【模拟案例二】的接待计划中的内容,讨论完成表格。	抽签分配小组任务	
3	展示表格	各组展示"表1-2-5-1全程行车路线表",并且讨论完成情况。	(1)路线清晰明了 (2)表格清晰	
4	角色扮演参观游览服务	各组根据抽签结果,组内分配角色完成参观游览服务(购票、交代注意事项等)的模拟演练。	(1)内容正确 (2)角色清晰 (3)工作到位	
5	分享与评价	由各组自评、互评,再由老师进行点评。	(1)分享体会 (2)巩固知识	

六、任务评价

见 P6~P7 "六、任务评价"表格。

七、问题及解决

表 2-22 问题及解决表

序号	问题	解决方式	意见和建议

八、知识拓展

【模拟案例二】"全程行车路线表"第一天参考答案

表 2-23 全程行车路线表

日期	目的地城市	途经城市地区	行车路线
D1	广州	花都区—番禺区	全程约52km,机场—机场高速(约18km)—平沙立交—华南快速干线(约13km)—春岗立交—华南快速干线南行(约21km)—沙溪出口—沙溪大道—迎宾路—下榻饭店

【模拟案例二】"注意事项安排表"第二天参考答案

表 2-24 注意事项安排表

日期		11月16日 D2	
环节	有关注意事项	提醒的具体内容	备注
出发前	当日天气 (衣服、雨具)	例:天气晴朗,温差略大,有乘船项目,海风较大,需准备防风外套。海边阳光较强烈,注意防晒(涂抹防晒霜、戴太阳镜)等。	

续表

日期		11月16日 D2	
环节	有关注意事项	提醒的具体内容	备注
出发前	游览点地形、行走时间(鞋)	例:当日乘车的路程较长,有乘船项目,因此提醒晕车(船)的游客提前做好准备。当日没有爬山等项目,行走时间不算长,但要注意需上、下船,轻便的鞋子比较好。	
途中导游	当日的行程安排	例:今天将从广州前往珠海,两小时左右的车程,上午游览梅溪牌坊和农科奇观,午餐在珠海的湾仔码头附近的海意美食园用餐,午餐后乘船进行澳门环岛游,下午车游珠海情侣路,参观珠海渔女,晚餐在珠海香洲区的兄畅饭店用餐,晚餐后下榻在珠海五湖商务酒店(四星级)。	
景点游览	下车前(集合、上车等)	例:10:30到达梅溪牌坊后,提醒游客记住旅游车的车牌号码A5××××,车是蓝色黄字,上写"××旅运",车头和车门旁贴着标志——"广州全景、珠海、深圳中英街、东部华侨城五天游",停车地点在景点停车场,开车时间是12:00,集合登车就在下车的位置。	
	游览点(路线、时间等)	例:在梅溪牌坊旅游区,游览路线是梅溪牌坊广场区—梅溪大庙—陈芳故居等,共游览90分钟,12:00在门口集中。	
	相关游览注意事项	例:澳门环岛游前,提醒游客自备晕船药防止晕船,相机等物品要放好,小心颠簸。	
	游览中的安全事项	例:澳门环岛游前,提醒游客注意乘船安全。	
返程途中	次日活动安排	例:明天早上6:45叫早,7:30带齐行李到饭店2楼西餐厅用早餐,同时交房卡,8:00退房前往深圳。明天上午要游览中英街,因此要随身带好身份证。	
其他	各类物品的提醒	例:离开饭店时,提醒游客带好随身行李物品,检查是否带齐证件;参观游览时,提醒游客带好随身物品;下车前提醒游客不要将贵重物品放在车上。	

中英街边境特别管理区通行证

中英街作为全世界独一无二的一街两制免税商业街、广东省爱国主义教育基地、"深圳八景"之一,属边境特别管理区,游客须办理"中英街边境特别管理区通行证"方能通关。

进入办法:

1. 深圳常住户籍居民持本人有效居民身份证原件到广东边防办证中心申办特别通行证进关。

2. 非深圳常住户籍居民,如有在广东边防办证中心已备案单位接待的,可持接待单位证明到边防办证中心申办特别通行证,由接待单位组织进出关。

3. 其他非深圳常住户籍居民持本人有效居民身份证原件统一由政府指定的深圳市沙头角旅游有限公司组团申办特别通行证,集体进出关。

注意事项:

1. 国内居民申办特别通行证须交验本人有效的居民身份证,不得弄虚作假。

2. 国内居民凭特别通行证及本人有效的居民身份证原件进出中英街,不能持出国护照、往来港澳通行证等其他证件进出。现役军人、港澳台胞、外籍人士不能随本团进入中英街。

3. 游客在一个月内只能申办一次特别通行证。

4. 不满十六周岁的未成年人,如未持有效居民身份证,必须在监护人陪同下凭户口簿(未满五周岁幼童凭出生证)申办特别通行证。

5. 进入中英街后,必须遵守国家边防管理规定,不得越境进入香港划定的禁区,否则将被作非法越境处置。

6. 遵守海关政策规定,不得携带违禁品出入关。所带物品应在合理自用数量范围内。购买电器(如手机、相机、摄像机)等物品出关,须按政策缴交关税。

7. 如发生购物纠纷,可向中英街内工商消委会投诉岗或巡逻保安投诉,在香港购物的向香港警察投诉岗投诉。

(资料来源:http://www.stjly.com/cn/product/show.php? id = 19)

任务六　送客服务

一、任务描述

送客服务是地陪对旅游团接待工作的最后阶段。地陪要以良好的精神状态完成送客服务,使游客顺利、安全地离开本地。

试以地陪的身份,按照【模拟案例二】中的接待计划,模拟完成送站服务。

二、任务分析

完成本任务,要学习地陪服务程序中送站服务的工作要求,模拟饭店、旅游车以及机场、车站或码头的场景,由学生分别扮演饭店服务人员、机场值机人员、旅游车司机、地陪、全陪以及旅游团游客等角色,模拟演练地陪送客服务的全过程。

三、相关知识

(一)中华人民共和国国家标准(GB/T 15971-2010)《导游服务规范》(节选)

5.3.7 离/末站服务

5.3.7.1 离店服务

离店当天,地陪导游员应做好以下工作,全陪导游员应予以协助:

a)集中交运行李;
b)办理退房手续,并协助饭店结清与旅游者有关的项目;
c)提醒旅游者带好身份证件及贵重物品;
d)清点人数并集合登车。

5.3.7.2 送行前服务

团队送行前,地陪导游员应做好以下工作,全陪导游员应予以协助:

a)提前确认或落实联程/返程交通票据,以确保团队能按时启程;
b)商定并宣布行前集中行李、叫早、早餐以及集合出发的时间;
c)宣布有关离站注意事项。

5.3.7.3 离站送客服务

离站送客时,导游员应代表各自的旅行社向旅游者致欢送词,向旅游者派发《游客意见表》征询旅游者对旅游接待服务的意见。

地陪导游员应做好以下工作,全陪导游员应予以协助:

a)带领团队及时抵达机场(车站、码头);
b)办妥航班登机手续,向全陪导游员移交机票及登机牌,并引导旅游团依次通过机场安检。

全陪导游员应:

a)提醒旅游者保管好自己的物品和证件;
b)引导旅游团(旅游者)在候机楼或候车室休息等候,并按机场/车站的安排按时组织登机/车。

(二)送客服务工作要点

旅游团结束本地参观游览活动后,地陪应做到使游客顺利、安全离站。

1.送行前的服务

(1)核实交通票据

旅行团离开本地的前一天,地陪应核实旅游团离开的机(车、船)票。要做到四核实:核实计划时间、核实时刻表时间、核实票面时间、核实问询时间。如果航班(车次、船次)和时间有变更,应当问清旅行社相关部门(计调)是否已通知下一站接待社,以免造成下一站的漏接事故。

(2)商定集合、出发的时间

为了避免发生误机事故,地陪要预留足够的时间带领团队前往机场(车站、码头)。司机通常比较了解路况及行车用时,一般先由地陪与司机商定出发时间,再与领队、全陪商议,确定后及时通知游客。

(3)商定出行李时间

在核实确认了集合、出发时间之后,地陪要与领队、全陪商定游客出行李的时间,然后再通知饭店行李员及时到房间收取行李,并通知游客,同时介绍有关行李托运的具体规定和注意事项。

(4)商定叫早和早餐时间

按照集合、出发时间,地陪与领队、全陪商定叫早和用早餐时间,并通知饭店有关部门和游客。

(5)协助饭店结清与游客有关的账目

为了能在预计出发时间离开饭店前往机场(车站、码头),地陪要及时提醒、督促游客尽早与饭店结清与其有关的账目,如洗衣费、长途电话费、饮料费等,若游客损坏了客房设备,地陪应协助饭店妥善处理赔偿事宜。地陪还要及时通知饭店有关部门该团的离店时间,提醒其及时与游客结清账目。

(6)及时归还证件

一般情况下,地陪不应保管旅行团的旅行证件,用完后应立即归还游客或领队。出境前要提醒领队准备好全部护照和申报单,以便交边防站和海关检查。

2. 离店服务

(1)集中清点行李

离开饭店前,地陪要按商定好的时间与饭店行李员办好行李交接手续。

(2)办理退房手续

旅游团离开饭店前,无特殊原因地陪应在中午12:00以前办理退房手续。

(3)集合登车

出发前,地陪应询问游客与饭店的账目是否结清,提醒游客有无遗落物品,收齐游客房间钥匙交回饭店总服务台。集合游客上车时,地陪要仔细清点实到人数。全体到齐后,提醒游客再检查清点一下随身携带的物品,如无遗漏则请司机开车离开饭店。

3. 送行服务

(1)致欢送辞

地陪向游客致欢送辞,语气应真挚、富有感情,时机可选在赴机场(车站、码头)的途中,也可在候机(车、船)大厅。

欢送辞的内容应包括:

回顾旅游活动,感谢大家的合作;表达友谊和惜别之情;诚恳征求游客对接待工作的意见和建议;若旅游活动中有不顺利或旅游服务有不尽人意之处,导游人员可借此机会再次向游客赔礼道歉;表达美好的祝愿。

(2)在送行途中,要请游客填写《游客意见表》。

(3)提前到达机场(车站、码头),照顾游客下车。

地陪送团必须留出充裕的时间。具体要求是:出境航班,提前两小时,乘国内线飞机提前90分钟,乘火车提前1小时。

旅游车到达机场(车站、码头),下车前,地陪应提醒游客带齐所有行李物品,照顾全团游客下车后,要再检查一下车内有无游客遗漏的物品。

(4)办理离站手续

到机场(车站、码头)大厅后,地陪应迅速协助领队(或全陪)办理登机卡,请领队(或全陪)分发登机卡,并协助游客办理行李托运手续,送旅游团进入安检区后,地陪才可以离开。若是入境团,则要向领队介绍如何办理出境手续,送旅游团进入隔离区后,地陪才可以离开。

(5)与司机结账

送走旅游团后,地陪应与司机核实用车公里数,在用车单据上签字,并要保留好单据。

四、任务准备

1. 准备【模拟案例二】中的接待计划(含出团任务书、团队费用计划和游客名单表)。
2. 查阅相关资料,利用电脑、网络辅助查询。
3. 将学生分成3个学习小组,分组完成"送行前的服务"、"离店服务"以及"送行服务"。

五、任务实施

表2-25 任务实施表

序号	步骤	操作及说明	要求	备注
1	模拟示范	教师示范送客服务工作要点,提出本节工作的要求和模拟演练要求。	准备充分	
2	任务分配	各组按照本组任务,讨论角色重点要求,并且分配组员角色。	抽签分配小组任务	
3	角色扮演送站前准备	按照小组任务角色,选派代表进行工作模拟。	(1)角色清晰 (2)工作到位	
4	角色扮演离店服务	按照小组任务角色,选派代表进行工作模拟。	(1)角色清晰 (2)工作到位	
5	角色扮演送行服务	按照小组任务角色,选派代表进行工作模拟。	(1)角色清晰 (2)问题合理	
6	分享与评价	由各组自评、互评,再由老师进行点评。	(1)分享体会 (2)巩固知识	

六、任务评价

见 P6~P7 "六、任务评价"表格。

七、问题及解决

表2-26 问题及解决表

序号	问题	解决方式	意见和建议

八、知识拓展

【模拟案例二】欢送词范例

各位团友：大家好！

快乐的时光总是过得很快，大家的广东之旅即将结束，各位马上就要"飞"回温馨的家了！在这五天中，我们游览了广州、深圳、珠海的新城市美景。在珠海，我们到梅溪牌坊去"寻芳"（陈芳先生故居），到了农科奇观近距离接触岭南瓜果，还乘船环绕了澳门一周，感受了赌城的风貌，珠海的情侣路和神秘的珠海渔女给大家留下了浪漫的珠海印象。深圳，全世界独一无二的"一街两制"——中英街上的购物让各位意犹未尽，更是感受到了大小梅沙的海滨风情，而东部华侨城美丽得就像童话世界，大家都流连忘返了。在广州，更是领略了"后亚运时代"的新城市景观，花城广场、广州塔都让各位感受到了羊城的美丽。当然，广东还有很多经典景点、美丽的城市各位都没有来得及游览，广州也有很多传统的、浪漫的美景等着大家，我相信大家还会再次光临我们"千年羊城、南国明珠"的。

非常感谢各位这一路对我工作的支持和配合，让我们的旅途愉快、顺利，也让我的工作变得轻松。

在这五天之中，各位对我们的活动安排和我的服务工作有什么意见和建议，尽可畅所欲言，我们一定会尽量改正，也希望以后的工作能够越做越好。

在这几天当中，若是我们的活动安排还有一些让大家不够满意的地方，我要趁着这个机会再次向各位道歉，实在是不好意思，希望大家多多谅解。

五天的时间虽说不算很长，但是这五天的相处，让我觉得我们已经不再是导游和游客，而是相交许久的朋友了！在这即将分别的一刻，心里很有点舍不得。希望我们还能再次相见，再来广州一定要联系我，也许我也会到北京去探访各位呢！最后，祝大家身体健康、工作顺利、心想事成！

阅读材料

地接社游客意见反馈表范例

表 2-27 地接社游客意见反馈表

游客意见反馈表

尊敬的游客朋友：

　　欢迎参加广州××旅游公司为您安排的旅行团,请您对此次旅游活动中我们的各项服务提出宝贵意见和建议,以便于我们改进工作,提高服务质量。请您认真填写以下内容,并欢迎您再次参加我社的旅行团,希望再次为您提供服务,感谢您对我们工作的大力支持！

一、客户资料

姓名		来自		电话	
地址				邮箱	
导游姓名		旅游线路			

二、导游服务

评价内容	非常好	较好	一般	较差	极差
服务态度					
仪容仪表					
景点讲解					
协调能力					
工作责任心					

三、其他接待服务质量

评价内容	非常好	较好	一般	较差	极差
酒店设施					
餐饮质量					
车容车貌					
司机服务					
行程安排					

四、您的意见和建议

全陪签名：　　　　　　　　　　　地陪签名：

司机签名：　　　车牌号：　　　　司机电话：

任务七　后续工作

一、任务描述

送走旅游团后,地陪还要做一些后续工作。

请结合本次旅游团接待任务完成情况,填写导游出团报账单。

表2-28　导游出团报账单

团号		导游		人数		用房量	
日期	酒店	房费		餐费		景点	
D1							
D2							
D3							
D4							
D5							
小计		现付:					
租车		路桥		水		导补	
其他							
总计		元(其中,现金		元,签单		元,支票	元)
借款		元(其中,现金		元,签单		元,支票	元)
余款							
备注							
导游签名		计调签名			经理签名		

二、任务分析

要完成本任务,必须对接待服务各环节有较全面的掌握,结合工作实际完成情况,进行费用的整体结算。

三、相关知识

(一)中华人民共和国国家标准(GB/T 15971—2010)《导游服务规范》(节选)

5.3.8　其他相关服务及工作

5.3.8.1 处理遗留问题

下团后,导游员应认真、妥善处理旅游团留下的问题,按有关规定办理旅游者临行托办的事项。必要时应向旅行社领导请示。

5.3.8.2 总结工作

接团任务完成后导游员应:

a)填写并向旅行社递交《导游日志》,详细报告接团经过突发事件;

b)尽快结清有关账目;

c)做好带团总结。

(二)后续工作要点

1. 处理遗留问题

下团后,地陪应妥善、认真处理好旅游团的遗留问题,按有关规定办理游客临行前托办的事宜,必要时请示领导后再办理。

2. 结账

按旅行社的具体要求并在规定的时间内,填写清楚有关接待和财务结算表格,连同保留的各种单据、接待计划、活动日程表等按规定上交有关人员,并到财务部门结清账目。

3. 总结工作

认真做好导游工作日志,实事求是地汇报接团情况。涉及游客的意见和建议,力求引用原话,并注明游客的身份。旅游中若发生重大事故,要整理成文字材料向接待社和组团社汇报。

四、任务准备

1. 查阅相关资料,利用电脑、网络辅助查询。
2. 接待任务各环节的相关资料等。

五、任务实施

表 2-29 任务实施表

序号	步骤	操作及说明	要求	备注
1	查找资料	查阅接待任务各环节的资料,并根据后续工作的工作要求准备资料。	资料准备全面	
2	完成导游报账单	根据接待计划和相关资料,完成报账单。	(1)计算准确 (2)表格清晰	
3	小组讨论分析	经过分析讨论资料,掌握导游出团日志(总结)的主要内容。	(1)内容有条理 (2)体会深刻	
4	分享与完善	小组间分享本组任务完成情况,并且对工作方法和技巧等进行讨论完善。	(1)表述清晰 (2)讨论内容有代表性	

六、任务评价

见 P6~P7 "六、任务评价"表格。

七、问题及解决

表 2-30　问题及解决表

序号	问题	解决方式	意见和建议

八、知识拓展

表 2-31　导游出团日志

团名		日期		人数	
团号		地陪		车队	
组团社		全陪		司机	
用车情况	旅游车质量		服务态度		开车技术
日期	酒店名称	环境	用餐	用餐地点	质量	景点名称	停留时间
D1							
D2							
D3							

续表

日期	酒店名称	环境	用餐	用餐地点	质量	景点名称	停留时间
D4							
D5							
总结	（含游客意见和建议，行程中发生的状况、事故以及处理等）						

项目三　地陪导游讲解训练

　　导游讲解是导游服务的核心内容，导游讲解技能是导游人员应当具备的各项能力中的核心能力。地陪有责任通过导游讲解向游客介绍本地，让游客对本地的历史、人文、自然等旅游资源有进一步的了解。地陪优美的导游讲解，会极大提升本地形象的魅力、品位和感染力。

　　任务一　欢迎辞训练
　　任务二　沿途导游讲解
　　任务三　专题知识讲解训练一
　　任务四　专题知识讲解训练二
　　任务五　景点讲解训练一
　　任务六　景点讲解训练二

模拟案例三

导游人员接到旅行社的工作任务,准备担任省内游的地陪。请根据接待计划中的行程安排表,事先进行地陪导游讲解训练。

表3-1　广州××旅游公司省内游行程安排表

线路名称	广州岭南风韵、新城市景观二日游	地陪、电话	
日期	游览项目		
D1	用餐:早(无)　午(泮溪酒家)　晚(游船) 接团后,乘车前往"岭南艺术建筑明珠"广州【陈家祠】游览(约1小时),然后在岭南老字号【泮溪酒家】午餐。午餐后游览"一湾溪水绿,两岸荔枝红"的【荔枝湾涌】(约2小时),游览后前往广州最古老的码头——天字码头乘搭豪华游船"信息时报号"【珠江夜游】(约90分钟),船上用自助晚餐。游船结束后入住饭店。 住宿:广州市区科韵路附近		
D2	用餐:早(饭店)　午(市区)　晚(无) 早餐后,观古城新貌,前往广州新城市中轴线【花城广场】(约40分钟),外观广州歌剧院、广州国际金融中心(西塔)及第16届亚运会开闭幕式会场海心沙公园,参观"月光宝盒"【广东省博物馆】(约1小时)。登【广州塔】107和108层观光,俯瞰广州城,云山珠水、新旧景观尽收眼底(约90分钟)。 午餐后结束愉快旅程。		
备注			

模拟案例四

导游人员接到旅行社的工作任务,准备担任省内游的地陪。请根据接待计划中的行程安排表,事先进行地陪导游讲解训练。

表3-2　广州××旅游公司省内游行程安排表

线路名称	韶关二日游	地陪、电话	
日期	游览项目		
D1	用餐:早(无)　午(南华寺附近)　晚(市区) 早餐后前往韶关(220千米,约3小时),抵达后午餐。 午餐后游览佛教禅宗祖庭【南华寺】(约1.5小时),游览后参观韶关市旅游标志性建筑物【风采楼】(约15分钟),并可在【风度路步行街】自由活动(约50分钟)。晚餐后住店。 住宿:韶关市区		
D2	用餐:早(酒店)　午(丹霞山大门外)　晚(无) 早餐后,前往世界地质公园——丹霞山(约1小时)。游览【长老峰】(约2小时),游览【阳元石】(约1小时)。游览后于丹霞山大山门外餐厅用午餐。午餐后乘车返回温馨的家,结束愉快旅程。		
备注			

任务一　欢迎辞训练

一、任务描述

致欢迎辞是地陪展示导游艺术的序曲,是整个地陪接待服务的开场白。一名有经验的地陪能用欢迎辞调动游客的情绪,也能很快消除与游客初次见面的拘谨和陌生感,给游客留下深刻的印象。

结合【模拟案例三】中的接待计划,掌握欢迎辞的要求。通过本任务的学习,能完成3—5分钟的致欢迎辞。

二、任务分析

完成本任务,要学习欢迎辞中应包括的内容,并且要根据自己的风格和旅游团的特点对欢迎辞内容加以调整和扩充。

三、相关知识

（一）中华人民共和国国家标准（GB/T 15971-2010）《导游服务规范》（节选）

欢迎辞的内容应视旅游团的性质及其成员的文化水平、职业、年龄及居住地区等情况而有所不同,注意用词恰当,给客人以亲切、热情、可信之感。

欢迎辞一般应包括以下内容:

a）代表所在接待社、本人及司机欢迎客人光临本地；
b）介绍自己的姓名及所属单位；
c）介绍司机；
d）表示提供服务的诚挚愿望；
e）预祝旅游愉快顺利。

（二）欢迎辞的写作要求

地陪的欢迎辞好比一场戏的"序幕",一篇乐章的"序曲",一部作品的"序言"。致欢迎辞是给客人留下美好"第一印象"的极佳机会,我们应当努力展示自己的语言艺术和风采,使"良好开端"成为"成功的一半"。

欢迎辞的形式并没有固定的套路,地陪可以根据自己的风格和旅游团的不同特点来准备不同类型的欢迎辞。而欢迎辞的基本要素可以用"欢迎、介绍、态度、预告、预祝"这五个词来概括。

1. 欢迎

也就是问候语,要代表接待社、本人和司机向客人表达欢迎之意。游客刚刚到达本地,地陪应该热情亲切,以"好客主人"的姿态对游客的到来表示欢迎,迅速拉近与游客之间的情感距离。

欢迎应出于真心实意、热情有礼、语言亲切、饱含真情,但又要注意分寸、不亢不卑。情感表达不适宜过于强烈,过度的热情,甚至慷慨激昂,反而会给人以虚假造作的感觉。

2. 介绍

即介绍自己,介绍司机以及其他参加接待的人员和单位。

欢迎辞中一个重要的内容就是"自我介绍"。用幽默风趣的语言进行个性化的自我介绍,若既风趣又不夸张,就能给游客留下深刻印象,这样会营造出融洽的气氛,缩短地陪与游客之间的心理距离。

3. 态度

表达提供服务的诚挚愿望,也就是要表示愿意为大家热情服务、努力工作,确保大家满意。在这里,可以加入一些谚语、名言,如"有朋自远方来,不亦乐乎""千年修得同船渡""有缘千里来相会"等,可以让欢迎辞显得更有文采,收到较好的效果。

接团前可以先以旅游团的特点及其成员客源地、职业、生活习惯等多个方面去掌握旅游团和游客的信息,在表明服务态度的时候,加入针对性较强的话语,让游客感觉到地陪对他们的了解和熟悉,从而产生亲近感。

4. 预告

也就是要预告在当地游览的项目和介绍城市的概况。游客刚刚抵达本地,对本地的环境、风情很好奇,精神也比较亢奋,希望马上了解本地的概况。在欢迎辞中加入对行程安排的简介以及对城市风情的概述,能够满足游客对本地的好奇,又能激发游客的游兴。

5. 预祝

就是预祝成功,即希望得到游客的支持与合作,努力使游览获得成功,祝大家愉快、健康。

四、任务准备

1. 查阅相关资料。
2. 利用电脑、网络辅助查询。
3. 学生分组练习。

五、任务实施

表 3-3　任务实施表

序号	步骤	操作及说明	要求	备注
1	查阅资料	查阅"致欢迎辞"的相关要求,搜集优秀欢迎辞资料。	(1)阅读细致 (2)资料丰富	可以课前准备。
2	规范欢迎辞训练	根据欢迎辞的基本要求进行规范欢迎辞的撰写,并在组内进行演练。	(1)内容全面 (2)表达清楚	

续表

序号	步骤	操作及说明	要求	备注
3	个性化自我介绍	根据要求进行个性化自我介绍的撰写,并在组内进行演练。	(1)健康向上 (2)幽默风趣	体现个人特色。
4	欢迎辞综合训练	根据【模拟案例三】的行程,进行欢迎辞综合训练。	(1)针对性强 (2)内容丰富	可设计游客职业或身份。
5	分享与完善	各组选出有代表性和优秀的作品,分享本组任务完成情况,并进行讨论完善。	(1)虚心学习 (2)欢迎辞内容完整	

六、任务评价

见 P6~P7 "六、任务评价"表格。

七、问题及解决

表3-4 问题及解决表

序号	问题	解决方式	意见和建议

八、知识拓展

欢迎辞范例一

根据【模拟案例二】中的行程,以地陪的身份致规范的欢迎辞范例。

尊敬的各位游客,大家好!首先我代表××旅游公司的全体员工以及我本人,还有我身旁的杨师傅欢迎各位来到本地参观游览!我是将陪伴大家五天广东之旅的导游,我姓汤,大家叫我小汤就可以了。我身边的师傅姓杨,大家可以叫他杨师傅。在接下来的五天当中,希望通过我们的服务,能够带大家领略深厚独特的岭南文化,感受开放创新的广东城市韵味,给大家留下美好的回忆。最后,祝我们的旅途愉快、顺利!

欢迎辞范例二

根据【模拟案例三】中的行程,设计旅游团为教师团的欢迎辞范例。

尊敬的各位老师,大家好,大家旅途辛苦了,首先我代表广州××旅游公司的全体员工以及我本人,还有我身旁的陈师傅欢迎各位来到广东参观游览!我的名字叫陈时慧,各位老师可以叫我时慧。各位老师,我从小就是个实在人,更希望能给各位的旅程带来真正的"实惠"。为我们开车的是陈师傅,咱们的车牌号是粤A9××××,我将和陈师傅一起为大家提供服务。

在接下来的两天中,我将陪伴大家好好地欣赏广州的风光,体验这里的岭南风情。广州,不仅是广东省的省会、中国的南大门,也是一座具有两千八百多年历史的历史文化名城,被誉为"南国明珠、千年羊城"的岭南水乡,更是成功举办第16届亚运会的国际化大都市。这两天,我们为大家安排的行程就是一次从岭南古韵到现代化新城市景观的穿越之旅,让大家充分感受到这里历史与时尚的共存。今天一天我们将感受岭南古韵,我和陈师傅要带大家到"我家"祠堂去看一看——被誉为"岭南艺术建筑明珠"的陈家祠,还要到广州的老字号——泮溪酒家去试一试"一盅两件"点心宴,在"一湾溪水绿,两岸荔枝红"的荔枝湾涌体验岭南水乡风韵,乘坐豪华游船去珠江夜游感受"一江两岸"流光溢彩的广州夜景。明天又是新的一天,我们将从似幻似真的岭南古街中穿越出来,站在广州新城市中轴线广场——花城广场上,恍然感叹如今已是2013年,这里是现代化大都市——广州!外形奇特的广州歌剧院、被誉为"月光宝盒"的广东省博物馆,还有通透而修长的广州西塔都是广州现代建筑的极致,更极致的是那盈盈一握的"小蛮腰"——广州塔……在这两天,咱们将把羊城新八景游览半数——"塔耀新城"、"珠水流光"、"古祠流芳"、"荔湾胜景"。

总之,这两天我一定会加倍努力,让各位老师看到广州的古城新貌!

说实话,不努力不行啊!为什么?因为教师是人类灵魂的工程师,最受人们尊敬的职业啊!这是真的,不过,还有一个原因——因为我从小就怕老师!不过,不是因为我调皮,而是因为我比较优秀,老师们都喜欢让我回答问题,导致我一见到老师就想溜走。各位老师请放心,这次我一定不会溜走,离开学校挺久了,还很怀念被老师提问的日子呢!今天有幸为各位老师服务,心里非常激动,在这两天的旅途中我会尽心尽职地为各位老师服务。我就权当你们的学生,非常乐意回答各位老师的问题,也让我重温学生时光,希望能让各位老师满意,在我的"成绩表"上打个"优"!

最后,我真心地希望这次岭南之行能够让各位老师不虚此行!谢谢大家!

个性化自我介绍范例

1. 热情洋溢型

各位游客,大家好!带给您一个甜美的笑容、一个放松的心情、一次愉快的旅程的就是我——你们的导游盛文琪。我是一个乐观的女孩,最大的特点就是爱笑。我相信笑能带给人好运,所以我愿意用我的笑容给您带来放松的心情,愉快的旅程。无论是在三亚的天涯海角、黄山的怪石奇峰,还是在九寨的童话世界里,我真心希望每一处风景都因为我灿烂的笑容,为您更添一点点快乐!

特别是今天,但愿我的笑容能将快乐传递给在座的每一位!

2. 文采斐然型

各位游客,大家好!"三十功名尘与土,八千里路云和月。"我是你们的导游龚茗。别以为我那么在乎"功名利禄",我姓龚,龚自珍的龚,叫龚茗,香茗的茗,我的父母希望我能像一壶好茶,性情纯和、清心淡雅!

可惜我是个导游,这个行业似乎只能和"尘、土"、"云、月"相关。在旅途中,我们会一起观赏"巫山云、西湖月"的绮丽,也会在大漠黄沙、骄阳寒风中感受"尘满面、鬓如霜"的艰辛。这个时候,我希望自己真的能像一壶好茶,让我的游客——您能气定神闲。"洗尽古今人不倦,将至醉后岂堪夸"!

3. 自我评价型

各位游客,大家好!我是你们的导游邓丹婷!大家看,我是个短发女生,我记得有首歌的歌词是"短发的女生也可以性感和可爱"。这位游客,您别笑!我知道您是笑——短发倒是短发,可是一点儿也不性感啊!我也知道。可是,我可爱啊!这个可以有!……

其实,我也觉得长发的女孩显得温柔,温柔似水、小鸟依人,您说让人保护那多幸福?可是,我是导游啊,导游只能照顾别人,不能"小鸟依人"。所以,各位请放心,就让我这个顶着一头短发的"可爱"的女孩带着您走遍大江南北。

4. 名人效应型

各位游客,大家好!我是你们的导游张瑜,弓长张,周瑜的瑜。"遥想公瑾当年,小乔出嫁了,雄姿英发。"可惜,我既没有周瑜的风流潇洒,更不够周公瑾多谋善断,我的朋友们都说,我更像鲁肃——和蔼可亲、从容镇定、诚实厚道、小心谨慎……您别笑,大家真这么说。接下来的几天,我一定会让你们面对我"和蔼可亲"的笑脸,听听我"从容镇定"的讲解,感受我"诚实厚道"的性格,照顾您我一定会"小心谨慎"!

任务二　沿途导游讲解训练

一、任务描述

结合【模拟案例三】中的行程安排,掌握沿途导游讲解的训练要点。通过本任务的学习,能完成40分钟的沿途导游讲解。

二、任务分析

完成本任务,要对沿途导游讲解所涉及的知识结构有一定的了解,并且学习应掌握的常用导游讲解方法,让沿途导游讲解的内容有特色、有条理、有知识、有趣味。通过反复练习,达到讲解训练的要求。

三、相关知识

(一)沿途导游讲解的基本内容

1. 介绍当地风情

地陪沿途讲解的主要任务就是介绍当地风情,包括城市的特色、历史沿革、面积、人口、区域划分、气候条件、经济发展、文化特色、土特产品等内容。

(1)城市特色

每一座城市都有其发展的历史,每一座城市都有自己的性格和特色。也正是由于这种独特的内容,才形成了城市的知名度,形成了吸引游客来访的无穷魅力。地陪在讲解中,要从城市众多的元素中加以提炼与筛选,抓住最有特色的内容,以便给游客留下较深刻的印象。

如1998年《新周刊》的城市魅力排行榜中,给我们指出了很多城市的特色:北京——最大气的城市;上海——最奢华的城市;广州——最说不清的城市;珠海——最浪漫的城市;深圳——最有欲望的城市;香港——最辛苦的城市;西安——最古朴的城市;苏州——最精致的城市;厦门——最温馨的城市;成都——最悠闲的城市;南京——最伤感的城市;重庆——最火爆的城市;拉萨——最神秘的城市,等等。

又如易中天的《读城记》(2006年)中所说,北京是城(大气),上海是滩(精明),广州是市("生猛鲜活"的大市场),武汉是镇("最好同时也最坏"的地形和地理位置,也就暗示了武汉的复杂性:左右逢源,腹背受敌,亦南亦北),而深圳这座最年轻的"移民"城市,是中国唯一一座没有方言的城市,等等。

这些在游客心目中,都已成为不可替代的独特的城市标签。

(2)历史沿革

在长期的历史发展中,每个城市都形成了区别于其他城市的独特个性。它的创建成因、发展轨迹、历史地位、重大事件、历史名人、对社会的影响,以及神话传说、文学形象等,都是构成城市特色的重要因素。历史是一座城市带给游客的重要审美内容。

(3)面积、人口、区域划分、地理及气候条件等概况

这些都是构成城市风貌的重要组成部分。

(4)经济发展、文化特色

对于一座城市来说,经济是命脉、文化是灵魂。有了经济的支撑,才有巨大的发展和变化;依靠文化的哺育,才有辉煌的过去和未来。

经济发展包括传统经济、特色经济、社会生活、对外贸易、风物特产等内容。

文化特色包括传统文化、现代文明、饮食特色、风俗民情、宗教艺术等内容。

2. 沿途风光导游

沿途风光导游是最考验地陪讲解功力的环节,要根据沿途所见的景物,根据不同游客的文化层次和兴趣取向,相应地做出讲解。还要做到言简意赅,有趣味性、知识性和针对性,要有起伏、有重点,才不会让游客听了兴味索然。

(1)道路——交通、城市功能区分布

地陪向游客介绍沿途所经过的道路,无论是听到和自己居住地相同的道路名称,还是截然不同的命名方式,都会让游客感到亲近或者新奇。从桥梁道路的建设,能够延伸到本地交通状况的特点,对比城市的变迁,证明城市的发展。

(2)植物——气候条件、环境资源

游客来到一座陌生的城市,会发现车窗外的植物,道路两旁的景观树或是用于绿化的花草,都和自己惯常居住的地方有所不同,容易让游客产生兴趣,而这些也正是地陪沿途讲解"触景生情"、"借题发挥"的重要方面。

如从北京"国门第一路"首都机场高速公路两旁高大挺拔的白杨树引申介绍北京的古木名树和四季分明的气候特点,由南京紫金山上遮天蔽日的"法国梧桐"(悬铃木)讲出南京"厚重"、"悲情"的城市形象。各城市的市花、市树、城市景观树,几乎都能引申出美丽的故事和动人的风情。

(3)标志性建筑

城市的标志性建筑更是一座城市的名片,它们是整个城市建筑中的主角,能够充分体现城市(地区)风貌和发展状况,也代表了一座城市的影响力和知名度。

如北京的故宫、上海的外滩、西安的城墙、苏州的园林、南京的夫子庙、重庆的大会堂、香港的中银大厦、澳门的大三巴牌坊都是著名的城市标志性建筑。

3. 专题讲解

当团队按照行程行进在不同的城市或景点之间时,若是在高速公路上,沿途没有什么景观,路程又比较长,地陪可以选择适当的专题进行专题讲解。

如有影响力的历史名人、富有地方特色的风土人情和风俗习惯、特色建筑、自成流派的饮食文化、地方特色节庆民俗等,都是游客感兴趣的内容,可以成为地陪非常好的讲解专题。

(二)沿途风光导游讲解的注意事项

1. 指点江山,娴熟自如

沿途风光讲解要做到及时准确地指点说明,做到挥洒自如。

2. 要提前提示

要随时关注身后的景物,可用参照对比的方式提醒游客注意地陪提示的景物,地陪可以这样讲"在你们的右前方会看到……"而不应该说"刚刚过去的是……"或者"您身后的那座建筑就是著名的……"

3. 选取内容要有章法

地陪在选择讲解的沿途风光的时候,要注意连贯性,做到取舍得当,不要"指东打西"、"忽左忽右",让游客左顾右盼,无从选择。

4. 线、面、点结合

地陪在进行沿途风光导游时,虽然讲解内容应与游客的观赏同步,但是讲解也应该有主线,在突出主线的基础上予以更加细致深入的讲解,扩大自己讲解内容的深度和广度,要与沿途见到的风光相一致,也就是要结合点来做讲解介绍,做到线、面、点介绍的合理分配。

(三)合理运用导游讲解手法

1. 画龙点睛法——引出讲解的脉络

画龙点睛法是用凝练的词句概括游览目的地或游览景点的独特之处,给旅游者留下突出印象的导游讲解手法。使用画龙点睛法,有助于游客了解和认识游览地的主要特征和精华所在。

对于地陪来说,这些"凝练的词句"就是我们做沿途导游讲解的主线。

如云南的"古老、神奇、富饶、美丽","古老"讲历史渊源,"神奇"讲民族特色,"富饶"讲物产资源,"美丽"讲迷人风光;又如南京的"古、大、重、绿",分别讲六朝古都、十大城市、重要的地位、优美的绿化。这些都是脉络清晰、指向明确的讲解主线。

2. 突出"之最"——增添自豪感,让游客感到了不起

"最"字能体现出某地某方面的突出特征,也能反映出在同类型事物中所处的地位,具有代表性,所以通常能吸引游客的关注和引起游客的兴趣。地陪在讲解时要突出"最大、最长、最早、最小、最重、最高",等等。如果达不到"第一",在全世界、全亚洲、全国的同类型中排"第几"都是值得一提的。

3. 问答法——巧设选项,让每个选项都能引出一段话题

问答法能够活跃讲解气氛,促进游客与地陪之间的交流,让游客获得参与感和成就感,还能使游客加深对讲解内容的印象。

有很多新导游不敢用问答法,觉得自问自答法用多了显得有点傻,使用我问客答法问浅了怕被人笑、问深了又得不到理睬,用客问我答法担心要么不会答、要么讲解思路被打乱了。

建议使用我问客答法,把问答题改成选择题,选项前排上字母"ABCD",这样能够转变游客的思维方式,让游客乐意去猜一猜、选一选,兴高采烈地参与进来。如果能够巧妙设计选项的话,游客无论选择哪一个,都能让地陪引出讲解的话题,从而让游客觉得自己答得有道理,增加了成就感。

4. 对比法——让数字变得更有趣味

对比法是用游客熟悉的事物与眼前的景物进行对比,比较相同或者不同之处,让游客产生亲切感,还便于理解领会。

  在旅游过程中,游客大多希望能对旅游目的地有更全面、更深入的了解,而要说明这些确切的情况又需要有翔实的数据加以佐证。若只是一股脑将数据告诉游客,大量枯燥的数字会让游客听得厌烦、导游背得心烦。地陪在讲解中,清晰明了的数字对说明事物很重要,而准确直观的数字也能显示地陪讲解的专业性,增加游客对讲解内容的信服度。若巧妙地运用对比法进行"数字换算",能让数字变得鲜活起来,也更有趣味。

  如:北京市行政区的面积非常大,共占地 16808 平方公里,约合 6487 平方英里,相当于 25 个新加坡,比以色列略大,比美国的新泽西州略小。

  北京位于北纬 39 度,与美国的纽约、芝加哥,西班牙的马德里纬度相近,但由于地理原因要比前两者暖,比马德里冷。

  (资料来源:宙斯.带团就是战斗.北京:旅游教育出版社,2011.10.)

四、任务准备

1. 详读【模拟案例三】中的行程安排。
2. 查阅相关资料,利用电脑、网络辅助查询。
3. 将学生分成 4 个学习小组,各组依次负责 10 分钟的沿途导游讲解。

五、任务实施

表 3-5   任务实施表

序号	步骤	操作及说明	要求	备注
1	查阅资料	查阅"沿途导游讲解"的相关要求,搜集相关讲解资料。	(1)阅读细致 (2)资料丰富	
2	各组分配任务	根据沿途导游讲解涉及的知识结构分配给各组 10 分钟的讲解任务。	(1)结构清晰 (2)分配合理	抽签决定各组讲解顺序和内容。
3	组内讨论完成讲解内容分工	根据本组任务进行组内分工,完成讲解内容的准备。	(1)分工合理 (2)内容准确 (3)参与性强	
4	组内讲解训练	组内进行讲解训练,合作完成 10 分钟的沿途导游讲解。	(1)内容连贯 (2)符合要求	
5	沿途导游讲解训练	根据【模拟案例三】的行程,按顺序进行 4 组的沿途导游讲解训练。	(1)导游手法运用娴熟 (2)讲解流畅	
6	分享与评价	各组分享本组任务完成情况,并进行讨论评价和完善。	(1)虚心学习 (2)评价中肯	

六、任务评价

见 P6~P7 "六、任务评价"表格。

七、问题及解决

表3-6 问题及解决表

序号	问题	解决方式	意见和建议

八、知识拓展

广州概况

(一)广州简介

广州是广东省的省会,华南地区和广东省的政治、经济、文化和交通中心,是拥有两千八百多年历史的历史文化名城,珠江三角洲的心脏,我国南方最大的城市,人口(2010)约1270万,面积7434.4平方公里,属亚热带海洋季风气候。这里气候温暖,阳光充足,雨量充沛,四季如春,鲜花遍地,有花城的美誉。广州市的行政区划分为越秀、荔湾、天河、白云、海珠、黄埔、番禺、花都、萝岗、南沙十个区和增城、从化两个县级市。广州,是一片神奇的土地,多情的土地,她包容传统,融汇现代,承接历史,创造未来。

(二)广州的别名和来历

广州别称五羊仙城、羊城、穗城、穗垣、花城等,古称任嚣城、楚庭、番禺,英文名"Canton"。

1. 楚庭——古之楚庭

在越秀区越秀山南麓百步梯上(越秀公园内),有一个牌坊上书"古之楚庭",是一座由两根花岗岩石柱支架起来的牌坊。据屈大均《广东新语》记载:周惠王时,广州一带的越人臣服于楚,并建"楚庭"以示朝拜之意。清朝的人以为楚庭(也作楚亭)是广州历史上最早的名字,所以建此牌坊以示纪念。

2. 羊城、穗城——五羊传说

周夷王八年(公元前887年),广州海天茫茫,遍地荒芜,曾一度出现连年灾荒,田野荒芜,农业失收,民不聊生。一天,南海的天空上忽然仙乐缭绕,柔美悠扬。随后便又出现了五朵彩色祥云,上有五位仙人,身穿五色彩衣,分别骑着五色仙羊。每只羊都口衔着"一茎六出"的优良稻穗,降临楚庭。仙人把稻穗赠给了广州人,并祝愿此处五谷丰登,永无饥荒。祝罢,仙人骑彩云腾空飞去。而五只仙羊因依恋人间,便化为石头留了下来,并一直保佑着广州风调雨顺。从此,广州便成了岭南最富庶的地方。这就是广州"五羊城"、"羊城"、"穗城"名称的由来。

3. 任嚣城、番禺

见下文"(三)广州的面积"。

4. "Canton"——Cantonese、Canton Fair

Canton 是洋人口中中国历史上最古老的开放口岸,是中国最著名的城市之一,西方数百年来所有词典、百科全书、历史教科书里都有它的身影。提起 Canton,自然让人想到 19 世纪中叶曾一度排名世界第四的中国对外贸易之都;提起 Canton,自然让人想到古代中国的海上丝绸之路;提起 Canton,自然让人想到鸦片战争、虎门销烟、孙逸仙先生等惊天动地的历史事件和人物;提起 Canton,自然让人想到悠久而独特的 Cantonese 的语言、文化、饮食、传统;提到 Canton,自然让人想到一年两度著名的 Canton Fair(广交会)。

(资料节选自:百度百科 http://baike.baidu.com/)

(三)广州的面积

从公元前 214 年(广州城建)秦统一岭南,南海郡尉任嚣筑"任嚣城",至今已有两千多年的历史了。当时这里叫番禺,据资料显示当时这里"袤 5 里",袤是广袤无垠的袤,指长度,也就是说那时的番禺是一个 5 里周长的小城。到公元前 206 年,赵佗建立南越国,建筑了"周十里"的赵佗城,还是不大。三国时期,吴黄武五年(公元 226 年),孙权分合浦以南为交州,以北为广州,所以就有了广州这个名字,但是之后很长一段时间,广州代表的是地区。直到 1921 年 2 月 15 日,广州市政厅成立,孙科任广州市第一任市长,广州才特指这个城市。以当时警察管辖的区域为界,土地面积 30 平方公里,和现在广州面积最小的越秀区(32.82 平方公里)差不多,岭南特色建筑——骑楼,就是在那个时代风靡全城的。1949 年解放时,广州面积是 248.6 平方公里,比广州开发区(213 平方公里)大一点。

现在的广州下辖 10 区两个县级市,市辖 10 区面积达 3718.5 平方公里,总面积 7434.4 平方公里,相当于 12 个韩国首尔、10 个新加坡、3 个半东京那么大。

(四)广州的"海拔"——地理和建筑巧妙的结合

说到高度,大家认为现在广州哪里最高?白云山摩星岭?中信广场?珠江新城西塔?还是广州塔?就市辖十区来说,摩星岭海拔最高,有 382 米。可是看着广州新城市中轴线上一座座的摩天大楼,总觉得"海拔"更高些,感觉更能"摸"得到星星。1937 年竣工的广州第一座"摩天大楼"爱群大厦 15 层 64 米,当时是全国第三、广州最高,这个纪录保持了 31 年,之后有 1968 年竣工的广州宾馆 27 层 86.51 米,1976 年竣工的白云宾馆 33 层 114.01 米,都是全国之最。1991 年广东国际大酒店落成,这座俗称"63 层"的高楼以 198.4 米的绝对优势,又成为当时全国最高建筑。到了 1997 年建成的中信广场高度(含天线)是 391 米,从 1937 年到 1997 年 60 年广州长高了 327 米。现在珠江新城的西塔高 432 米,广州塔高 600 米。到底哪里的"海拔"最高呢?以广州全市来算,海拔最高的还是北部从化与龙门县交界的南昆山主峰天堂顶,高 1210 米。

画龙点睛法运用实例
广州沿途导游讲解主线"一江、两粤、四地"

(编者:广东省高级导游 梁洪沛)

"一江"指的是珠江,"两粤"是指粤语和粤菜,"四地"是指广州是岭南文化的发祥地、是海上丝绸之路的发源地、是中国近现代革命的策源地,也是我国改革开放的前沿地。

一、珠江

珠江是中国南方最大的河流,中国的第三长河。它长2214公里,仅次于长河、黄河;水量则仅次于长江,居全国第二。珠江还是一条奇特的河,它最大的特点是既没有统一的发源地,也没有统一的出海口。它是由西江、北江和东江三条江汇流而成的。

西江是珠江三个源头之中最长、水流量最大的河流,是珠江的主流。

北江是珠江三个源头中落差最大、水能量最大的河流。

东江的水质最清,供水直达香港。

珠江是广东人民滋养生息的摇篮。珠江形成的冲积平原——珠江三角洲,是广东省内最大的平原,面积1万平方公里,居全国第二,仅次于长江三角洲。这里河网交错、土地肥沃、物产丰富,是著名的鱼米之乡。

俗语说,一方水土养一方人。珠江对广东人文风格的形成有极大的影响。不过,广州人心目中的珠江一般是指流经广州城的河段。珠江的得名就是来自广州河道中的一块礁石——海珠石。海珠石的得名还有一个美丽的传说:古代有一位阿拉伯的商人站在船头,一边把玩着一颗巨大的珍珠,一边欣赏风景,一不小心,手中的珍珠跌落江中,后来这颗珍珠变成了海珠石。

广州依江而建、依江发展。珠江孕育广州,也是广州千百年来城市发展的天然中轴线。广州处在珠江三角洲的中心位置。2200多年前,任嚣建城首选此地。在悠悠2000多年的历史间,广州城的中心一直没有迁移,它立足于珠江的龙头之地,借珠江之势拓展,成长为中国的中心城市、国际的区域大都市。值得注意的还有,像广州这样有2000多年历史、城市中心一直没有迁移的城市,世界上一共就只有3个,它们是罗马(意大利)、亚历山大(埃及)和广州。可以说,珠江就是广州城的血脉,而广州就是珠江的心脏。

二、粤语和粤菜

(一)粤语

粤语,又叫广东话,属汉藏语系汉语族的声调语言,也是汉族广府民系的母语。粤语根源于秦汉官话,含完整的九声六调,较完美地保留古汉语特征,拥有完善的文字系统,可以完全使用汉字(粤语字)表达,是唯一除普通话外在外国大学有独立研究的中国汉语。

粤语以珠江三角洲为分布中心,在中国的广东、广西、海南、香港、澳门,东南亚的新加坡、马来西亚等及北美、欧洲和澳洲、新西兰、圣诞岛等华人社区中广泛使用,在全球有1.3亿的使用者。粤语是香港澳门的官方语言,美国加拿大第三大语言,澳洲第四大语言,是世界排名第16的语言。

(二)粤菜

自古以来,人们都常说:"生在苏州,玩在杭州,食在广州,死在柳州。"可见"食在广州"早就闻名于世。"食在广州"是对广州烹饪技术之高超,菜式之多样,调味之讲究,原料之广泛,味道之鲜美,以及酒楼馆舍、食肆厅堂、菜式餐具和与之配套的食经茶道的一种由衷的赞美。

从历史的角度来讲,广州自古以来就是重要的贸易通商口岸,南来北往的人们从中原和全国各地带来了各自家乡的风味食品及制作技术。另外,广州作为珠江三角洲的中心,地处沿海,华侨众多,他们又将西方的烹饪技术和知识不断地介绍给国内同胞,粤菜大师们又根据自己的体会,不断创新、发展使之成为具有广州特色的广州菜。珠三角一带的地理环境优越,雨水充沛,气候温和,四季常青,物产丰富,可供食用的物品种类繁多,也为粤菜烹饪技术的飞速发展提供了丰富的物质条件。粤菜作为驰名中外的一种菜系,实际上包括广州菜、潮州菜、东江菜,而以广州菜为代表。

粤菜最为突出的两个特点:一是选料广泛,二是口味清淡。在选料广泛方面,广州的食谱花式繁多,虫鱼花草,飞禽走兽,猫狗蛇鼠均进菜谱。这些原料,一经厨师妙手烹制,便成佳肴。在口味清淡方面,粤菜非常讲究保持物料的原汁原味,特别注意食物的"寒性和热性",这非常符合当今营养学的观点。我国古人认为"厚味"、"烈味"损害健康,而"原味"、"淡味"有益健康。

三、四地

(一)岭南文化的发祥地

从地域上来说,岭南文化大体分为广东文化、桂系文化和海南文化三大块,以属于广东文化的广府文化、广东客家文化和潮汕文化为主,这是岭南文化的主体。

(二)海上丝绸之路的发源地

西汉初期,汉武帝平定南越国后,便派使者沿着百越民间开辟的航线,从广州出发,带领船队远航南海和印度洋,经过东南亚,横越孟加拉湾,到达印度半岛的东南部,抵达锡兰(今斯里兰卡)后返航。汉武帝开辟的这一条航线,标志着海上丝绸之路的发端。

魏晋南北朝时期,是海上丝绸之路的拓展时期,这个时期的广州,已经成为世界上著名的商都。

经历了隋、唐、宋几个朝代后,广州海上丝绸之路已达到空前的繁荣。当时中国与南洋和波斯湾地区有6条定期航线,其中最著名的一条航线叫"广州通海夷道"。它是从广州起航,越过南海、印度洋、波斯湾、东非和欧洲,途经一百多个国家和地区,全长一万四千多公里,是当时世界上最长的海上国际航线。从此,广州成为当时闻名全世界的中国对外贸易第一大港,是世界东方的大港。

唐朝时,广州不仅是全国三大商业城市之一(另两个是长安、洛阳),而且还是世界著名的商港,是全国四大贸易港之一,四大贸易港即广州港、泉州港、扬州港和宁波港。唐朝还在广州设立市舶司,而在四大港口中设立市舶司的只有广州。市舶司的设立,是中国对外贸易史上的一大进步。

明、清之前的广州,外国商船来到广州只能停靠在黄埔庙头村的南海神庙一带。南海神庙建于隋文帝开皇十四年(公元594年),庙的前面有码头,外国商船在此泊岸并在镇上交易,凡出海或泊岸,必到南海神庙祈拜,以求海路平安。南海神庙既是古代海上丝绸之路和陶瓷之路的起点,也是香料之路的终点。

1987年7月在阳江市南海海域发现的,现在已用沉箱技术整体打捞起来放进海陵岛广东海上丝绸之路博物馆"水晶宫"的南宋时期沉船(距今约有800多年历史)"南海一号",船上载有文物超过六万件,每件试拍价值都在百万美元以上。南海一号的出水,证明了广州自古以来就是海上丝绸之路的商品集散地、大市场,广州就是海上丝绸之路的始发点和必经之路。

(三)中国近现代革命的策源地

广州是洪秀全的故乡,太平天国农民运动的发源地之一。

广州,是中国近代史上第一、二次鸦片战争时期,中国人民反抗英帝国主义侵略的英雄土地,广州人民是抗击外来侵略者的英雄人民。

在旧民主主义革命时期,广东是全国革命的中心,而广州又是广东的中心。

1917年至1923年,孙中山先后三次在广州建立革命政权。

1923年,中国共产党中央委员会从上海搬到了广州,同年6月12日至20日,在广州召开了第三次全国代表大会,会议的主要内容就是研究和讨论同国民党合作,建立革命的统一战线问题。党的"三大"有三大贡献,一是决定实行国共合作;二是制定了《中国共产党中央执行委员会组织法》;三是第一次修订了党的章程。"三大"还有三个"第一",党中央第一次在广州召开全国代表大会;毛泽东第一次进入中央领导核心;中国共产党第一次修改党章。

1924年1月,中国国民党第一次全国代表大会在广州高等师范礼堂(今文明路省博物馆内的钟楼)举行。国民党"一大"的召开,标志着以国共两党合作为基础的各革命阶级的统一战线正式成立。

1924年6月16日,黄埔军校(陆军军官学校)的建立,是国共合作的成果之一。

1924年7月至1926年9月创办的广州农民运动讲习所,是国共合作的成果之二。农讲所先后办了六届,一至五届分别由彭湃、罗绮园、阮啸仙、谭植棠担任所长,学员来自广东省内。第六届学员来自全国,由毛泽东任所长,所址也分别由原来的中山三路东皋大道一号、越秀南路惠州会馆搬到了番禺学宫开办。历届农讲所共培养了近800名农民运动骨干,对广东和全国农民运动的发展作出了重大的贡献。

(四)改革开放的前沿地

广州作为广东省的省会,濒临南海,邻近港澳,地理战略位置非常重要。改革开放三十年来,广东各项经济指标一直走在全国的前列,而广州的各项经济指标也一直走在全省的前列。广州为改革开放的中国贡献了"乡镇企业"、"三来一补"、"市场经济"。改革开放给广州带来的是GDP有了上百倍的增长,自1992年以来生产总值一直稳居国内十大城市第三位。

广州在改革开放以来所取得的巨大成果是举世瞩目的。因而,广州一直是改革开放的前沿阵地。

阅读材料

岭南文化十大名片

粤菜,是岭南文化圈的广州菜、潮州菜和客家菜的总称,为中国四大菜系中颇具特色的地方菜系,以特有的菜式和韵味,独树一帜。粤菜是广东文化的一个重要组成部分,并已经发展成为具有浓郁地方特色的文化。

粤剧,广东地方戏曲主要剧种之一,糅合了唱念做打、乐师配乐、戏台服饰、抽象形体等表演艺术,有"南国红豆"、岭南文化瑰宝的美誉。2006年5月20日粤剧被列入第一批国家级非物质文化遗产名录。2009年9月30日,粤剧获联合国教科文组织认定,列入人类非物质文化遗产名录。

广东音乐,诞生于以广州为中心的珠江三角洲,是一种民间器乐曲种,音色清脆明亮、曲调流畅优美、节奏清晰明快,曾有"国乐"之称,被国外誉为"透明音乐"。

广东骑楼,近代骑楼是岭南传统民居与西方建筑艺术相结合演变而成的一种商住建筑形式,成为代表岭南文化的一个建筑符号。岭南骑楼大部分建于20世纪二三十年代,它是城市生态的一部分,记录着城市成长的过程,生动地折射出一个时代的人文风貌。

黄埔军校旧址。黄埔军校,名为"中国国民党陆军军官学校",是1924年孙中山先生在中国共产党和苏联的积极支持和帮助下创办的,是第一次国共合作的产物。军校原址设于广州市黄埔长洲岛,故称"黄埔军校"。

端砚,产自肇庆,肇庆古称端州,故而称端砚。居中国四大名砚之首,历史悠久,石质优良,雕刻精美,以石质坚实、润滑、细腻、娇嫩而驰名于世。2006年5月20日,端砚制作技艺列入第一批国家级非物质文化遗产名录。至此,有着一千三百多年历史的文房重宝端砚,进入了史上最辉煌的发展时期。

开平碉楼,错落分布在整个广东省开平市境内,据统计,现存1883座,而在鼎盛时期有3000多座。开平碉楼风格多样,有典型的古希腊、古罗马和伊斯兰教等西方建筑特点,融哥特式、洛可可式、巴洛克式等风格为一体,又带上强烈的中国传统建筑特色,可谓中西合璧、土洋结合的独特社会人文景观。2007年8月,"开平碉楼与村落"项目被联合国教科文组织第31届世界遗产大会批准加入"世界文化遗产名录",成为广东省第一处世界文化遗产。

广交会,中国进出口商品交易会,又称广交会,创办于1957年春季,每年春秋两季在广州举办,是中国目前历史最久、层次最高、规模最大、商品种类最全、到会客商最多且分布国别地区最广、成交效果最好、信誉最佳的综合性国际贸易盛会,素有"中国第一展"之称。

孙中山,近代民主革命家,中国国民党创始人,三民主义的倡导者,首举反君主专制的旗帜,"起共和而终帝制",1905年组织中国同盟会,发动武装起义,领导了震惊中外的辛亥革命,推翻了中国历史上延续几千年的封建王朝专制统治,开创了中国民主革命风起云涌的历史新篇章,是中国革命的先驱。辛亥革命后被推举为中华民国临时大总统。

六祖惠能,南派禅宗的创立者,中国佛教禅宗的第六代祖师,伟大的宗教改革家,禅宗中国化和平民化的主要代表人物。其弟子集其语录编为《六祖大师法宝坛经》,是佛教经典中

唯一一部中国人撰述而被尊称为"经"的著作,曾被列入中国最有代表性的十本哲学著作之中,被称为世界十大思想家之一,与孔子、老子并列为东方三圣。

（资料来源：百度百科 http://baike.baidu.com/"岭南文化十大名片"）

任务三　专题讲解训练一——孙中山

一、任务描述

地陪在做导游讲解知识储备时,有影响力的历史名人的相关知识是不可或缺的,也是经常用于沿途讲解以及景点讲解的专题知识。

孙中山先生,是伟大的民主革命先行者,他推动了中国近代的历史进程。孙中山也与我们的生活息息相关,全国乃至于全世界都有为了纪念他而命名的场所、公园、道路。

1.请列出10个与孙中山先生相关的纪念场所、公园,并填写它们的所在地及相关的历史事件。

表3-7　纪念场所及所在地列表

序号	场所名称	所处城市	相关历史事件	
1				
2				
3				
4				
5				
6				
7				
8				
9				
10				

2.根据本专题,进行专题知识讲解训练。通过学习,能完成40分钟的专题知识讲解。

二、任务分析

完成本任务,要对孙中山先生的生平以及他革命的一生等相关专题知识有一定的了解。并且收集相关资料进行分析、归纳、提炼和整理,形成知识体系。通过反复练习,达到讲解要求。

三、相关知识

(一) 人物逸事

一个民族不会忘记自己的历史,更不会忘记那些曾经指引人们前进的英雄人物。孙中山先生,在我们心目中有着不可替代的地位。对于我们来说,他是伟大的民主革命先行者,他代表着一个时代,影响了中国近代的历史风云变幻。

孙中山,作为一名纯正的"老广"——广东人,他和我们如此贴近,与我们的生活息息相关。在我们身边,中山市,中山装,植树节,全世界75座以"中山"命名的公园,全中国326条纪念孙中山先生的道路,这些都是永久的纪念和缅怀。

2006年11月12日,在孙中山先生诞辰140周年纪念大会上,胡锦涛同志以三个"一生"、三个"始终",高度评价了孙中山的一生:"孙中山先生一生追求真理,始终与时俱进;一生不懈奋斗,始终坚韧不拔;一生热爱祖国,始终致力于振兴中华。"

1. 名号

帝象——幼名。"帝"字,乃亲人为其请求"北帝"神,护佑之意。

德明——族谱上的名字。

孙文——学名,在家乡上学时的名字。他本人在所有公私档案上都是以"孙文"署名。

载之——字,由名"文"而来,取"文以载道"之义。

日新——字,自己取的,取自《大学》中"苟日新,日日新,又日新"之语。1883年于香港加入基督教受洗时的署名,也就是教名。

逸仙——由"日新"之粤语谐音所起。在香港西医书院时以"逸仙"署名入学,毕业时证书上填额也是"孙逸仙"。此后在澳门开设诊所用"医生孙逸仙"。与中外人士用英文通信往来,多签署英文"孙逸仙"。

Sun Yat-sen——"孙逸仙"的广州话拼音。因曾任医生,故常被尊称为"Dr. Sun Yat-sen"。

从"中山樵"到"孙中山"——一个"了不得"的笔误。

中山樵是他在长期革命生涯里所拥有的众多化名中的一个。中山先生第二次流亡日本下榻东京一所旅馆时,由平山周代填一本住宿登记册。"中山"由平山周取自旅馆附近的中山侯爵府邸,"樵"字为孙先生从平山周手中夺笔自署。孙中山当时对"中山樵"的化名还作了自我注解:"是中国山樵之意也。"

章士钊1903年8月完成了一本编译著作《孙逸仙》,此书篇幅不长,却刻画出了一位"革命者之祖、革命者之北辰"的领袖神采。因而推出之后,迅速风靡海内外。但由于章士钊只在武昌学堂里学过一点日语,对东洋文自称是"一知半解",在加写的一段评论中误将孙中山的本名"孙文"与日本化名"中山樵"的两个姓氏连缀成文,写作"孙中山"。

中山先生——这个称谓,相当精准地概括了孙先生振兴中华、功高山斗的宏大志向和不朽业绩。20世纪80年代初期,曾追随中山先生参加辛亥革命的梁烈亚老先生撰写了《孙中山先生名号略考》一文,指出:孙中山"本人一生未尝以'中山'二字为其正式确定之别号。

但我国人公意,皆认'中山'二字能表现先生之伟大人格,故一致以'中山先生'四字为推崇之尊称。"

总理、国父——为永远纪念中山先生,此后,国民党也不再设立总理这一职务。总理也就成了孙中山的专用称呼。中国国民党于1940年4月1日起明令:尊称总理孙中山为中华民国国父。自此之后,孙中山先生在历史上确立了"国父"的地位。

2. 求学经历、漂洋过海

1879年孙中山进入火奴鲁鲁意奥拉尼学校(Iolani School)读书,课程除了英语、算数,还有圣经、西方政治、自然科学等基础知识,还有军事体操的训练。这让少年时代的孙中山体验到了一个全新的文化氛围,在知识结构和价值取向上都发生了很大的变化,而且也开始正式认识基督教。1882年9月,因考了英文文法第二名在毕业典礼上夏威夷王卡米哈米卡亲自赠予其一本中国书籍作为奖品。

1883年进入夏威夷的最高学府奥阿胡学院(Oahu College),因为对基督教产生了强烈的兴趣,引起了他大哥孙眉的震怒和极度的反对,结果被送回家乡。

3. 求学经历、思想萌芽

1883年秋冬之交,孙中山和他的同学陆皓东正式接受洗礼。入教时孙中山在受洗登记册上署名为"孙日新",取自《大学》:"苟日新,日日新,又日新。"他的老师给孙中山取了"逸仙"这个号(Sun-yat sen),寓意"自由神"。

1884年4月,孙中山转学到香港中央书院(现在的皇仁书院),学校实行完全的英国教育制度,他习得了有关英国宪章运动、法国大革命以及美国独立战争等方面的广泛历史知识。

1887年9月,孙中山进入香港西医书院(The College of Medicine for Chinese, Hong Kong)。1892年孙中山在香港西医书院毕业。

在香港学医期间,因政治环境比广州宽松,孙中山与陈少白、尤列、杨鹤龄大谈反清言论,被人称为"四大寇"。

(二)革命的一生

1. 从上书请愿到民主革命

孙中山从少年时代起就萌生了反满复汉思想,他常把清王朝看成是异族人的朝廷,因而主张恢复汉族人的朝廷。在这种思想指导下,他希望能在汉族高官中寻找改革推动者,而李鸿章是孙中山曾就读的香港西医书院的赞助人,又是革新派的代表,就成了再合适不过的人选。

在给李鸿章的信中,孙中山首先申明自己的不凡抱负和知识背景,接着,他提出并详细解释了四条"富强之大经,治国之大本",即"人能尽其才,地能尽其利,物能尽其用,货能畅其流"。孙中山在信上说,如果清政府采纳这些主张,"以中国之人民材力,而能步武泰西,参行新法,其时不过20年,必能驾欧洲之上"。

对于这次上书之举,孙中山可谓全力以赴,也寄予了很大希望。他托人把"上书"向李鸿章呈上,李鸿章以"军务匆忙"为由,只留下一句话:"打仗完了以后再见吧。"

这让孙中山对清廷的幻想彻底破灭,从此踏上了民主革命的道路。

2. 革命火种——兴中会

1894年,孙中山在檀香山成立中国第一个资产阶级革命团体——兴中会,提出"驱除鞑虏、恢复中华,创立合众政府"的口号。兴中会的初期任务是宣传其宗旨,吸收新的会员,为革命募集捐款。

第二年,孙中山先生在香港建立了兴中会总机关,并与陆皓东等人四处筹款、购械、募兵,准备在乙未年(1895年)重阳节举行广州起义,这个日子是算卦算出来的。起义前,陆皓东设计了青天白日旗作为国旗,这是"青天白日旗"在中国近代历史上的第一次"亮相"。

起义前由于有人告密,清兵包围了设在双门底王氏书舍(今北京路青年文化宫内)的起义总部,陆皓东等人被捕,并惨遭杀害,起义流产。这次起义,史称"乙未广州起义",它是兴中会成立后策划的第一次武装起义。领导广州起义的时候,孙中山年仅29岁。而他为此付出的代价就是长达16年的海外流亡。

1896年10月,孙中山在英国伦敦遭到清政府驻英公使馆的绑架,经他的英国老师康德黎全力营救出险,这就是著名的"伦敦蒙难"。

3. 革命政党——同盟会

1905年8月,孙中山同黄兴、宋教仁等兴中会、华兴会、光复会成员七十多人,在日本东京集会,成立了全国性的统一的革命政党——中国同盟会,孙中山被推举为同盟会总理。

他亲自制定章程,以"驱除鞑虏,恢复中华,创立民国,平均地权"作为同盟会纲领,提出民族、民权、民生的三民主义政治纲领。孙中山的理论博大、深邃,其中最辉煌最精华的理论是三民主义,它是核心、灵魂。

同盟会建立以后,一方面,孙中山在思想上与以康有为为首的保皇派展开针锋相对的论战;另一方面,他策划、组织和发动了一系列旨在推翻清王朝、建立资产阶级共和国的武装起义。从1907年至1908年,共组织了潮州黄冈起义、惠州七女湖起义、钦州(今属广西)防城起义和马笃山起义等四次起义,但都失败了。南方支部总结教训,决定把策动起义的重点从会党转向新军。1910年2月12日,组织燕塘炮兵驻地3000多名士兵宣布起义,史称"庚戌广州新军起义"。在向广州进发途中,起义军在牛王庙(今先烈路一带)受到清兵埋伏,百余名士兵牺牲,起义宣告失败。后来烈士遗骸被葬于牛王庙山岳上,今天我们到先烈中路仍可看到"广东陆军庚戌首义诸烈士墓"。

1910年底,孙中山召集黄兴、赵声、胡汉民等人在马来西亚槟榔屿开会,决定在广州再次发动武装起义。经过几个月的准备,革命党人于1911年4月27日发动了起义。起义军突击两广总督署,总督张鸣岐逃往水师提督衙门,焚烧总督署后,与清军援军发生激战,最终寡不敌众,大部分先锋队员英勇牺牲。事后,革命党人潘达微收敛遗骸72具,安葬于黄花岗。这次起义,史称"辛亥广州黄花岗起义"。

4. 辛亥革命、创建民国

1911年10月10日,共进会与湖北新军革命团体文学社共同策划了武昌起义,并且取得了胜利,湖北首先宣布独立。随即各省纷纷响应,清王朝土崩瓦解。

正在美国的孙中山听到消息后,取道欧洲于年底回到国内。经宣布独立的17省代表投票选举,孙中山以绝对多数票当选为中华民国第一任临时大总统。

1912年1月1日,他在南京宣誓就职,组建中华民国临时政府,中国历史上第一个资产阶级共和国宣告诞生。

南京临时政府成立后,帝国主义各国采取军事威胁、外交孤立和经济封锁等手段,对革命政权施加压力。革命政权中的立宪派和旧官僚也乘机向革命派进攻。孙中山领导的临时政府实力有限,无论在装备与士兵素质上,皆无法与清朝主力北洋军抗衡。革命军被北洋军接连击败后,孙中山决定与北洋军统帅袁世凯和谈,最后与袁达成协议:临时大总统由袁接任,袁则以实际行动迫使清朝皇帝退位。

1912年(民国元年)2月12日,清帝溥仪发布《退位诏书》,13日孙中山即向参议院请辞,并举荐袁世凯代任。为了引导袁世凯步入民主程阶,4月1日,孙中山亲自去参议院,宣布正式解除临时大总统一职。

5. 讨袁护国

1913年3月,宋教仁被暗杀,袁世凯疑为元凶。孙中山力主南方各省起兵反袁,称为"二次革命"。由于实力不足,二次革命旋即失败。孙中山被通缉,不得不再次赴日本寻求援助。1914年,孙中山在日本建立中华革命党,被推举为总理,继续领导反袁斗争。

1915年12月,袁世凯冒天下之大不韪,倒行逆施,自封皇帝,改中华民国为"中华帝国",年号"洪宪"。袁世凯的倒行逆施遭到举国反对。孙中山发表《讨袁宣言》,号召人民起来维护共和制度。12月25日,爱国将领蔡锷在云南首先举起了讨袁护国的大旗,一时间其他各省纷纷响应,组织护国军讨伐袁世凯。袁世凯众叛亲离,被迫于1916年3月22日取消帝制,但还想继续当大总统。孙中山发表《第二次讨袁宣言》,号召人民将反袁斗争进行到底。不久,袁世凯在绝望中死去。

6. 护法运动——三次在广州建立革命政权

袁世凯死后,中国陷入各派军阀割据混战的动乱局面,斗争更加激烈。为了讨伐军阀维护共和,孙中山做出不懈的努力,先后三次在广州建立革命政权。

1917年,北京段祺瑞政府拒绝恢复国会和《临时约法》,企图实行封建军事独裁。为了建立共和,孙中山选择了民主革命策源地广州作为护法运动基地,号召拥护真共和的海军将士和国会议员南下护法。1917年秋,赞成孙中山护法主张的国会议员在广州召开了非常国会。会上,决定成立中华民国军政府,选举孙中山为海陆军大元帅,大元帅府设于广州士敏土厂(今海珠区东沙路,现已修复开放)。这是孙中山第一次在广州建立革命政权。但是,孙中山的护法运动在各派军阀的排挤下,屡屡失败。孙中山认识到不可能依靠军阀达到护法目的。1918年5月,孙中山辞去大元帅的职务,离开广州前往上海,护法运动失败。

1920年孙中山回到广州,发动第二次护法运动。1921年4月,国会非常会议召开,决定撤销军政府,成立中华民国政府,孙中山就任非常大总统。这是孙中山第二次在广州建立革命政权。

中华民国政府成立后,首先统一了两广,随即开始北伐。就在北伐取得节节胜利的时候,1922年6月,孙中山亲自培养的爱将陈炯明突然发动叛乱,炮轰总统府。孙中山脱险后登上"永丰舰",不得不再一次离开广州,回到上海。第二次护法运动失败。

1923年，孙中山联合多方力量，驱逐陈炯明叛军，再次回到广州，重建大元帅府，第三次在广州建立革命政权。

7. 新三民主义、国共合作

1923年1月，苏联政府的代表越飞在李大钊陪同下会见孙中山，经过会谈发表了《孙文越飞联合宣言》，推动了国共合作的发展。经过充分的筹备，1924年1月，中国国民党第一次全国代表大会在广州高等师范礼堂（今文明路省博物馆内的钟楼）举行。出席大会的有孙中山、廖仲恺、汪精卫、胡汉民等国民党元老，还有共产党员李大钊、毛泽东、林伯渠、瞿秋白等。大会通过了国民党新的党纲、党章和改组的具体办法，同意共产党员以个人身份加入国民党。

孙中山在会上重新解释三民主义，确定了"联俄、联共、扶助农工"三大政策。国民党"一大"的召开，标志着以国共两党合作为基础的各革命阶级的统一战线正式形成。从此中国革命进入了第一次国内革命战争时期，反帝反封建的革命热情迅速高涨，广东成为国民革命的根据地。

国共合作的成果之一是建立黄埔军校。在苏联和中国共产党的帮助下，1924年6月16日，孙中山在黄埔长洲岛创办了国民党"陆军军官学校"。孙中山任军校总理。蒋介石任校长，廖仲恺任国民党党代表，共产党人周恩来担任军校政治部主任。明确的建校宗旨和严格的教育训练，使黄埔军校培养了大批杰出的军事人才，对第一次国内革命战争乃至后来的革命历程都产生了极其深远的影响。

8. 巨星陨落

1924年9月，第二次直奉战争爆发。直系将领冯玉祥从前线倒戈回师，发动北京政变，并电邀孙中山北上主持大计，共商国是。孙中山为了谋求国家的和平统一，毅然抱病北上。1925年3月12日，孙中山因病在北京逝世。临终时，他留下了"革命尚未成功，同志仍须努力"的遗嘱，嘱咐国民党和全国人民坚持实行三大政策，进行反帝反封建斗争，将革命进行到底。

四、任务准备

1. 查阅相关书籍，利用电脑、网络辅助查询。
2. 搜集介绍孙中山的相关录像，与孙中山有关的图片。
3. 将学生分成4个学习小组，按照顺序每组负责10分钟的专题知识讲解。

五、任务实施

表3-8 任务实施表

序号	步骤	操作及说明	要求	备注
1	查阅资料	查阅孙中山的相关资料，搜集相关信息完成表格。	（1）阅读细致 （2）资料丰富	
2	各组分配任务	结合表格，各组选择讲解内容，分配各组10分钟的讲解任务。	（1）讲解脉络清晰 （2）任务分配合理	抽签决定讲解顺序和各组讲解内容。

续表

序号	步骤	操作及说明	要求	备注
3	组内讨论完成讲解内容分工	根据本组任务进行组内分工,完成讲解内容准备。	(1)分工合理 (2)内容准确 (3)参与性强	
4	组内讲解训练	组内进行讲解训练,合作完成10分钟专题讲解训练。	(1)内容连贯 (2)符合要求	
5	专题知识讲解训练	按顺序进行4组的专题讲解。	(1)导游手法运用多种多样 (2)讲解流畅	
6	分享与评价	各组分享本组任务完成情况,并进行讨论评价和完善。	(1)虚心学习 (2)评价中肯	

六、任务评价

见 P6~P7 "六、任务评价"表格。

七、问题及解决

表3-9 问题及解决表

序号	问题	解决方式	意见和建议

八、知识拓展

导游词范例:中山纪念堂建筑特色

  各位游客,大家好!现在我们来到了中山纪念堂。因为坐落在城市主干道——东风路上,我经常经过这里,但是讲起中山纪念堂我仍然会心潮澎湃。因为它是为了纪念中国民主革命先行者——孙中山先生而修建的纪念性建筑,而在广州这个城市,孙中山先生曾经影响了中国近代革命热潮的风起云涌,也曾于此就任总统府的非常大总统,在这里修建这样一座宏伟壮丽的纪念堂,让每一个广州人都感到骄傲和自豪。

关于中山纪念堂,有太多的历史和故事。今天在这里,我着重为大家介绍纪念堂的外观,特别是屋顶的设计。

中山纪念堂是一座八角形宫殿式建筑,屋顶是由东南西北四个重檐歇山顶,烘托出中央巨大的八角攒尖顶,这种屋顶组合,蕴含了很独特的设计理念。谈到它的独特之处,就让我们从建筑设计开始说起吧!

各位,这么恢宏堂皇的建筑,是谁设计的呢?是的,正是同样设计了南京中山陵的建筑师吕彦直。

1926年广州国民政府在征集纪念堂的设计图案时提出了15条要求:比如"庄严固丽、暗合孙总理生平伟大建设之意味"、"堂内以容纳5000人为最低限",等等。这些看似简单的要求,对当时的建筑设计师来说无疑是一种艰巨的考验。

吕彦直创造性地运用了中西式结合的设计——以西式为里,中式为表。也就是说,采用现代建筑技术——钢筋混凝土结构来构筑纪念堂的框架,又运用中国古建筑的外观——屋顶、装饰等建筑语言来包装了这座建筑。建成了这座高49米,建筑面积达8700平方米、当时亚洲规模最大、功能最先进的大型会堂。

中国的古建筑十分讲究等级,屋顶的制式、屋瓦的颜色都是最能体现等级的。比如屋顶有庑殿顶、歇山顶、攒尖顶、悬山顶、硬山顶等,其中庑殿顶等级最高,歇山顶次之,攒尖顶主要用于园林中的亭子。

中山纪念堂的屋顶被设计成一个复合体,并且打破传统建筑法式,不按"名分"排"座次",把"名分"不是很高的"八角攒尖顶",放在了建筑物的最上方,而四座"名分"本来很高的"重檐歇山顶",却被安排在了下方,簇拥着"八角攒尖顶"。这样的设计,既符合孙中山先生的革命精神,也完全适合于大型会堂的功能要求。

总的来说,这座中西合璧的大体量建筑不仅在80多年前的中国绝无仅有,在当今世界也是罕见。它不但用西方的建筑技术解决了大跨度无梁无柱的难题,又完整保留了中国传统古建筑的民族风格,同时还用巧妙的手法体现了孙中山"三民主义"思想的精髓。

至于内部建筑怎样巧妙的设计、"三民主义"又是如何在这座建筑中完美演绎的呢?请大家跟我进入纪念堂内,我们去慢慢体会。

我的讲解到此结束,谢谢大家!

(资料来源:1. 梁烈亚. 孙中山名号略考. http://www.gmw.cn/content/
    2. 李菁. 国父的传奇人生·天下为公——孙中山传. 北京:华文出版社)

任务四　专题讲解训练二——六祖惠能

一、任务描述

地陪在做沿途讲解以及景点讲解知识储备时,有影响力的历史名人故事经常可以用作专题知识。惠能作为我国历史上具有重大影响的思想家之一,在很多地区和景点都留有他的印迹。

1. 请找出5个与六祖惠能相关的场所,填写其所在地以及相关的历史事件。

表3-10 纪念场所及所在地列表

序号	场所名称	所处城市	相关历史事件	
1				
2				
3				
4				
5				

2. 依据【模拟案例四】中的行程安排,进行专题知识讲解训练。通过学习,能完成40分钟的专题知识讲解。

二、任务分析

完成本任务,要搜集六祖惠能的生平、主要思想、对后世的影响等资料,以及佛教在中国传播发展的历史、中国佛教建筑制式等相关知识,并进行分析、归纳、提炼和整理,形成知识体系,通过反复练习,达到讲解要求。

三、相关知识

(一) 六祖惠能生平

1. 概述

惠能,生于638年2月27日农历二月初八,卒于713年8月3日,俗姓卢氏,唐代岭南新州(今广东新兴县)人。佛教禅宗祖师,得湖北黄梅五祖弘忍传授衣钵,继承东山法门,为禅宗第六祖,唐中宗追谥大鉴禅师,是中国历史上有重大影响的佛教高僧之一。陈寅恪称赞六祖:"特提出直指人心、见性成佛之旨,一扫僧徒烦琐章句之学,摧陷廓清,发聋振聩,固我国佛教史上一大事也!"

2. 法号

关于六祖的法号,历来志为"慧能"或"惠能"的均有。据说六祖天生聪颖,听法即悟,唯不识字,但据六祖门人法海在其著作《六祖法宝坛经略序》中记载:"……专为安名,可上惠下能也。父曰,何名惠能? 僧曰,惠者,以法惠施众生;能者,能作佛事。"此外,六祖法体真身的安放地南华禅寺亦以"惠能"为准,可知"慧能"当是讹误。

3. 出身

惠能三岁时,父亲卢行瑫病逝,母李氏,以卖柴为生。《六祖坛经》中,惠能自述其籍贯为范阳(今北京与河北保定涿州一带),其父为范阳卢氏,后因过失而谪居岭南新州(今广东新兴),故惠能为范阳卢氏后裔。但是五祖弘忍曾称他为"獦獠"(未开化的蛮人),惠能也自称"语音不正"。

4. 皈依佛门

惠能家境贫寒以卖柴为生。一天,惠能卖柴回家的路上听到有人读诵《金刚经》,萌生学习佛法之念,便到湖北黄梅县东山寺拜禅宗五祖弘忍为师,由此开始了学佛生涯。

惠能初见五祖弘忍,弘忍便问他:"你是哪里人?来此山中礼拜,所求何物?"惠能回答:"弟子是岭南人,今故远来礼拜。不求别物,唯求作佛之法。"五祖说:"岭南人无佛性,为何还要求作佛!"惠能回答:"人有南北,佛性岂有南北?岭南身与和尚身不同,佛性有何不同?"五祖弘忍微微吃惊,还想要与他共议,但见左右有人,就不再多言,于是发遣惠能,令他随着众人做杂务,终日舂米。

在惠能入寺八个月后的一天,弘忍召集门人,命各人呈上一首偈语。弘忍的大弟子神秀在廊壁上写下一偈:身是菩提树,心如明镜台。时时勤拂拭,莫使染尘埃。弘忍见到说:汝作此偈,见即未到,只到门前,尚未得入。随后仅赞叹一番,令大家念诵。惠能见此偈后说道:"美则美矣,了则未了。"于是他请人在神秀的偈边写下:菩提本无树,明镜亦非台。本来无一物,何处惹尘埃。弘忍看到惠能此偈,心中震动不已,然而不露声色,用鞋子将偈擦去,对众人说:"此亦未得了。"就叫他退下。随后,五祖弘忍悄悄地来到碓房,问惠能:"米熟了没有?"惠能回答:"米熟久矣,犹欠筛哉。"五祖便以杖三击碓房而去。惠能会意,于三更来到五祖的房中,五祖为他说《金刚经》,说到"应无所住而生其心"时,惠能彻悟"一切万法,不离自性",自性本不生灭,本无动摇,本来清净能生万法。于是,五祖正式传授惠能衣钵而为禅宗六祖。五祖劝他最好深藏不露,避免与人争夺。于是六祖携带衣钵,得法而去。

5. 南北争端

为躲避争夺继位权的对立派追杀,惠能离寺南归,长期辗转流徙于岭南四会、怀集等地,过着隐居生活。唐高宗仪凤元年(676年)正月初八到广州法性寺。印宗法师在该寺内讲《涅槃经》之际,"时有风吹幡动,一僧曰:风动;一僧曰:幡动;争论不休,惠能进曰:不是风动,亦非幡动,仁者心动"。印宗闻之悚然若惊。知惠能得黄梅弘忍真传,遂拜为师,并出面汇集当地高僧为六祖剃度。

6. 开山传法

677年春,六祖离开法性寺,北上到韶州宝林寺(今韶关南华禅寺)开山传法,前来送行的有一千多人。惠能在大梵寺设坛讲经说法,为其后开辟"南宗"奠定了基础。

惠能在宝林寺传教说法长达37年之久,悉心传道,弘法不辍。他以"见性成佛"为宗旨,提倡不立文字,弘扬"顿悟",以传统文化的精髓结合禅宗教义的秘籍,形成了中国佛教禅宗的"南宗"与"北宗"迥然不同的独特风格。由于惠能的弘法,"南宗"禅学的影响逐渐遍及全国,并取代了"北宗"在禅宗中的主导地位,而各地投奔在惠能门下治学的门徒数以千计。他的言行后被其弟子法海汇编成书,这就是被奉为禅宗宗经的《六祖法宝坛经》。在佛教中,只有佛祖释迦牟尼的说法行为记录能被称作"经",而一个宗派祖师言行录被称作"经"的,在中国六祖是绝无仅有的一个。该书反映出惠能对传统佛教教义做的重大改革的思路,是禅宗进一步"中国化"的重要标志,从而对中国哲学与佛教文化的发展产生了深远影响。神龙元年(705年),武则天和唐中宗即遣内侍薛简往曹溪召其入京。惠能以久处山林,年迈风疾,辞却不去。薛简恳请说法,将记录带回报命。中宗因赠摩纳袈裟一领及绢五百匹以为供养。并命改称宝林寺为中兴寺,由韶州刺史重修。

7. 圆寂涅槃

惠能于延和元年(712年)返归新兴定居,翌年圆寂于新州国恩寺,世寿七十六。惠能圆寂后,其真身不坏,被运回韶州(今广东韶关)曹溪,其门人裹综涂漆,保持其生前形象。其肉身像至今还保存在南华寺,供奉在六祖殿中。唐玄宗开元二年(730年),在河南滑台(今滑县)的无遮大会上,惠能弟子菏泽神会辩倒了神秀门人崇远、普寂,使得"南宗"成为中国禅宗正统。

(二)思想及影响

1. 主要思想

惠能的禅学核心是"顿悟",他的理论特点主要有三:一是把佛、佛性安置于每个人的心性之中,确认佛、佛性为人人心性中本有,这与中国儒家性善论一致,与天竺佛教认为人的前生都有大小不等的罪过的性恶论截然不同;二是把人人本具的佛性解释为"清净心"。惠能的得法偈提出"无树、非台"的无物观,实质是提倡"本性自清净"的境界,也与中国传统道教的"清静无为"观点相吻合,他否定了天竺佛教否定现生现世,追求彼岸世界的信仰,把人们引向对当今生活的重新肯定;三是在具体的修持方法和途径上,强调"顿悟",反对"外修"与"渐修"。

2. 著作

惠能圆寂后,其弟子们将其经历和言论整理成《六祖坛经》,简称《坛经》,是禅宗的经典。坛经分为十品,经中讲述惠能的生平、拜师学道、开示公案和临终嘱托等。

3. 弟子

惠能弟子众多,一说为"嗣法四十三人",一说为"十人",著名者有:菏泽神会、青原行思、南岳怀让、石头希迁、永嘉玄觉。在他圆寂后,他的弟子传承禅法,形成南北二宗。北宗即是菏泽神会门下,称菏泽宗。南宗则以南岳怀让门下的洪州宗,与青原行思、石头希迁一系的石头宗为代表。

惠能禅法在北宗菏泽一派的推动下,取代了原先北宗神秀一系的地位,成为禅门正宗,但菏泽一派因后继无人,在唐末衰亡。对后世影响较大的反而是南宗门下。南宗门下,后来形成河北临济宗、江西曹洞宗、湖南沩仰宗、广东云门宗、江苏法眼宗五宗,即"一花开五叶"。

4. 影响

惠能为禅宗的发展奠定了理论基础,对于后来各派禅师建立门庭影响极大。惠能创立的禅宗南派把佛教义理简单化、通俗化,使禅宗成为中国化最彻底的佛教宗派。后来,法眼宗远传于泰国、朝鲜;云门宗、临济宗更远播欧美。在中国、日本,则是临济宗、曹洞宗两宗最盛。

在英国伦敦大不列颠国家图书馆广场,矗立着世界十大思想家的塑像,其中就有代表东方思想的先哲孔子、老子和惠能,并列为"东方三圣人"。惠能作为在中国历史上有重大影响的思想家之一,其思想包含着的哲理和智慧,至今仍给人以有益的启迪,并越来越受到广泛的关注。

四、任务准备

1. 查阅相关书籍,利用电脑、网络辅助查询。
2. 搜集六祖惠能及相关景区的视频资料,以及有关的图片资料等。
3. 将学生分成4个学习小组,各组分配关于惠能的专题讲解内容,各进行10分钟的专题知识讲解。

五、任务实施

表3-11 任务实施表

序号	步骤	操作及说明	要求	备注
1	查阅资料	查阅与惠能相关的书籍资料,搜集相关信息完成表格。	(1)阅读细致 (2)资料丰富	
2	各组分配任务	结合表格,各组选择讲解内容,分配各组10分钟的讲解任务。	(1)讲解内容脉络清晰 (2)任务分配合理	抽签决定讲解顺序、内容。
3	组内讨论完成讲解内容分工	根据本组任务进行组内分工,完成讲解内容准备。	(1)分工合理 (2)内容准确 (3)参与性强	
4	组内讲解训练	组内进行讲解训练,合作完成10分钟的专题讲解训练。	(1)内容连贯 (2)符合要求	
5	专题知识讲解训练	按顺序进行4组的专题讲解。	(1)导游手法运用多种多样 (2)讲解流畅	
6	分享与评价	各组分享本组任务完成情况,并进行讨论评价和完善。	(1)虚心学习 (2)评价中肯	

六、任务评价

见 P6~P7 "六、任务评价"表格。

七、问题及解决

表3-12 问题及解决表

序号	问题	解决方式	意见和建议

八、知识拓展

禅宗前五祖

1. 初祖达摩

初祖达摩,全称初祖菩提达摩,南天竺人,婆罗门种姓,自称佛传禅宗第二十八祖。南朝梁武帝时航海到广州。梁武帝信佛。达摩至南朝都城建业会梁武帝,面谈不契,遂一苇渡江,北上北魏都城洛阳,后卓锡嵩山少林寺,面壁九年,传衣钵于慧可。后出禹门游化终身。东魏天平三年(536年)卒于洛滨,葬熊耳山。

达摩在中国始传禅宗,"直指人心,见性成佛,不立文字,教外别传",经二祖慧可、三祖僧璨、四祖道信、五祖弘忍、六祖惠能等大力弘扬,终于一花五叶,盛开秘苑,成为中国佛教最大宗门,后人便尊达摩为中国禅宗初祖,尊少林寺为中国禅宗祖庭。

历史上还流传下来不少关于达摩的故事,其中家喻户晓、为人乐道的有:一苇渡江、面壁九年、断臂立雪、只履西归等,这些美丽动人的故事,都表达了后人对达摩的敬仰和怀念之情。

2. 二祖慧可

慧可(487—593),一名僧可,又名神光,俗姓颐,洛阳虎牢(又作武牢,今河南成皋县西北)人,是中国禅宗的第二祖。他少为儒生时,博览群书,通达老庄易学。出家以后,精研三藏内典。年约四十岁时,遇天竺沙门菩提达摩在嵩洛(今河南嵩山—洛阳)游化,即拜他为师。慧可跟随达摩学了六年,精究一乘的宗旨。达摩圆寂后,他即在黄河一带韬光晦迹;但因早年已名驰京畿,许多道俗前访问道,请为师范,他随时为众开示心要,因而道誉甚广。慧可当时"雪中断臂"成为禅宗一个有名的故事而为广泛流传。

3. 三祖僧璨

生卒年及事迹不详,为中国佛教禅宗三祖,曾跟随二祖慧可学佛数年,后得授予衣钵为禅宗三祖。三祖在入寂前,传衣钵于弟子道信为禅宗四祖。据说他曾著有《信心铭》传世。在禅宗发展史上,三祖僧璨是一个重要的坐标。初祖达摩将禅法带到中国,当时人们是遇而未信,至二祖慧可时,人们是信而未修,在三祖僧璨时才是有信有修。

4. 四祖道信

道信(580—651),俗姓司马,生于永宁县,其父司马申为首任永宁县县令。隋文帝开皇十三年,道信向僧璨求法,26岁被三祖授以衣钵。唐高祖武德八年(625年)于黄梅破额山正觉寺传经讲法。唐太宗李世民慕其名,多次派使者迎其入宫,坚辞不去,被赐以紫衣。唐高宗永徽二年圆寂。后被唐代宗谥为"大医禅师"。

5. 五祖弘忍

弘忍(601—675),俗姓周,湖北黄梅人。东山法门开创者,被尊为禅宗五祖。弘忍时代,主张禅徒以山居为主,集中生活,远离嚣尘;自行劳动,寓禅于生活之中,把搬柴运水,都当做佛事。这种修禅生活的变化,在中国佛教史上影响深远。后来的马祖道一和百丈怀海,创丛林,立清规,道场选址在深山老林,称道场为"丛林",提倡农禅并重,主张一日不作,一日不食,这都是受了道信、弘忍禅风的影响。

中国的禅宗在弘忍时代,进入了一个大发展阶段,学禅的人越来越多。所以弘忍的门徒数以万计。

导游词范例:禅宗祖庭南华寺

南华寺建于梁武帝天监元年(502年)。现占地1.5万平方公里、建筑面积八万平方米。其时,印度智药三藏,经"海上丝绸之路",渡海来到广州"西来初地",发现韶关曹溪神似佛祖觉悟,并创立佛教的"宝林初地";于是,上书奏请梁武帝建寺。寺成,武帝赐额"宝林寺",武则天时曾改名为"中兴寺"、"法泉寺",宋太祖赵匡胤名之为"南华禅寺",沿用至今。现寺名,由中国佛教协会前主席赵朴初所题。"南华禅寺"为"韶城新十景"之首。

南华寺的著名,是由于唐朝六祖惠能的到来。惠能,俗姓卢,广东新兴县人,三岁丧父,靠母亲为人作嫁衣裳、做针线活为生。家境贫寒,从未读书识字,十多岁即上山打柴,帮补家用。二十四岁那年,担柴到富贵人家,听到《金刚经》,听得如痴如醉,特别听到"于无所住处,而生其心",觉得同佛法有缘,于是,要求从念经和尚出家。和尚与其对答后,发现惠能是佛教不可多得的天才,于是请他去湖北黄梅东山寺,师从五祖弘忍,以学佛理、成正果。

见到五祖,五祖劈头一句就是:"你这南蛮子,看你下巴尖、额突骨;你再看看佛祖菩萨,哪个不是慈眉善目,下巴圆、额阔身长? 不如归去吧! 免了吧! 学佛!"惠能答:"人虽有南北,佛性本无南北。南蛮佛性与佛祖同。"五祖见其聪悟,遂允其留下。惠能不识字,故只是在斋堂做些打柴、烧火、舂米、做饭之类杂役的行者。九个月后,弘忍觉得年事已高,应把祖位传下去了。按说,祖位该传给大弟子神秀,且神秀随师多年,是首座教授师。但"莺啼如有泪,为湿最高花",唐朝以诗考状元,五祖亦想以诗见六祖。于是,吩咐弟子各写偈颂,以考取祖位。"身是菩提树,心如明镜台;时时勤拂拭,勿使惹尘埃。"神秀的佛偈终于写出来了。五祖见后,说:"此偈一脚踏入佛门,一脚未踏入佛门,未见本心、未见本性。凭此偈尚未可得祖位。"惠能亦评价道："美则美矣，了则未了"；并念出自己的偈颂："菩提本无树，明镜亦非台；本来无一物，何处惹尘埃。"因此，惠能得到了佛祖亲传的金缕袈裟、钵盂，成为禅宗衣钵传人，第六代祖。

在隐身山林，对佛法禅宗进行了十五年的再彻悟后，惠能出现在广州法性寺（今光孝寺），以精妙的佛法菩提般若，彻底的主观唯心主义，折服印宗法师等大德高僧后，回到南华寺，说法利生三十七载，开讲"直指人心，见性成佛"的不二法门，创立禅宗南宗，完成佛教的中国化。门人法海（韶州进士）记录下大师之开示，这就是中国唯一一部非佛说，而称为《经》的典籍——《六祖法宝坛经》。六祖传法弟子四十三人，开创临济、曹洞、沩仰、云门、法眼五宗；禅宗在8世纪已传入日本，"是古代中日文化交流的第二次高潮。禅宗及禅僧为主要媒介的宋学的传入，为确立协调朝廷（公家）幕武（武士）和佛家（寺家）的伦理观念，为发展日本民族文化起了积极作用"（杨曾文）。据日本文部省1991年不完全统计，日本禅院21041所，信众近九百万人。6世纪后，世界佛教中心移至中国，印度僧人来南华寺求法，《传法正宗记·七》，"大鉴所出法嗣凡四十三人；其一曰西印度成堀多三藏者"。《坛经》仅英译本就超过12种，一直以其巨大的、潜移默化的力量影响着中国文化和世界文明的发展。惠能作为世界杰出的思想家之一，其塑像矗立在英国伦敦大英博物馆里。禅对诗歌、绘画、音乐、书法、建筑、饮食等艺术理论和管理科学，有着广泛的影响和渗透。

现在，车已到了南华寺，寺门前的河溪就是佛教中鼎鼎大名的曹溪，别看它并不咆哮澎湃，但"甘爽而泌涌"。"曹溪香水"与"南华晚钟"等位列曲江二十四景，是无数佛教徒梦寐以求的圣地。

好！我们现在进入南华寺。南华寺共七进，即曹溪门、宝林门、天王宝殿、大雄宝殿、藏经阁、灵照塔、祖殿。据说"七"是取天上北斗七星之意。

曹溪门高12.5米、宽22.4米，上有"曹溪"及"南华禅寺"两木匾额，两侧塑"天龙八部"之第二部神将，俗称哼哈二将，是守护佛法的天神。过五香亭、放生池，即可达宝林门。门上挂1938年国民党主席林森题"宝林道场"匾，门联是"东粤第一宝刹、南宗不二法门"，道出了南华寺的历史与地位。

天王宝殿前，是建寺1500周年吉祥物：支缚罗、钵多罗，"愿昼吉祥夜吉祥，二六时中恒吉祥"，殿正中是笑口常开的弥勒菩萨，弥勒的造型为浙江布袋和尚，是汉化佛教的产物。禅宗佛教造像，人性与佛性有机地融合在一起，体形健康丰满，鼻低脸圆耳大，表情温和。布袋和尚涅槃回向偈："弥勒真弥勒，分身百千亿，时时示时人，世人自不识"，使人认定布袋即弥勒。殿两侧是象征"风调雨顺"的"四大天王"，"风"是执剑的南方增长天王，"调"为执琵琶的东方持国天王，"雨"为执伞的北方多闻天王，"顺"为执蛇的西方广目天王。殿后为执降魔宝杵、镇压邪魔的韦驮菩萨。

经过"晨钟暮鼓"的钟、鼓楼，进入大雄宝殿，大殿是全寺的主体建筑，举行宗教仪式的主要场所。殿正中供奉三宝佛，中间为释迦牟尼、左边阿弥陀佛、右为消灾延寿药师佛。佛陀端庄安详，嘴角之间露出似笑非笑的神情，低垂的目光仿佛注视着芸芸众生，表现着佛陀的慈祥与喜悦。释迦胁侍为81岁迦叶、18岁阿难尊者，是佛祖"不立文字、教外别传"的禅宗初祖、二祖。禅宗在印度传28代之后，传到达摩。达摩"一苇渡江"到少林寺"面壁九年"

后,传中国的禅宗祖位,慧可、僧璨、道信、弘忍、惠能,故迦叶、阿难亦为禅宗的祖师爷。殿四壁上塑有五百罗汉,五百罗汉神态各异,来自社会各阶层,其中最精妙的是南壁西窗下的济公——知觉罗汉,左看为哭,右窥为笑,中观则啼笑皆非。东壁塑文殊骑狮,象征菩萨"智慧如旋风",西壁塑普贤骑象,手持莲花、莲花之上有佛经,显示菩萨为佛教理论家。殿后侧为"观音独占鳌头",观音左右为"龙女"和"善财童子",观音之上方,塑金身王子相的是观音原身。

出大雄宝殿,可见一直径2.09米、高1.7米的"千人锅",铸于元代;是每年农历二月初八、八月初三南华诞等时候,熬粥施舍用的慈善设施,亦是中国最大的"千人锅"。

向上走,即到了藏经阁。藏经阁为典型明代建筑风格,藏有许多国家一级文物,一般不对游客开放。藏经阁两侧,均植有一株高大的菩提树。菩提树是佛教无上圣树,佛祖原为印度净饭国王子,为当时印度九个阶层中的上层贵族,曾六年苦修,未有结果,到恒河洗了一个六年未洗的澡,吃了恒河边牧羊女的羊奶;当时,他只剩下皮包骨,彻悟了苦行不能解脱,于是在菩提树下打坐49天,终于觉悟,创立佛教。

再上为灵照塔,原供奉六祖真身;真身升座祖殿后,现供奉毗卢遮那佛。灵照塔是南华寺现存最早、最古、最高的建筑,为楼阁式八角五层砖塔,高三十米。塔初建于唐先天年间,有1200多年历史。

祖殿内安放着惠能、明代憨山、丹田大师真身。由真身见证了大师坚毅的面容及平静之心,雕刻了大师的风骨与个性、坚忍与悲悯;既有佛像的高贵,又有人性的尊严。真身,亦称"金刚不坏之身"、"肉身菩萨",得道高僧缸葬三年而"不坏",即可升座,反复油上福州漆(古代最上等的油漆),披上袈裟,供受瞻仰朝拜。六祖胁侍为禅门四尊:韶州法海、菏泽神会、青原行思、南岳怀让。参观完祖殿后,请随我参观九龙泉,即卓锡泉。

泉四周因历代有圣旨保护,"永禁樵苏",故林木茂盛、古树参天,其中有"活化石"之称的水松,是我国独有的珍贵树种。现存树龄五百年以上,高40多米的水松九株。南华寺用古语讲是"风水"好,用现代话讲就是"环境"好,我们要保护好环境,因为我们只有一个地球,我们要保护好南华寺,因世界只有一个南华寺。返程途中,再向诸位介绍宁静、安详、虔诚、乐观、坚忍的虚云、惟因、本焕、佛源、传正等现代禅门大师。

(导游词编写:韶关市中等职业技术学校 罗世雄)

任务五 景点讲解训练一

一、任务描述

结合【模拟案例三】行程安排中的景点,学习合理安排讲解线索、讲解重点和游览路线,掌握景点导游讲解的训练要点,完成10分钟的景点导游讲解。

二、任务分析

完成本任务,首先要学习景点的相关知识,并反复练习,进行导游词讲解训练。

三、相关知识

(一)陈家祠美誉和地位

1. 旅游方面

百粤冠祠——1996年列为"广州十大旅游美景"之首

古祠流芳——2002年评选的"新世纪羊城八景"之一

——2011年羊城新八景之一

2011被评为广州八张"城市名片"中的"文化名片",是广州特色文化、人文景观、文化教育等的代表。

2. 建筑方面

在建筑界,广州陈家祠与德庆龙母祖庙、佛山祖庙统称为广东三祖庙。对比龙母祖庙与佛山祖庙,广州陈家祠不是一个地域的精神中心,它是广州与广东省近代文化发展的一个特殊产物。虽然同龙母祖庙和佛山祖庙一样,同处于广府文化圈,但它们的性质有所不同。龙母祖庙代表的是一种基于西江自然条件的原生态的乡土祭祀文化,佛山祖庙代表的是一种受到国家文化影响下自发性的市民祭祀文化,而陈家祠则是在广东省省会所在地,在近代广东复杂的社会条件下,同时兼有宗祠、书院和会馆三种性质的合族祠。[1]

陈家祠以其精湛的建筑装饰艺术而闻名中外。在20世纪20—30年代,德国《世界建筑艺术》、日本《岭南纪胜》对其已有记载,称其为中国南方典型建筑。[2]

就像每一位莅临北京的游客,几乎无一例外地前往故宫一样,初次来到广州的人,如果想要感受一下这座城市最有历史感的建筑,总不会忘了陈家祠。漫步陈家祠的游廊庭院,推开厚厚的三重门,穿过幽幽的青云巷,凝视陈家祠的每一个屋顶,每一片山墙,每一块雕刻。在艺人的鬼斧神工下,三雕(石雕、砖雕、木雕)、二塑(陶塑、灰塑)和铜铁铸、绘画装饰,凝结成震撼人心的"七绝"。[3]

(二)释名

陈家祠又名陈氏书院。陈家祠实际是各地陈姓族人供奉牌位、春秋祭祀的合族祠。因为当时的广东官府担心各地宗族势力强大,合族祠"把持讼事、挟众抗官"和"藏污纳垢、窝匪聚赌",是社会的不稳定因素,于是对壮大的合族祠采取压制政策,严禁在广州城内建造祠堂。

为掩人耳目,保留宗祠,陈家祠便以"书院"之名示人,而且还别出心裁地与广东官办最高学府广雅书院并提,在首进大厅两侧柱子上悬挂一副对联,意为陈氏书院与广雅书院为邻,以提高自身的社会地位。好在这里一直接受本族各地读书人来广州参加科举考试时居住,也作为陈姓子弟读书办学的地方,因此称作"书院"倒也平安无事。

据载,陈家祠是"广东72县陈姓族人合资兴建的",事实上参与捐资兴建陈氏书院的县

---

[1] 文一峰. 广州陈家祠的社会学意义. 广州大学学报(社会科学版),2010.5.

[2] 吴庆洲. 陈家祠的建筑及装饰艺术. 广东建筑装饰,1997.1.

[3] 金叶,任朝亮. 陈家祠——岭南第一"大宅门". 广州日报.

应当不止72个。由于"72"在中国是一个吉祥数字,如道教有72福地、孙悟空有72变、黄山衡山有72峰等,而书院取"七十二县"又与孔子弟子中"七十二贤人"吻合,寓意着陈氏子孙学有所成,人才辈出。

(三)陈家祠景点导游词

陈家祠位于广州市中山七路,又称"陈氏书院"。清光绪十六年(1890年)动工,光绪二十年(1894年)落成,原为广东72县陈姓族人捐资合建的宗祖祠和书院。新中国成立后,政府对这座建筑进行了保护和修葺,于1959年辟为广东民间艺术博物馆。1988年被国务院列为全国重点文物保护单位。

陈家祠的主体建筑坐北向南,占地面积为1.5万平方米,整体建筑面积为6400平方米。"深三进,广五间",建筑平台一进高于一进。平面布局以聚贤堂为中心,其他单元按中轴线依次布列,相互间以长廊连通,组成外封闭、内开放的格局。这种布局严谨、主次分明、虚实相应、前低后高的形式,体现了我国南方祠堂建筑制式和传统建筑艺术风格,因此被誉为"岭南艺术建筑明珠"。

陈家祠的建筑特点有两个,一是运用了多种建筑装饰艺术手段。整个陈家祠的建筑主体和部件,都可见大量的木雕、石雕、砖雕、灰塑、陶塑、铁铸和彩绘。二是极富岭南风味。陈家祠的建筑功能切合岭南气候特点,如长廊贯通全院可以遮阳挡雨,房舍高大可以通风降温,庭院满目苍翠让人感到清凉等。陈家祠建筑构件的比例和整体风格,装饰物的外观造型和内容题材,都凸显了岭南的文化特色和风情、风貌。

来到陈家祠的一进,首先介绍一下屋顶的脊饰。陈家祠的花脊共有十一条,总长度为165米。花脊分上下两层,下层脊基为灰塑,上层脊身为陶塑。陶塑采用琉璃釉彩,主要有黄、绿、宝蓝、褐、白。人物均是"有前无后、有眼无珠",面部不施釉彩。各种人物的头、手、脚、服饰均定型化,分别以模具印制,根据人物身份、形态的不同,选配组合,再以捏、按、捺、贴等手法加工完成。最后要按仰视的要求,夸张处理人体比例和特定的神态动作,使人物栩栩如生。陈家祠的陶塑制品均为佛山石湾烧制。

每条花脊的两端,有一对造型独特的动物,这就是古代民间传说中能防火避灾的鳌鱼。同时,古人又取其"独占鳌头"的意思,表达了人们对子孙科举考试高中榜首的祈愿。

在正门两侧的青砖檐墙上,有六幅大型砖雕,这是广东现存最好和最大的作品。这些砖雕选用质量上乘的青砖,依编定的图形,运用浮雕、圆雕技法,逐块雕琢。最后按顺序拼接镶嵌于砖墙上。广东砖雕以其雕技高超而著称,能在质地松脆的青砖上雕刻纤细苍劲的线条,如垂挂的直线一般,有"挂线砖雕"之称。

进入首进大厅,眼前是四扇镂空双面木雕大屏门,既起到了分隔空间的作用,又使内外有机结合起来,产生一种幽雅的美感。四扇屏门上雕刻的都是寓意吉祥如意的内容,这幅"创大业,儿孙永发"图,用芭蕉叶象征大业,母鸡带一群小鸡寓意儿孙永发,这幅为五只蝙蝠环绕着一团"寿"字烟云,寓意为"五福捧寿"等。

转出屏门,可以看到前院的两条长廊,连接首进和中进建筑,长廊上用灰塑塑有"竹林七贤"、"公孙玩乐图"等历史题材的故事。灰塑是以石灰为主要材料,拌入稻草或草纸,制成草根灰和纸根灰,用铜线做骨架,以瓦筒为躯干,直接在装饰部位上制作,最后绘上矿物质颜料而成。

穿过长廊,两座建筑之间是"青云巷",取其"青云之上"的寓意。

中座聚贤堂是书院建筑的中心,是当年陈姓族人聚会议事的地方。聚贤堂前石雕月台的栏杆,是以各种花鸟、果品为题材,运用连续缠枝的表现手法来雕饰的。其望柱雕有"老鼠戏葡萄",老鼠是十二生肖之首,老鼠与多籽的葡萄、石榴共戏,是暗喻百子千孙。望柱头的雕饰更为特别,以花岗岩雕成一盘盘菠萝、杨桃、橘子、仙桃、佛手、香蕉等岭南佳果,既富有南国风情和装饰美,又寄寓了陈氏子孙终年以礼果奉祀祖先的虔诚敬意。由此可见广东民间艺人的匠心独运。

后进是安放神主牌位和族人祭祀祖先的地方。这里共有十一座木雕大神龛,神龛外饰大型木雕镂通花罩。这里的龛罩是广东现存最大的清代木雕杰作。

东西厢房是当年陈氏学子们受教读书的主要用房,廊庑与厢房相连。室内壁上绘有大型壁画,前东厢为《滕王阁》,前西厢为《夜宴桃李》,起到画龙点睛的装饰作用,使书院更富有诗意。

总之,陈家祠在建筑上最突出的特点是集广东民间建筑装饰之大成,被誉为"岭南艺术建筑的一颗明珠"。

(资料来源:广东导游词.广州:广东旅游出版社.2009.)

(四)讲解线索

简介→建筑特点→一进(大门外)→二进(首进大厅和聚贤堂)→后进→西斋和厢房→结尾

(五)陈家祠游览路线

陈家祠导览图

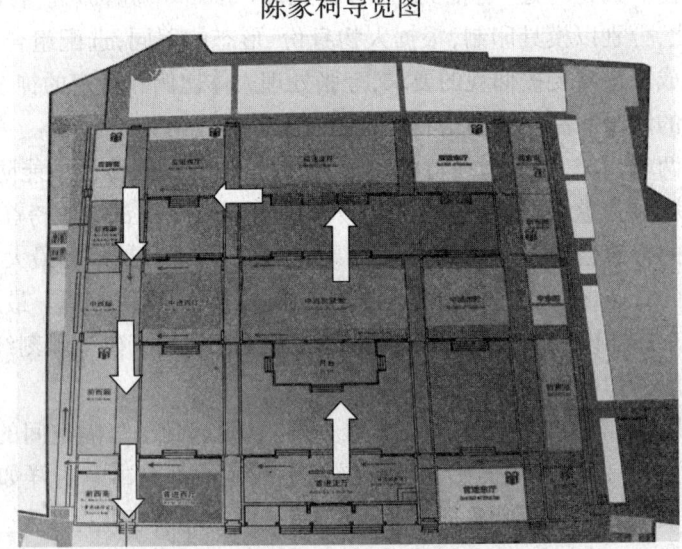

图3-1 陈家祠导览图

(资料来源:http://s9.sinaimg.cn/mw690/7d2df798g7ad1693d3f48&690)

(六)讲解重点

表 3-13 景点讲解重点列表

讲解线索	段落	内容	关键词
简介	1	地理位置	广州市中山七路
		历史沿革	清光绪十六年至二十年(1890—1894) (1959)广东民间艺术博物馆 (1988)全国重点文物保护单位
	2	主体建筑	坐北向南 占地1.5万平方米,建筑面积6400平方米
		平面布局	平面呈正方形,长宽各80米,深三进、广五间,9厅10房6院,中轴对称,外封闭、内开放
		美誉	南方祠堂建筑,岭南艺术建筑明珠
建筑特点	1	建筑装饰艺术	木雕、石雕、砖雕、灰塑、陶塑、铁铸和彩绘
		极富岭南风味	建筑功能切合岭南气候特点: 长廊——遮风挡雨,房舍高大——通风降温,庭院满目苍翠——清凉
一进	1	花脊 陶塑	十一条,165米,上陶塑,下灰塑 佛山石湾出品,色彩、人物、手法
	2	鳌鱼	造型独特、防火避灾、独占鳌头
	3	砖雕	六幅大型砖雕,广东现存最好和最大的作品 广东砖雕——挂线砖雕
二进	1	双面木雕大屏门	作用:分割空间、幽深高雅 内容:吉祥如意图案 "创大业,儿孙永发"、"五福捧寿" "青春发达,大器晚成"、"渔舟唱晚"
	2	长廊(灰塑)	灰塑的制作过程及特点 陈氏书院灰塑1800余米
	3	青云巷	青云之上
	4	聚贤堂石雕月台	功用——聚会议事 石雕月台: 柱雕——"老鼠戏葡萄",望柱头——"岭南佳果"

续表

讲解线索	段落	内容	关键词
后进	1	功用 木雕神龛	安放牌位、族人祭祀祖先 十一座,木雕镂通花罩 广东现存最大的清代木雕杰作
西斋 厢房	1	东西厢房	教学读书 前东厢为《滕王阁》,前西厢为《夜宴桃李》
结尾	1	结尾	集广东民间建筑装饰之大成 "岭南艺术建筑的一颗明珠"

四、任务准备

1. 详读【模拟案例三】中的行程安排。
2. 查阅相关资料,利用电脑、网络辅助查询。
3. 将学生分成4个学习小组,分组练习。

五、任务实施

表3–14 任务实施表

序号	步骤	操作及说明	要求	备注
1	查阅资料	依据【模拟案例三】中的行程安排,查阅相关景点知识,搜集相关讲解资料。	(1)阅读细致 (2)资料丰富	
2	组内讨论学习	根据任务要求,学习相关知识,合理安排讲解线索、讲解重点和游览路线,完成讲解内容准备。	(1)知识完整 (2)内容准确 (3)参与性强	
3	组内讲解训练	组内进行讲解训练,完成10分钟景点导游讲解。	(1)讲解流畅 (2)符合要求	
4	分享与评价	各组派代表分享展示本组任务完成过程,并进行讨论评价和完善。	(1)虚心学习 (2)评价中肯	

六、任务评价

见 P6~P7"六、任务评价"表格。

七、问题及解决

表 3-15　问题及解决表

序号	问题	解决方式	意见和建议

任务六　景点讲解训练二

一、任务描述

1. 结合【模拟案例四】行程安排中的景点,沿用"景点讲解训练一"中的学习方法,合理安排相关景点的讲解线索、讲解重点和游览路线。

表 3-16　景点讲解重点列表

讲解线索	段落	内容	关键词

续表

讲解线索	段落	内容	关键词

2. 结合【模拟案例四】行程安排中的景点,在景点的平面图中标明景点游览路线。

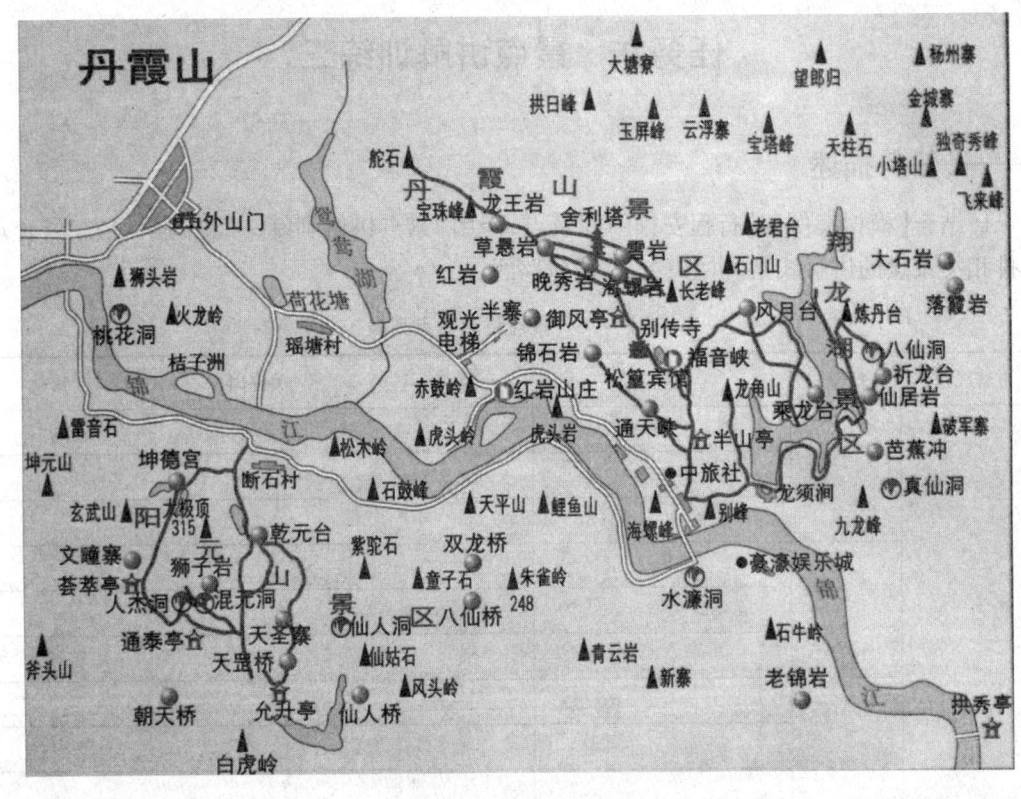

图3-2 丹霞山导览图

(资料来源:http://www.177dx.com/UploadFile/FCKeditor/image/20110412103 81790202-14817.jpg)

3. 依据景点的相关知识,掌握导游讲解的训练要点,完成10分钟景点导游讲解。

二、任务分析

完成本任务,首先要学习景点的相关知识,并反复练习,进行导游词讲解训练。

三、相关知识

丹霞山世界地质公园
景点导游词

　　丹霞山世界地质公园，位于韶关市东北的仁化县，距韶关市区45公里，总面积319平方公里。它因"色如渥丹，灿若明霞"而得名。早在20世纪30年代，中科院院士、中山大学陈国达教授在对丹霞山及华南地区的红石山地作了深入研究之后，以发育典型的丹霞山为名，将这一类地貌命名为"丹霞地貌"，并很快被学术界接受与采用。此后世界上凡由红色砂砾岩构成的、以赤壁丹崖为特色的一类地貌均称为丹霞地貌。丹霞山整体呈现一种红层峰林式结构，有大小石峰、石墙、石桥680多座，主峰巴寨619.2米，宛如一方红宝石雕塑园，故又称"中国红石公园"。

　　现我国发现的丹霞地貌有七百多处，世界各大洲（南极洲除外）均有丹霞地貌发育。丹霞地貌往往是丹山碧水相映，雄险奇秀共辉，因而是构成风景名山的一种重要类型。目前国家的重点风景名胜区、世界自然与文化遗产、国家地质公园中，约五分之一为丹霞地貌，而丹霞山是其中面积最大、发育最典型、类型最齐全、造型最丰富、风景最优美的风景名山。

　　丹霞山作为广东四大名山之首和岭南第一奇山，1988年经国务院批准为国家重点风景名胜区、1995年被国务院批准为国家地质地貌自然保护区、2001年被国土资源部批准为国家地质公园、2004年被联合国教科文组织评为世界地质公园、2012年被评为国家5A级旅游区。丹霞山风景名胜区从1980年起对外开放，现由四个区构成，即北部的丹霞山区、东南部的韶石山区、西部的大石山区和南部的矮寨恢复区。已开发的游览区主要集中在北部的丹霞山区，有长老峰游览区、阳元山游览区、翔龙湖游览区和锦江长廊游览区。近年又开辟了巴寨区的原始风光考察探险游等旅游项目。

　　现在我们将进入丹霞山中心景区，大家往右边看，锦江对面的几座山峰，像一只只大象，优哉游哉正朝我们走来，我们称之为"群象出山"。请仔细看山顶有一个亭子的那座山，象鼻、象牙、象眼睛、象耳朵等形神俱备呢。阳元山大桥到了，再往右看，这座山从右至左，头部、颈部、胸部、腹部轮廓分明，恰似一个头枕江流、悠悠入梦的少女。颈中的一丛绿树，犹如项链中的翡翠，我们称之为睡美人或玉女拦江。

　　好！"雄性之山"的阳元石到了，阳元石高28米，直径7米，极似男性生殖器。各位先生、小姐，你们看似不似？阳元石的自然形成，已有30万年，现已和翔龙湖的阴元石结成伉俪，成为至善至美的夫妻石。这鬼斧神工的"天下第一绝景"，"梦断三更美女，愧煞天下英雄"，它"孤留一柱撑天地"（明朝李永茂），是"百川会处擎天柱，万劫无移天地根"（明朝吴承恩），引发人们无穷的想象。

　　接着我们开始徒步登游长老峰，长老峰分上中下三个景观层：上层观日出、一览众山小，中层别传寺、鸳鸯树，下层锦石岩石窟悬空寺，山麓是阴元石、翔龙湖和仙居岩道观。

　　丹霞山古称"烧木佛旧地"，据传是源于六祖弟子"石头希迁"和尚的高足，唐代"丹霞天然"禅师烧木佛求舍利的公案；至五代时，法云居士在锦石岩梦觉关吟诵了"半生都在梦中过了,来到此处方觉清虚"的佛偈后,开始在锦岩天然洞穴构筑庵堂,而大规模营建丹霞山,则是明末李永茂、李充茂两兄弟。

首先我们沿登山大道上山,过半山亭后,就来到了一个风化的岩洞——"幽洞通天",洞高 0.7 米,长 6 米,穿洞而过,就可到达"长天一线",它是我国现发现最长、最高、最壮观的"一线天",峡长 200 多米,高 50 多米,最窄处 0.7 米。游人过此,只见峭壁高耸、苍天一线,而峡顶夹住一石,就像随时会在游人的喧哗、脚踏过程中掉下来似的,令人不得不分外小心;再走过"浸碧浮金"、"喷玉泉",就进入了悬挂于"赤城千仞"之上的锦石岩尼姑庵。

韶关一直有以岩洞建寺观的传统,锦岩数洞相连,以天然洞穴建有七佛殿、观音殿、大雄宝殿等殿堂,其中观音殿岩洞最大,深 30 米、高 4 米,塑有观音 32 相,可容数百游人善信同时参拜;而丹霞十二景"片鳞秋月"的龙鳞,则位于大雄宝殿的崖壁上,它春而嫩绿、夏则深绿、秋为黄绿、冬成褐黄。这是为什么呢?它是神迹吗?不!是因为在风化而成的蜂窝状岩壁上,生长着地球上出现最早的植物——蓝藻;蓝藻在这里已经生存了 35 亿年,其吸水性强,吸水越多,呈现的颜色越深绿,到干旱季节,所吸到的水分极少,就呈现淡淡的褐黄色。观赏完这一变色奇观,我们出来凭栏欣赏一下现存最早的摩崖石刻——宋朝赵汝耒题写的"锦岩"二字等景观。

然后,我们出锦石岩,过"委屈树",登捷径直上中层风景区。游过"风过竹林犹见寺、云生锦水更藏山"的别传寺,就来到鸳鸯树下。鸳鸯树之名源于唐代最长的诗——白居易描写唐明皇、杨贵妃爱情故事的《长恨歌》中的"在天愿做比翼鸟,在地愿为连理枝"。古代最神圣的爱情是"海誓山盟",海誓当然是在天涯海角,山盟就在鸳鸯树下。当"海上生明月,天涯共此时"之际,相爱的人们手牵手,焚香祈祷,绕树三周,让历经沧海桑田之后的丹霞见证人间的真情,让有情人终成眷属,让爱之圣火绵绵不绝于生命每一刻!

攀过"呼吸通天"的石峡、御风亭、"宜若登天"的丹梯铁索、霞关后,就来到上层风景区观日亭。在这里"极目楚天舒",大千世界尽收眼底,东面可看到僧帽峰、望郎归、蜡烛峰、双龙壁,西面有姐妹峰、玉壶峰、巴寨、朝天龙、送子观音等远景。山顶还可游览雪岩、海螺峰、宝珠峰及丹霞十二景之螺顶浮屠、虹桥拥翠、舵石朝曦等景观。

然后,我们下山去观赏翔龙湖景区。首先我们去欣赏"天下第一奇景"阴元石。阴元石被称为人类母亲石,高 10.3 米,宽 4.8 米,洞高 4.3 米,洞最宽处 0.75 米,酷似女性生殖器。它的形成已有 10 多万年的历史了,男女朋友们都不妨到"快乐之门"去重生、转运、留影。不要故作羞涩了。

接着,我们面前出现的是翔龙湖,形似一条长 1350 米的龙。湖水面面积,有 15 公顷,龙头处深 18 米。这里小径清幽、轻舟惬意、清澈透底、修竹烂漫,还可游览道教张天师南游圣地——仙居岩。这里又是龙文化集结地,龙是我们这些龙的传人共同的图腾,各朝各代"龙"字摩崖石刻随处可见,其中最大的"二龙戏珠"崖刻,长 28 米、宽 6 米,是丹霞山规模最大的壁雕之一,反映了中国原始的阴阳哲学,寓意生命永生与子孙万世不殆。

最后,我们乘游艇观赏丹山碧水的锦江,传说女娲补天之五彩锦石取自江中因而得名。在春江烟树、丹崖锦石中,轻舟漫过"锦水滩声"、"九索长虹"、"金龟朝圣"、"六指擒魔"、"玉壶峰"、"朝天龙"、"送子观音"、"拇指峰"、"仙山琼阁"等九曲美景,阅尽丹霞美之极致。

(导游词作者:韶关市中等职业技术学校　罗世雄)

四、任务准备

1. 详读【模拟案例三】中的行程安排。
2. 查阅相关资料,利用电脑、网络辅助查询。
3. 将学生分成4个学习小组,分组练习。

五、任务实施

表3-17 任务实施表

序号	步骤	操作及说明	要求	备注
1	查阅资料	依据【模拟案例三】中的行程安排,查阅相关景点知识,搜集相关讲解资料。	(1)阅读细致 (2)资料丰富	
2	组内讨论学习	根据任务要求,学习相关知识,合理安排讲解线索、讲解重点和游览路线。	(1)知识完整 (2)内容准确 (3)参与性强	
3	组内讲解训练	组内进行讲解训练,完成10分钟景点导游讲解。	(1)讲解流畅 (2)符合要求	
4	分享与评价	各组派代表分享展示本组任务完成过程,并进行讨论评价和完善。	(1)虚心学习 (2)评价中肯	

六、任务评价

见 P6~P7 "六、任务评价"表格。

七、问题及解决

表3-18 问题及解决表

序号	问题	解决方式	意见和建议

模块二　国内游全陪服务训练

开篇案例

李玉在广州××旅游公司从事了几年的地陪导游工作,她一直认真反思和总结带团工作中的优点和不足,经常向前辈请教,努力丰富自己的工作经验,讲解水平和带团技能也有了很大的提高,已经成为了公司的一名骨干导游。如今公司决定要从多方面锻炼李玉,让她成为一名素质更为全面的优秀导游,于是将她调到了国内部,开始了她的职业新阶段——成为一名全陪导游。

对于李玉来说,到了新的部门,面对新的工作,她又成为了一名"新"人。但是,李玉乐意接受这样的挑战,从"新"开始,向更高的目标前进。

训练目标

★ 能完成国内游团队的服务准备、出发和入住饭店的服务、当地旅行生活服务以及回程和后续工作等全陪服务。

★ 能完成部分国内游线路的分析工作。

★ 能在全陪工作的旅途中活跃气氛、掌握必需的旅途才艺。

项目四　国内游全陪服务过程训练

全陪是在远离组团社所在地的旅游地区工作,而且外出带团的持续时间相对较长,旅途中还会乘坐各种不同的交通工具进行工作,这都让全陪工作更加复杂。担任国内游团队的全陪导游,要掌握全陪服务的要求,认真、细致地面对全陪工作中的每一个环节,这是迈向"合格导游"的重要过程。

任务一　线路分析和学习

任务二　服务准备

任务三　出发和入住饭店的服务

任务四　当地服务

任务五　回程和后续工作

模拟案例五

导游人员接到旅行社的工作任务,要担任前往北京旅游的团队全陪,以下为该团的接待计划,包含出团通知书、行程计划、行程附表、游客名单、团体机票行程单、个人电子客票行程单等。

表4-1 广州××旅游公司国内游全陪出团通知书

地接社	北京××国际旅行社	联系人、电话	孙×× 010-64××××× 137××××××
团号	GZNBHP20131215	地陪、电话	夏×× 139××××××
行程安排	见行程表	出发时间、地点	CZ3099(09:00/12:10)广州新白云机场
公司团号	ZHGDNB20131215	计调、电话	彭×× 020-36××××× 138××××××
线路名称	北京奢华尊贵超级五星双飞五天	全陪、电话	刘志波 138××××××
总人数	18大3小+1	订票计划	回程机票29日CZ3104(15:30/18:45)
正餐、标准	8正,30元/人	车队联系人	蒋×× 137××××××
用车情况	××旅运33座金龙	送团司机、车牌	
团队等级	纯玩豪华团	团队类别	重点包团
集合时间	第一天(15/12):全陪05:30回公司取出团物品,05:40从公司出发,06:00到广州烈士陵园门口接齐游客后前往广州新白云机场 第二、三、四天(16—18/12):见《游客行程》。 第五天(19/12):约18:45抵达白云机场,××旅运蒋哥车接送回烈士陵园。(请提前联系车队)		
航班号	到达机场国内出发厅后到柜台办理登机手续,机票联系人:方×× 139×××××× 1.去程:12月15日,广州—北京,CZ3099 09:00—12:10 2.回程:12月19日,北京—广州,CZ3104 15:30—18:45		
备注	1.请全陪出发前一晚再次致电游客和司机落实出发时间、地点。 2.提前联系地陪,做好交接工作。 3.请全陪做好游客服务工作,注意行程安全。务必介绍北京旅游注意事项! 4.派发公员员工卡片,送团时介绍公司线路。		
用房	住:北京希尔顿逸林酒店,国际五星 客人用房:10间,全陪用房:1间		
游客联系、集中情况			
礼品	21顶帽、18个旅行袋(国内团)、21支矿泉水	游客联系人	陈梓桐 136××××××
备注	本团队为销售经理陆××的重点客户,有问题联系陆×× 136××××××		

表 4-2　游客行程

北京奢华尊贵超级五星双飞五天

行程特色：

◆ **超靓航班**：早班机去，下午航班回，来回程乘坐南航空客 A380 双层超豪华客机
◆ **五星住宿**：尊贵团入住北京希尔顿国际品牌酒店，全程享用酒店自助早餐！
◆ **北京经典**：全景欣赏传统经典精髓景点【天坛、天安门、故宫、长城、颐和园、北海】
◆ **亲密体验**：神奇的 3D 艺术之震撼——北京特丽画 3D 画廊
◆ **赠游** 京城《非诚勿扰 2》拍摄地——798 艺术区
◆ **团团赠送**：天安门广场集体照、风味饺子、北京烤鸭

行程安排：

第 1 天：广州→北京：天坛—世贸天阶　　　　　　　　　　　　　　　　　　　　（含：午、晚餐）

住宿：北京希尔顿逸林酒店（国际五星）

请各位贵宾于指定地点集中，在我社优秀导游陪同下专车前往广州新白云国际机场乘坐广州—北京 CZ3099（09：00/12：10）飞抵首都北京，抵达后用午餐。午餐后游览【天坛公园】（游览 2 小时）（含套票），感受盛大威严的古代文明和祭祀文化。晚饭后前往北京中央商务区（CBD），观看有"中国第一幕"之称的北京 CBD【世贸天阶大屏幕】（游览约 1 小时）。后返回酒店入住。

第 2 天：前门—天安门—国家博物馆—故宫—降旗—王府井大街　　　　　　　　　　（含：早、午餐）

住宿：北京希尔顿逸林酒店（国际五星）

早餐后乘车前往老北京文化风貌保留最完好的地区之一【前门大街】（游览 30 分钟），接着前往全世界最大的城市广场——【天安门广场】，后参观【中国国家博物馆】（周一闭馆）（游览 1.5 小时），继而前往世界上保存最完好、最宏伟的古建筑群——【故宫】（游览 2—2.5 小时），后观看庄严的降旗仪式。随后前往有百年历史赫赫有名的【王府井】大街，游客可在东华门风味小吃一条街自由品尝各种特色风味小吃。（晚餐自理）

第 3 天：八达岭长城—特丽画 3D 画廊—外观鸟巢水立方　　　　　　　　　　　　（含：早、午、晚餐）

住宿：北京希尔顿逸林酒店（国际五星）

早餐后，乘车（车程约 1.5 小时）前往【八达岭长城】（游览 2 小时），后亲临【特丽画 3D 画廊】（游览 1 小时），之后参观【奥林匹克公园】，奥林匹克公园中心区是举办北京 2008 年奥运会的主要场地，外观【鸟巢】及【水立方】游泳馆的风采，游览后返回饭店。

第 4 天：颐和园—北海公园—什刹海酒吧街　　　　　　　　　　　　　　　　　　（含：早、午、晚餐）

住宿：北京希尔顿逸林酒店（国际五星）

早餐后前往【颐和园】（游览约 2—3 小时），它是中国现存规模最大、保存最完整的皇家园林。后前往世界上最早建造的皇家花园【北海公园】（游览约 1.5 小时）。后游北京最出名的酒吧街【什刹海酒吧街】，什刹海两岸是保存完好的王府花园、纵横交错的市井民居，与钟楼、鼓楼遥相呼应。

第 5 天：798 艺术区　北京→广州　　　　　　　　　　　　　　　　　　　　　　（含：早、午餐）

早餐后前往北京都市文化新地标【798 艺术区】（游览 1 小时），参观《非诚勿扰 2》电影拍摄外景地。最后前往首都国际机场搭乘飞机 CZ3104（15：30/18：45）返回广州温暖的家，行程圆满结束！

表4-3 游客行程附表

行程计划附表：

报价包含
1. 交通：广州市内—机场来回接送，往返机票（含机场税、燃油费）。
2. 住宿：全程入住四晚北京希尔顿逸林酒店（五星），小童不占床。
3. 用餐：含8正4早，正餐标准30元/人，八菜一汤。酒店含自助西早。
4. 门票：行程景点含第一道大门票（注明门票自理除外），小童半价门票。
5. 用车：全程空调旅游车。
6. 导游：优秀全陪，当地导游陪同服务。
7. 保险：旅行社责任保险。
8. 全程纯玩无购物安排。

报价不含
1. 航空：航空公司临时增加的燃油附加费。
2. 保险：旅游意外保险及航空保险，建议客人报名时在我社购买。
3. 门票：不含自费项目、行程外项目及景点内小门票，儿童超高门票自理。
4. 自费：个人消费，私人所产生的个人费用等。

备注
1. 若报名时出现单男单女，且团中无同性团友可同住，客人需出发时或在当地自补房差。
2. 在保证不删减行程所列景点（自费景点除外）的前提下，我社保留根据实际航班时间或当地客观情况对行程的游览顺序进行调整的权利。
3. 小童价是指2岁至12周岁以下儿童的收费价格，包含半价门票、餐位、车位、不含床位，因儿童超高产生的景点门票费用自理。

参团须知
1. 最终游览行程以出发当天派发的行程单为准。根据《广东省旅游合同》旅途过程中如遇人力不可抗拒因素（如交通事故、路桥塌方、坏车、洪水、风雨雪瘟疫、飞机延误或取消等）造成行程延误或不能完成景点游览，旅行社协助解决但不承担赔偿责任，已经发生的费用不予退还，尚未发生的费用将退还客人。
2. 行程中赠送的游览项目，如果客人放弃游览，或遇赠景点举办活动不开放，门票、餐费不退，此外，旅途中自行离团或不参加计划内的某项团队活动，均视作自动弃权，所缴费用概不退还。
3. 因火车、飞机延误或取消所造成的一切损失与我社无关，我社不作任何赔偿。
4. 飞机团自行于广州新白云机场国内出发厅集合，出发当天成人请携带身份证原件或有效证件，16岁以下小孩带户口本原件（有身份证最好带身份证）登机。
5. 以上报价不含政策性的门票上浮价及航空公司燃油附加费等政策性临时调价。
6. 此为参考旅游行程，旅行社有权根据当时实际情况对行程景点游览顺序作出合理调整，但不影响原定标准及游览景点。

表4-4 地接社确认书

TO:广州××旅游公司　　操作人员　彭××　　电话:020-36×××××　　传真:020-36×××××
FM:北京××国际旅行社　操作人员　孙××　　电话:010-64×××××　　手机:137×××××××

一、行程及服务标准(注明景点名称、游览时间、自由活动时间)

团号:GZNBHP20131215 人数:18 大3 小 举牌:北京××国际旅行社

接团时间:12月15日 接团地点:北京首都机场T2 接CZ3099 12:10

送团时间:12月19日 送团地点:北京首都机场T2 送CZ3104 15:30

行程:(请根据航班时间调整行程)

日期	行程	早	中	晚	住宿
15/12	接中午12:10飞机,【天坛】(约2小时),世贸天阶(约1小时)		含	含	市区
16/12	早餐后,前门大街,天安门(约半小时),国家博物馆(约1.5小时),【故宫】(约2—2.5小时),降旗,王府井	含	含		市区
17/12	早餐后,【八达岭长城】(约2小时),【特丽画3D画廊】(约1小时),奥林匹克公园(鸟巢、水立方)(约1小时)	含	含	含	市区
18/12	早餐后,【颐和园】(游览约2—3小时),【北海公园】(游览约1.5小时),什刹海酒吧街	含	含	含	市区
19/12	早餐后,798艺术区(游览1小时),午餐后送团,结束行程。	含	含		

备注:1. 住宿:北京希尔顿逸林酒店(国际五星),用房:客10间+全陪1间。

2. 用车:全程安排33座豪华空调旅游车。

3. 门票:以上所列黑体景点首道门票(不含园中园门票及电瓶车费用)。

4. 用餐:全程含餐4早8正(早餐为饭店自助西早,正餐30元/人,其中含赠送风味饺子、北京烤鸭,用餐条件与餐饮风味有一定地域差异,大家应有心理准备)。

5. 导游:行程中所列参观游览过程中,专职地方中文导游服务或景区内讲解员服务。

6. 购物:全程不进购物店,不推荐自费项目(部分景区、酒店内设有购物场所,属于自行商业行为)。

特别说明:请严格按照确认书上标明的酒店安排住宿。

续表

二、团队收费明细及付款方式(团队收费也可以不细分,可以用打包价,要注明大写金额)					
团队总款		×××××			付款方式: (2013 年 12 月 15 日前付清全部团款)
分解项目		结算金额		合计	
综费	成人	××××		××××	
	儿童	××××(不占床,其他同成人操作)		××××	
机票			火车票		
其他支出			应收团款	×××××	总社账号: 户名: 开户行:
温馨提示		1. 地接综费开具旅行社团款发票,大交通不开入发票内,请自行收回。 2. 客人意见以旅游目的地所签客人意见单为准。 3. 行程内的景点及餐费如客人未用,若属自动放弃,费用不退还。 4. 如遇人力不可抗拒因素造成的损失客人自理。			
重要提示		特殊要求			

三、组 团 社 盖 章: 地接社盖章:

组团社操作人员签字: 地接社操作人员签字:

2013 年 10 月 29 日   2013 年 10 月 29 日

表4-5 游客出团通知

广州××旅游公司 贵宾出团通知书

_____的贵宾们:

　　你们好!非常感谢您对广州××旅游公司的信任。本公司很荣幸能成为您本次出游选择的旅行社。本社将以最优质的服务回报贵单位对我社的支持与信任。为了不影响你们的出行,现将本次有关事项通知您,如有不清楚请随时与我们联系!

1. 行程:北京奢华尊贵超级五星双飞五天(具体行程另附)
2. 出发日期:2013年12月15日
3. 返回日期:2013年12月19日
4. 接团时间:2013年12月15日早上:6:00
5. 接团地点:广东省广州起义烈士陵园门口
6. 贵单位领队:陈梓桐　联系电话:136××××××
7. 我司全陪导游:刘志波　联系电话:138××××××
8. 当地地接旅行社:北京××国际旅行社
9. 地接导游:夏××　联系电话:139××××××
10. 当地天气:北京十二月平均温度是最低-6℃,最高3℃,白天平均3℃,建议穿风衣、大衣、夹大衣、外套、毛衣、毛套装、西装、防寒服等保暖衣服。夜间平均-6℃,建议穿戴棉帽、冬大衣、皮夹克、厚呢外套、呢帽、手套、羽绒服、皮袄等厚重保暖衣物。北京十二月为旱季,降水非常少,建议多补充水分。

温馨提示:(请每位贵宾都要带好身份证,以备乘搭飞机及入住酒店之用!)

1. 乘机注意事项

　　▲乘机人须随身携带有效证件,如身份证、军官证、护照等,无身份证的儿童须携带户口本原件或护照,并由监护人陪同(监护人委托他人陪同的须出具授权委托书)。(满16周岁须持身份证登机。)如证件丢失请到户口所在地派出所开具临时登机证明。

　　▲乘飞机自行出发的游客需在飞机起飞前2小时抵达(如有机场接送请按时在指定地点集合)机场国内出发厅办理登机手续,托运行李时请注意将贵重物品随身携带。具体以《游客出团通知》为准。

　　▲旅行团队的往返机票属团体票,按航空公司规定一般情况下:不准退票、不准改期、不准签转,具体情况以各航空公司客票规定为准。

2. 旅游活动

　　在旅游旺季,由于旅游人数较多,用餐、用车以及在景区门前、缆车入口、码头登船处等会出现等候现象,为了确保行程安排的顺利完成,导游会根据景点、缆车、游船等开放的具体时间,对叫早、出发等时间做适当的提前或错后调整;另外,为了避开太多的旅游者,导游会在不减少景点的情况下,合理调整行程。请各位游客积极配合。

3. 景点门票

　　部分景点依当地规定会对特定人群给予门票优惠,请您携带学生证、老年证、离退休证、军官证、残疾证等有效证件。如遇门票优惠,由旅行社根据优惠门票价格与旅行社折扣门票价格的差额统一办理退款。

4. 旅游必备用品

　　为方便出游,着装最好以轻便舒适的服装、鞋帽为主,建议穿着合脚的软底平跟或低跟鞋(如旅游鞋),避免穿新鞋或高跟鞋。请自备所需日常用品,如:旅游鞋、太阳镜、雨具(登山时请备雨衣)、拖鞋(因酒店多为一次性拖鞋,沾水后会较滑)等。还可随身携带一些常用药品,如:创可贴、乘晕宁、黄连素等。

5. 旅行过程中,希望游客能够对导游工作给予理解与支持,出现问题时大家共同商量解决,这样才能使此次游程更加完美。

6. 请您认真填写游客意见书,我社将以意见书作为处理投诉的重要依据。

　　　衷心预祝您旅途愉快!

表4-6 游客名单表

编号	姓名	身份证号码	性别	年龄	房号	房号	房型	备注
1	张文国	440102197806302466	男	35				
2	张奇真	440102200207294758	女	11			标双1间	
3	陈梓桐	440102198005302766	女	33				
4	韦杰川	440111198206221741	男	31			大床房1间	
5	陈湘婷	440102198609216633X	女	28				
6	陈子睿	440102198412243267	男	29			大床房1间	
7	林慧	430602198607300955	女	27				
8	陈存锦	440102195811052367	男	55				
9	邵芷茵	440202197110152458	女	42			标双2间	
10	陈杰	440102200401022456	男	9				
11	陈敏	440102019750205048	女	38				
12	林涛	440104194202083214	男	71			标双1间	
13	陈少莹	440104194511113267	女	68				
14	刘军	440622196703033213	男	46			标双1间	
15	刘青学	440622196511043211	男	48				
16	苏凤娟	440102198012240614	女	33				
17	苏婉瑜	440102198511051498	女	28			标双2间	已补房费
18	李淑彤	440102200701053246	女	6				
19	刘欣欣	440102200308083221	女	10				
20	丁燕翔	420203198801083246	女	25			标双1间	
21	陈广富	440102198011063511	男	33				
22	刘志波	440111199001061211	男	23			陪同1间	全陪
总用房量:客用10间,全陪1间								

表4-7 团队预订机票行程单

中国南方航空电子客票行程单

订单编号	PNR	联系人	销售单位
B10603507641	GHGL8	020-36××××× fangliyang	广州××旅游公司

航段	航班号	舱位	航班日期	起飞	
1	CZ3099	Y	2013-12-15	广州[0900]	北京[1210]
2	CZ3104	Y	2013-12-19	北京[1530]	广州[1845]

序	姓名	类型	电子客票号码	序	姓名	类型	电子客票号码
1	张文国	成人	7842200207294	12	林涛	成人	7841942020832
2	张奇真	成人	7843654010758	13	陈少莹	成人	7840494113267
3	陈梓桐	成人	7840219800530	14	刘军	成人	7844062196031
4	韦杰川	成人	7844011119820	15	刘青学	成人	7849651043210
5	陈湘婷	成人	7840102198609	16	苏凤娟	成人	7845480122404
6	陈子睿	成人	7841021984122	17	苏婉瑜	成人	7841028510498
7	林慧	成人	7841986073009	18	李淑彤	成人	7844010700546
8	陈存锦	成人	7842195811052	19	刘欣欣	成人	7840308083221
9	邵芷茵	成人	7847110152458	20	丁燕翔	成人	7848801308392
10	陈杰	成人	7840102004016	21	陈广富	成人	7841063511087
11	陈敏	成人	7840201205048	22	刘志波	成人	7840190069911

备注:不得签转,更改,仅限原出票地退票

南航咨询电话:020-86130873 验证地址:etkt.cs-air.com

提示:各机场在航班起飞时间30分钟前停办手续(广州新白云机场45分钟)

图4-1 个人电子客票样本

(资料来源:http://lv.clt198.com/uploadimage/pic/2012731102220818.jpg)

任务一 线路分析与学习

一、任务描述

1. 依照【模拟案例五】中的行程安排,通过对旅游线路的学习、分析旅游线路的特色充实自己相应的专题知识库,对将要游览的景点有较深入的了解。完成下面游览景点列表。

表4-8 北京五日双飞线路游览景点列表

序号	时间	景点名称	城市	景点类型	主要特色

2.通过对【模拟案例五】中行程安排的研读、分析,掌握线路的特点和各环节需注意的事项以及工作侧重点。完成下面每日活动安排列表。

表4-9 每日活动安排列表

日期	行车时间（含往返交通）	游览景点数量	游览景点所需时间	游览方式	出发时间	回酒店时间

填表说明:

行车时间——每日乘车总计时间(含出发、返程的大交通);

景点数量——每日游览的景点多少,影响到全天活动日程是否紧张;

游览时间——比较游览时间总量是否大于行车时间总量;

游览方式——步行、登山或其他,影响游程的疲劳程度;

出发时间、回酒店时间——测量全天游客的游览强度等。

3.通过对旅游目的地资料的查阅和分析,学生分4组分别完成"介绍旅游目的地""介绍主要游览景点""介绍目的地注意事项"以及"行程特色或风物特产介绍"几个方面的模拟实操,完成对线路分析的实操训练。

二、任务分析

完成本任务,首先要认真研读旅游线路的行程安排,收集相关资料进行分析、归纳、提炼和整理,再经过反复练习,才能完成对线路进行分析的任务。

三、相关知识

(一)北京城市简介

北京位于北纬39°56′,东经116°20′。其雄踞于华北大平原的西北端,西部、北部、东北部由太行山(西山)与军都山及燕山山脉所环抱,造成了其形似"海湾"之势,故自古就有"北京湾"之称。

北京,中华人民共和国的首都,全国政治、文化、交通、旅游和国际交往的中心。全市由11个区和7个县组成。总面积16800平方公里,其中市区占地1040平方公里。人口1150万。北京为我国四大直辖市之首。

北京属北温带大陆性季风气候,一年四季分明。春花、夏雨、秋月、冬雪,是其各季气候的不同特色,不论你何时来京观光,均有迷人的风采。北京春秋季较短,夏冬季稍长。一月份较冷,月均气温-4.7℃,七月份稍热,月均气温26.1℃。年均降雨量650毫米,无霜期180天。这里地理位置优越,山川雄奇,土地肥沃,物产丰富,故历来被视为藏龙卧虎的神州宝地。

北京,已有3000多年的文字记载历史和悠久的城建沿革。远在70万—50万年前,这里就是人类祖先的发祥地,"北京猿人"便在京西南的周口店等地繁衍生息。公元前586年,周朝的封侯国——燕国,在此建都,名"蓟",从此"燕京"之名流传至今。公元前3世纪后,此地是秦、汉、隋、唐各朝的北方重镇。公元10世纪初,我国东北的契丹族建立辽朝,将这里作为陪都,名南京。1125年,女真族兴起,灭辽而建金朝,正式于此建都,定名中都,并大兴土木,建起三十六座豪华的宫殿。中都城在今广安门一带,但1215年毁于兵火。这一年,我国北方的蒙古族举兵南下,相继灭了金朝和避于杭州的南宋王朝而统一了中国。1267年,元朝以金代的大宁宫(今北海公园)为中心重建都城,改名为大都,此是今天旧北京城的前身。1368年朱元璋率领农民起义军推翻了元朝,建立明朝,都城设于南京,将大都改称北平。1403年朱棣夺得皇位,后决定迁都北平,并改名为北京,北京之名从此始用。不久兴建紫禁城等,经过十五年施工于1420年建成,1421年正式迁都北京。1644年清军入关,明朝灭亡,清朝也在北京建都。各朝在此建都共达800多年历史。1949年新中国成立后,古老的北京获得了新生,被确定为新中国的首都。

古老的北京城,经过历代劳动人民的伟大创造,在此留下了中华民族极其光辉灿烂的文化。全城的建筑布局以紫禁城为中心,从南到北贯穿一条全长8公里的中轴线。其前朝后市,左祖右社(太庙与社稷坛);街道纵横,殿宇辉煌;坛庙神奇,园陵壮美;河湖穿绕,风光如画。全城既有平面布局,又有立体造型,这不仅是中国古都的典范,而且在世界城建史上也占有极重要的地位。北京历来以丰富的名胜古迹和迷人的自然风光著称于世。这里有天下奇观的万里长城,世界之最的皇宫建筑群,美不胜收的古典园林,以及宏伟壮观的坛庙、帝陵、古塔、石刻等。而且十渡、松山、龙庆峡、石花洞等自然景观和1919年"五四"运动等众多史迹纪念地,均是让人大饱眼福、流连忘返的旅游胜地。

(二)北京的著名景点

北京,中国的首都,一座既古典又现代的东方名城。位于华北平原西北边缘,有3000多年的悠久历史、850多年的建都史和灿烂文化,蕴含着独特的古典气息;而现代化的高速发展也使这座古老的城市增添了新亮点,焕发了新生机:SOHO现代城、三里屯酒吧街、国家大剧院、"鸟巢"和"水立方"。

北京旅游资源无与伦比,有世界上最大的皇宫紫禁城(故宫)、祭天神庙天坛、皇家花园北海、皇家园林颐和园,还有八达岭、慕田峪长城以及世界上最大的四合院恭王府、明十三陵等名胜古迹,有大家熟知的天安门广场、人民大会堂、人民英雄纪念碑以及北京奥运会上举世瞩目的国家体育场(鸟巢)、国家游泳中心(水立方),还有国家大剧院,等等。

1. 天安门广场

天安门广场位于北京市中心,南北长880米,东西宽500米,面积达44万平方米,可容纳100万人举行盛大集会,是当今世界上最大的城市中心广场。

广场中心矗立着人民英雄纪念碑；南边是庄严肃穆的毛主席纪念堂；北部，高高飘扬着中华人民共和国国旗，也是每天从全国各地赶来的人们观看升降国旗的地方；天安门广场西侧是全国人民代表大会常务委员会所在地——人民大会堂，西南是新改建的保留了民国初年风貌的前门大街和大栅栏；北部隔着长安街，就是壮丽的天安门城楼；东面是展示中华民族悠久历史文化的中国国家博物馆。

2. 故宫博物院

故宫是世界上现存规模最大、保存最完整、建构最精巧的古代宫殿建筑群，也是人类珍贵的文化遗产。故宫原有殿堂9000多间，现存8862间。拥有超过百万件的收藏文物，占中国文物总数的1/6，是中国收藏文物最丰富的博物馆。

从明代第三位皇帝朱棣迁都北京，于1406年开始建造宫殿，到1924年清朝末代皇帝溥仪被逐出紫禁城，这500多年中，明清先后有二十四位皇帝在这里临朝为政和日常生活。

1961年，故宫被列为全国重点文物保护单位，1987年被联合国教科文组织列入《世界文化遗产名录》，2007年，故宫博物院经国家旅游局批准为国家5A级旅游景区。

3. 天坛

是北京"天地日月"诸坛之首，是我国和世界上现存最大的古代祭祀性建筑群，始建于明永乐十八年，是一座典型坛庙，是明清两代皇帝祭天祈谷的场所。每年孟春祈谷、孟夏祈雨、孟冬祀天。天坛是圜丘、祈谷两坛的总称，占地273公顷，面积占整个崇文区的1/4。天坛建筑布局呈"回"字形，有垣墙两重，形成内外坛，坛墙南方北圆，象征天圆地方。

天坛，不仅因世界上现存最大的祭天建筑群而闻名于世，其形态各异、历史悠久的古柏群也举世闻名。天坛内有古柏约3600多棵，是北京地区面积最大的"古柏林海"。天坛内的古柏大多种植于明代，距今已500多年。

4. 北海公园

北海公园位于北京市中心区，城内景山西侧，在故宫的西北面，与中海、南海合称三海而得名。全园以北海为中心，面积约71公顷，水面占39公顷，陆地占32公顷。辽、金、元代曾在此建离宫，明、清辟为帝王御苑，是中国现存最古老、最完整、最具综合性和代表性的皇家园林之一，1925年开放为公园。园内亭台别致，游廊曲折。

5. 八达岭长城

八达岭长城位于延庆县，是伟大的防御工程——万里长城的一部分，明长城的一个隘口。八达岭地理环境优越，自古以来就是通往山西、内蒙古、张家口的交通要道，史称天下九塞之一，是万里长城的精华，在明长城中最有代表性。

1998年，八达岭高速公路建成通车，交通十分便利。爱国工程师詹天佑先生主持修建的中国第一条干线铁路——京张铁路就经过此地，并在此处设立车站。1987年被列入《世界文化遗产名录》，1991年被评为"北京旅游世界之最"中的第一名。

6. 颐和园

颐和园位于北京西北郊海淀区，距北京城区15公里。是利用昆明湖、万寿山为基址，以杭州西湖风景为蓝本，汲取江南园林的某些设计手法和意境而建成的一座大型天然山水园，也是保存得最完整的一座皇家行宫御苑，占地约290公顷。颐和园是我国现存规模最大、保存最完整的皇家园林,为中国四大名园(另三座为承德的避暑山庄、苏州的拙政园、苏州的留园)之一,被誉为皇家园林博物馆。

7. 前门大街

前门大街是北京著名商业街。位于京城中轴线,北起前门月亮湾,南至天桥路口,与天桥南大街相连。明嘉靖二十九年建外城前是皇帝出城赴天坛、山川坛的御路,建外城后为外城主要南北街道。明、清至民国时皆称正阳门大街,民众俗称前门大街。明代前门大街是正东坊和正西坊的分界线,以街中心分界,东属正东坊,西属正西坊。2008年8月8日,经过封闭修缮的前门大街正式对外开放,老北京的风貌在这里焕发勃勃生机,赢得了中外宾客的交口称赞。

8. 王府井

王府井北起东四西大街,南至长安街,全长不过1000多米,却是著名的"中国第一街",也是观光客到北京的必游之地。1999年,王府井大街金鱼胡同到东单三条路段被规划成步行街,并和巴黎著名的香榭丽舍大道结为姊妹街,从此在夏天散落着露天咖啡座、举办啤酒节的步行街,就又增添了些许欧陆风情。

9. 798艺术区

北京798艺术区位于北京市朝阳区酒仙桥大山子地区,坐落于北京七星华电科技集团有限责任公司(简称七星集团)所属的718大院,总建筑面积23万平方米。这里汇集了画廊、设计室、艺术展示空间、艺术家工作室、时尚店铺、餐饮酒吧等众多的文化艺术元素,是中国文化艺术的展览、展示中心,成为国内外具有影响力的文化创意产业集聚区。

10. 特丽画3D画廊

特丽画3D画廊有近50幅3D立体巨画,1000多平方米的展厅迷宫式地分布,分为世界名画馆、动物主题馆、魔幻主题馆、卡通游乐主题馆等五大主题场馆,作品紧跟时代潮流,参观者可以边看边拍照,尽情体验其中的乐趣。北京特丽画3D魔幻艺术空间,由韩国顶尖画家团队倾力打造。在这里,每一幅画都是不完整的,缺少的部分需要参观者亲自上阵,发挥自己的想象力,和画面中的内容一起摆各种POSE互动,最后在自己的相机中汇聚成一张完整而有趣的画作。

(三)北京的风物特产

1. 北京烤鸭

北京烤鸭是享有世界盛誉的北京著名菜式,用料为优质肉食鸭——北京鸭,果木炭火烤制,色泽红润,肉质肥而不腻。北京烤鸭分为两大流派,而北京最著名的烤鸭店全聚德烤鸭店和便宜坊烤鸭店即是两派的代表。

2. 驴打滚

豆面糕又称驴打滚,是北京小吃中的古老品种之一,它的制作方法是用黄米面加水蒸熟,卷好后将其在黄豆面上翻滚,让表面沾上一层黄豆面,以避免水分蒸发导致干裂从而影响口感。可能就是因为最后滚上一层黄豆面所以幽默的北京人把它起名为驴打滚。驴打滚口感软糯,不黏牙,深受老北京的欢迎。特点是香、甜、黏,有浓郁的黄豆粉香味儿。

3. 茯苓夹饼

茯苓饼,又名茯苓夹饼,是北京的一种滋补性传统名点。制作方法系以茯苓霜和精白面粉做成薄饼,中间夹有用蜂蜜、砂糖熬熔拌匀的蜜饯松果碎仁,其形如满月,薄如纸,白如雪,珍美甘香,风味独特。

4. 六必居酱菜

六必居酱菜,由北京六必居生产。六必居是北京酱园中历史最久、声誉最显赫的一家,其生产的六必居酱菜,加工技艺精湛、色泽鲜亮、脆嫩清香、酱味浓郁、咸甜适度。

5. 芸豆卷

芸豆卷原是民间小吃,后成为宫廷小吃品种。传说是慈禧太后听见宫外有小贩叫卖,便召进宫内品尝,觉得很好吃,于是命令御膳房专门制作,芸豆卷成了慈禧的御前御点。具有色泽雪白,质地柔软细腻,馅料香甜爽口的特色。

6. 糖耳朵

蜜麻花是北京小吃中常见名品,又称糖耳朵,因成形后形状似人的耳朵而得名。

7. 灌肠

灌肠是北京人爱吃的小吃,也是一种大众街头小吃。灌肠在明朝开始流传。老北京街头常有挑担小贩经营此食品。

8. 豆汁

提起北京小吃,首先让人想起豆汁。北京人爱喝豆汁,并把喝豆汁当成是一种享受。可第一次喝豆汁,那犹如泔水般的气味使人难以下咽,捏着鼻子喝两次,感受就不同一般了。

9. 卤煮火烧

卤煮火烧在北京是一种尽人皆知的食品,它是将火烧和炖好的猪肠和猪肺放在一起煮(有时也用猪腰子),买一碗主食,副食和热汤都有了。

(四)北京旅游注意事项

1. 北京城大、车多,北京的司机都很遵守交通规则,但还是很容易堵车。

2. 参观毛主席纪念堂、军事博物馆和登天安门城楼等,不能带包,手机要关机,通常由全陪看管物品,地陪带客人参观,参观纪念堂排队时间较长,瞻仰遗容时不得大声喧哗。

3. 故宫、颐和园等景点大,游览时间长、人多,要防止走失。故宫一般是天安门入,神武门出。游览约2小时,景点不走回头路。

4. 北海公园、颐和园的湖面到冬天会结冰,玩时要注意安全。

5. 游长城,坡度大,石级高低不一,冬天还有结冰,请您注意安全、防止滑倒,而且要量力而行。

6. 游览王府井步行街要说明集中地点和时间,注意人身财物安全,东华门小食街卫生较难保证。而北京的夜市与南方的夜市有时间区别:夏天北京从下午5点开始到10点左右结束,冬天会提早开始和结束。一般到了深夜很少有人在户外活动。

7. 用餐:南北方口味差异较大,团队餐只能保证干净、卫生。

8. 鞋子:北京旅游景点面积大,游览天安门广场、故宫、颐和园时间长,长城某些地方比较陡峭,因此出游以平底鞋、旅游鞋为宜。

9. 一份好心情:出门在外,难免遇到一些意外,要用乐观向上的积极心态去面对。

四、任务准备

1. 详读【模拟案例五】中的行程安排。
2. 准备相关书籍,利用电脑、网络辅助查询查阅相关资料。
3. 将学生分成 4 个学习小组,准备实操训练。

五、任务实施表

表 4-10 任务实施表

序号	步骤	操作及说明	要求	备注
1	查阅资料	依据【模拟案例五】中的行程安排,查阅相关景点知识,搜集相关资料。	(1)阅读细致 (2)资料丰富	
2	组内讨论学习	根据任务要求,分析、整理相关资料,完成两份表格。	(1)知识完整 (2)表格清晰	
3	组内模拟实操训练	组内进行实操训练,合作完成 10 分钟的本组线路分析任务。	(1)分工合理 (2)内容准确 (3)参与性强	
4	任务3实操训练	根据【模拟案例五】的行程,4 组按照任务 3 要求分别完成四方面的介绍。	(1)讲解流畅 (2)符合要求	
5	分享与评价	各组派代表分享本组任务完成过程,并进行讨论评价和完善。	(1)虚心学习 (2)评价中肯	

六、任务评价

见 P6~P7 "六、任务评价"表格。

七、问题及解决

表 4-11 问题及解决表

序号	问题	解决方式	意见和建议

八、知识拓展

空中客车 A380

空中客车 A380 是欧洲空中客车工业公司研制生产的四台发动机、550 座级超大型远程宽体客机，空中客车 A380 投产时是载客量最大的客机，有空中巨无霸之称。

空中客车 A380 在单机旅客运力上有优势，在典型三舱等（头等舱—商务舱—经济舱）布局下可承载 525 名乘客。A380 在投入服务后，打破了波音 747 在远程超大型宽体客机领域统领 35 年的纪录，结束了波音 747 在市场上 30 年的垄断地位，成为载客量最大的民用客机。

南航 A380 采用豪华头等舱、头等舱、经济舱三舱布局，共设 506 个座位。客舱设 8 个包厢式豪华头等舱座位、70 个全平躺头等舱座位、428 个经济舱座位。由于包厢式设计的豪华头等舱提供客房式服务，头等舱座位可以平躺，经济舱座位间距比其他机型座位更宽敞，因此备受旅客关注和喜爱。

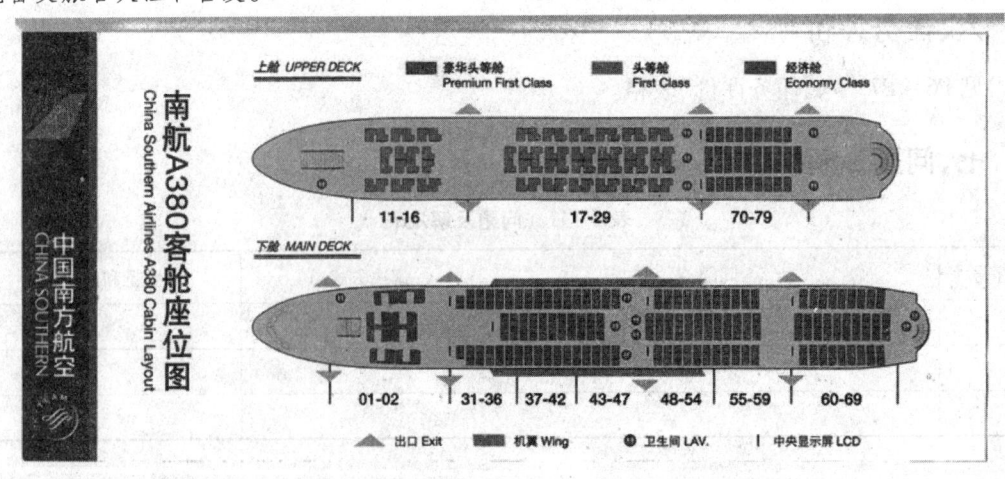

舒适的座椅、丰富的娱乐节目、特色的南北美食,让选择经济舱的您同样可以享受超凡的空中体验。

1. 舒适座椅大不同

上层客舱76个座椅,每排2—4—2布局,主客舱352个座椅,每排3—4—3布局。座椅间距81厘米(32英寸),座椅头枕可上下左右以四种方式进行调整,并可固定头部,可以让您的睡眠保持尽可能舒服的姿势,座椅垫可与靠背一起调节位置,使您腿部的放松休息更便利。梯级可调节踏板配合可调节椅背,帮您以更舒适的姿势体验空中之旅。

2. 机上娱乐系统大不同

9英寸纯平液晶电视,可根据您的需要调节合适的电视角度享用丰富多彩的娱乐节目,包括电影、电视剧集、CD专辑、游戏,丰富的各类中外时尚娱乐、旅游探索、美食美酒、高尔夫、财经访谈等高端节目,以及精彩足球赛事集锦等专题类节目。

3. 人性化设计大不同

部分座椅可将靠背折叠,搭成平台,方便担架旅客的使用。座椅的扶手是南航独有的弧线型设计,靠过道的扶手可放下,方便行动障碍人士使用。9个经济舱洗手间,5个集中在主舱3号门区域,设有一个可以迅速转换成2平方米的无障碍洗手间,方便行动障碍人士使用。配置有安装婴儿护理板的洗手间,方便给婴儿更换尿布。

4. 地面服务大不同

专用值机柜台——广州白云机场出发厅E17-E24号柜台,北京首都机场二号航站楼出发大厅F03-F10号柜台。A380航班的南航金/银卡旅客、天合联盟超级精英/精英旅客专柜——广州白云机场出发厅C18-C24号柜台,北京首都机场二号航站楼出发大厅F01-F02号柜台。

5. 优先安检通道

专属登机口——广州白云机场A129登机口,北京首都机场二号航站楼21号登机口。专用行李提取区域——广州白云机场A区到达厅17号行李转盘,北京首都机场二号航站楼到达厅11号行李转盘。

(资料来源:南方航空公司官方网站http://www.csair.com/)

任务二　服务准备

一、任务描述

细致周密的服务准备,是做好全陪服务的重要前提。接团前,全陪应认真阅读接待计划,主要是出团通知书、行程计划和游客的名单表,若有不清楚的地方,应及时咨询计调人员或旅行社相关负责人。

1. 请按照【模拟案例五】中的接待计划,对旅游团和游客的信息进行分析、归纳和整理,完成下列表格。

表4-12 出团通知书中应注意的内容

内容	应熟悉的内容	接待计划内容	不清楚,需咨询的内容
地接社基本情况	地接社名称 团号 联系人姓名、电话 地陪姓名、电话		
本旅行社(组团社)相关情况	组团社名称 团号 线路名称(团名) 计调姓名、电话 机票负责人、电话 销售负责人、电话 全陪姓名、电话		
旅游团组成情况	人数 老人年龄、人数 儿童年龄、人数 游客联系电话		
交通工具情况	出发航班情况 到达航班情况 有无本地用交通		
注意事项	特别要求 注意事项 天气状况		
其他	礼品		

2. 为了确保能顺利出发,全陪要对接待计划中的行程、机票、客人名单等进行核对。请根据【模拟案例五】中的各种资料,模拟进行团队信息的核对工作,并完成下面的核对表。

表4-13 全陪团队信息核对表

序号	核对项目	核对的资料(应该相符)				是否相符
1	行程安排 日期	全陪 出团通知书	地接社 确认书	客用 行程计划		
2	航班信息 (往返)	全陪 出团通知书	地接社 确认书	客用 行程计划	机票行程单 团队、个人	

续表

序号	核对项目	核对的资料(应该相符)				是否相符
3	出发时间 是否合理	全陪通知书 出发时间	游客通知书 集中时间	各份计划中 航班时间		
4	游客人数 用餐及标准	全陪出团通知书	地接社 确认书	客用 行程计划		
5	游客人数 用房量	全陪出团通知书	地接社 确认书	游客名单表		
6	游客 个人信息	游客名单表	团队 机票行程单	个人 电子客票	身份证 复印件	
7	电子客票 号码	团队 机票行程单	个人 电子客票			
8						
9						

二、任务分析

完成本任务,首先要对全陪服务程序中的服务准备环节的工作要求有一定的了解,并且认真阅读接待计划,对于接待计划中的各项信息加以分析和研究。

三、相关知识

（一）中华人民共和国国家标准(GB/T 15971－2010)《导游服务规范》(节选)

全陪,受组团社委派,作为其代表,监督接待社和地方陪同导游员的服务,以使组团社的接待计划得以按约实施,并为旅游团(者)提供全旅程陪同服务的导游员。

（二）全陪的服务准备工作要点

1. 熟悉接待计划

上团前,全陪要认真阅读接待计划及相关资料。提前研究出团期间目的地的天气情况、社会治安等情况,尽可能全面掌握旅游团内部情况,研究旅游团成员的特点和特殊要求,以

便提供有针对性的服务。要掌握以下内容:
(1)掌握旅游团情况
旅游团人数、性别比例、年龄状况、职业性质、收费情况,以及游客姓名、联系方式,负责人、负责人电话,是否有特殊照顾对象、知名人士等。
(2)掌握行程计划
本社(组团社)联系人、联系方式,相关人员及联系方式;
地接社联系人、联系方式,地陪姓名、电话等情况;
交通状况,往返航班(火车、轮船)日期、班次、时间、地点等,以及交通票据的情况;
行程安排的具体情况,包括行程特色、赠送项目、风味餐饮等;
住宿情况,包括饭店名称、位置、等级、客房条件、特色、安全通道及订房数量,分房名单表等;
用餐情况,包括计划内用餐数量、标准,以及游客的饮食要求等,以及游客就餐席位的编排等情况(按照游客人数考虑每桌人数,如10人/席或8人/席等)。
(3)认真核对资料
全陪要按照旅行社要求认真核对行程、机票、游客名单表等重要资料。
(4)工作准备
全陪要掌握旅游过程中抵离各站所乘的交通工具及所需的有关票证的检验和使用方法,如:机票换领登机牌和行李托运手续、火车票、船票等使用方法等。

2. 物质准备
接团前,全陪要做好必要的物质准备,携带必备的证件和有关资料。
(1)证件:身份证、导游证(IC卡)、特别通行证、边境通行证等;
(2)接团资料:出团通知书、行程计划、地接社确认书、游客名单表、团队机票行程单、变更协议书、游客意见反馈表以及全陪出团日志等资料;
(3)结算单据及费用:结算单据、支票、差旅费等;按照旅行社的财务制度和团队要求,请计调协助向本旅行社申请备用金;
(4)旅游团物品:赠送礼品(旅游帽、旅行袋、行李箱或其他礼品等)、公司名片等宣传用品、讲解资料、行李标签等;
(5)个人旅行物品等。

3. 知识准备
(1)沿途各站的知识
包括沿途各站的地理、历史、经济等概况,民俗风情、特产小吃以及游览景点等相关知识。准备前往机场的途中向游客介绍。
(2)客人的相关知识
了解客人的风俗习惯、职业特点等。
(3)专题知识
对于有专业要求的团队,全陪要了解该专业的知识。针对游客的年龄、特点以及游览地的情况,对于游客有可能感兴趣的相关专题做好知识准备。

(4)活跃气氛的节目和话题

全陪与游客接触的时间较长,在漫长的行车途中或者候机等期间,全陪可准备些游戏和娱乐节目,或者一些游客感兴趣的话题。

4. 落实接待事宜

(1)在旅游团出发的前一天,全陪应对交通等事宜再一次进行确认,并与地接社(地陪)取得联系,确认目的地相关接待的落实情况,并询问当地的天气和具体的接待准备。

(2)全陪事先和接送站点的司机联系,确认出发去接游客的时间、地点。

(3)全陪还需要和团队的负责人联系,再逐一提醒游客(短信提醒)遵守出发时间,抵达集合时间地点。全陪可以根据天气情况发送温馨提示,让游客准备不同的旅游用具用品,如雨伞、遮阳帽、旅游鞋、衣物等。

四、任务准备

1. 准备【模拟案例五】中的接待计划(含出团任务书、团队费用计划和游客名单表)。
2. 查阅相关资料,利用电脑、网络辅助查询。
3. 将学生分成4个学习小组,学生扮演"导游",老师扮演"计调",进行服务准备实操训练。

五、任务实施

表4-14 任务实施表

序号	步骤	操作及说明	要求	备注
1	阅读资料	仔细阅读出团任务书、团队费用计划和游客名单表,按要求熟悉接待计划。	(1)阅读细致 (2)重点内容准确记录	可以课前准备。
2	小组讨论分析	将查找到的重点资料进行分析、整理。	分析整理的内容对工作有指导性。	
3	完成表格	对照表格的要求,按照接待计划中实际内容加以整理,填写表格,有不清楚的地方咨询"计调"。	(1)内容正确 (2)表格清楚 (3)问题到位	
4	分享与完善	各组分享任务完成情况和经验,参考其他组制作的表格,并且讨论完善。	(1)虚心学习 (2)内容完整	

六、任务评价

见P6~P7 "六、任务评价" 表格。

七、问题及解决

表 4-15 问题及解决表

序号	问题	解决方式	意见和建议

八、知识拓展

电子客票行程单简要说明

机票行程单即是航空运输电子客票行程单,是民航电子客票的付款凭证和报销凭证,同时具有提醒行程作用。

乘客购买电子客票后只需凭本人有效证件(身份证、护照、军官证等)和电子机票相关凭证(短信、电子邮件等)即可在机场值机柜台办理登机手续领取登机牌,然后持有效证件和登机牌通过安检登机。行程单不是在机场办理乘机手续和安全检查的凭证。

这也就是说,全陪带领游客去乘搭飞机、办理登机手续,是无须持有纸质的电子客票行程单的。有时在出发前,全陪需要核对机票所有信息,这里所说的"机票",就是电子客票行程单。因此,全陪应该了解行程单票面的信息内容代表什么,应该核对哪些位置,哪些信息对我们的工作有用。

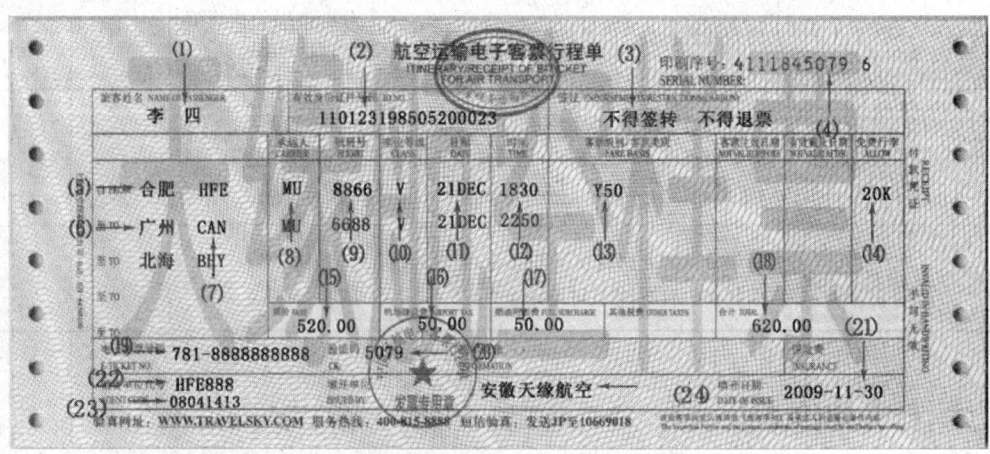

图 4-2 电子客票行程单(机票)票面信息

(资料来源:http://upload.17u.net/uploadpicbase/2010/01/06/ab/20100106231626 18915.gif)

以下是票面信息的简要说明:
1. 个人信息[应与身份证(或其他登机有效证件)相符,不符将影响登机]
(1)——姓名
(2)——证件号码
2. 团队机票的特殊要求
(3)——机票限制使用条件
3. 机票有效性(订票以及电子客票的真实性体现)
(4)——印刷序号(应为11位)
(22)(23)——销售单位代码
4. 航班信息
(5)——出发地
(6)——目的地,下面还有"联程目的地"以及"返程目的地"
(7)——机场三字代码
(8)——航空公司代码
(9)——航班号
(10)——舱位等级
(11)——航班日期
(12)——起飞时间
(14)——免费行李重量(与舱位等级相关,经济舱为20KG)
5. 相关订票信息(发生错误、更改时需要用的资料)
机票最底部有验票网址,可用以下两个号码来验证:
(19)——电子客票号码(应为13位,与团队订单上一致)
(20)——验证码(用来验证机票的真伪)
6. 其他机票信息
(13)——折扣
(15)——机票价(16)——燃油税(17)——机场建设税(18)——票面总价
(21)——开票日期(24)——开票单位
附:若经核对电子客票信息与游客信息有出入时,须报旅行社机票负责人进行更改。

某旅行社全陪导游出团须知

1. 熟悉本次旅途的整体计划及详细行程以及旅游目的地的景点的辅助讲解内容。
2. 掌握地接社名称、电话及地接导游联系方式及入住酒店。
3. 拿到游客名单后研究游客组成的基本情况、年龄、职业、病史等。
4. 提前15分钟到达与游客约定的地方,高举旅行社旗子迎接游客。

5. 自我介绍，代表旅行社热忱欢迎游客，点名、核对游客实际人数。
6. 将自己的手机号码告知每一位游客，以便万一游客走失时及时与导游联系。
7. 热情回答游客对目的地景区及其他行程的咨询。
8. 到达旅游目的地及时与地接导游核对行程，了解下榻饭店、就餐地点、游览景点等资料。
9. 及时了解游客的意愿，并协助地陪满足游客正当的愿望，满足不了的，要及时向游客说明原因，并请游客谅解。
10. 全陪应及时记录好门票减免情况，以便如实将门票款返还给游客，并请游客签字。
11. 到达酒店，全陪尽快完成分房，以免团队在大堂引起混乱。
12. 全陪要掌握游客的房间号、前台电话，入住后全陪要逐个房间进行查房，协助游客处理住宿方面的问题。
13. 离店前提醒游客不要忘记行李及贵重物品。
14. 全陪向游客发放意见反馈表，请游客签字（至少每个家庭签一份，最好全团游客都签字）。
15. 处理好遗留问题，认真办好游客委托事宜。

任务三　国内出发和入住饭店服务

一、任务描述

对于国内旅游团来说，全陪一般在旅游合同或游客出团通知书中注明的集合地点（如机场、车站或其他约定的地点）迎候游客并按接待计划带团出发。

按照【模拟案例五】中的接待计划，分角色模拟在集合地点的接团服务、前往机场的途中服务、机场出发和到达的服务以及入住饭店的全陪服务。

二、任务分析

完成本任务，要学习全陪服务中国内出发和入住饭店的工作要求，特别要注意工作细节。

三、相关知识

(一) 中华人民共和国国家标准（GB/T 15971-2010）《导游服务规范》（节选）

5.2　团队出发与迎接

导游员应提前到达团队出发/迎接地点展示旅行社团队标志迎候旅游团/者，致欢迎辞并简介本次旅游行程。

团队出发时，全陪导游员应：

a) 清点团队人数, 引导旅游者乘坐约定的交通工具;
b) 发放本次行程的相关资料;
c) 乘坐飞机时,协助旅游者办妥登机、安检和行李托运等相关手续,并适时引导旅游者从正确的登机口依次登机;
d) 乘坐火车时,全陪导游员应协助办好铺位的登记和分派等手续。

5.3 在途服务

5.3.1 导则

导游员应在交通服务、食宿服务、游览服务、购物服务、娱乐服务等环节注意保护旅游者人身及财产安全,及时有效地处理各类问题和突发事件。

5.3.2 交通服务

在乘坐飞机或火车的途中,全陪导游员应:
a) 提醒旅游者注意人身和财物的安全;
b) 取得乘务人员的支持,照顾好旅游者的旅途生活;
c) 安排好火车卧铺座位,并引导旅游者依次登车休息,单位集体包团时火车铺位可交由该单位代表分派;
d) 可行时,组织适当的娱乐活动,以活跃气氛;
e) 交通工具不正常运行时,与交通部门和旅行社保持有效沟通并稳定旅游者情绪,适时安排引导旅游者登机/车;
f) 因交通工具原因被迫在当地过夜时,协助相关部门/方面安排或请示旅行社安排好旅游者的住宿;
g) 旅游者有需要时,提供必要的帮助和协助。

5.3.3.1 住宿

旅游团(旅游者)抵达饭店时,导游员应及时办妥住店手续,热情引导旅游者进入房间和认找自己的大件交运行李,并进行客房巡视,处理旅游团(旅游者)入住过程中可能出现的各种问题。

全陪导游员应做好分房方案,并按照方案办妥入住登记手续。属于单位集体包团或入境游团队中有境外旅行社代表的,分房方案应分别交由包团单位代表或境外旅行社代表制定。

(二)国内游全陪出发工作要点

1. 集合地点接团

全陪应提前到达集合地点迎候游客。若集合地点是在机场(车站、码头),全陪应提前30分钟到达,并查询航班(火车、轮船)出港(站)的信息,以便事先做好准备。

全陪接到游客后,应立即按照名单表清点实到人数,若是单位包团,则与负责人接洽并确认人数、清点行李,发现人数有变化应立即通知组团社。清点人数的同时,提醒游客检查是否携带了有效证件(身份证或其他有效证件),并收取证件。全陪确认证件、行李等无误后,组织游客上车,出发前往机场等目的地。

2.前往机场(车站、码头)的途中

(1)致欢迎辞

全陪应代表组团社和个人向旅游团致欢迎辞。内容与地陪欢迎辞基本一致,包括:代表旅行社和本人向游客致谢、自我介绍、表达提供服务的真诚愿望、预祝旅行愉快顺利等。

(2)行程介绍

在途中,全陪要给游客分发礼品,还应对旅游目的地及行程计划进行简明扼要的介绍,介绍的内容包括:行程的简要说明、目的地概况、游览景点介绍、行程特色等,还要特别介绍旅途中的注意事项,要打好"预防针",使游客对旅游中的各项服务有切合实际的期望。

(3)再次核对游客资料

若时间许可,全陪应用收取到的游客证件与游客名单表上的信息进行核对。

3.抵达机场后的服务

抵达机场后,全陪组织游客清点行李,确认无误后引导客人有序地进入出发大厅,将游客安排在某个区域休息等候,全陪去办理登机手续。

(1)办理登机手续(值机)

全陪拿着自己和全体游客的证件去值机柜台办理登机手续,并领取登机牌。办理完毕后,全陪要将游客的证件和登机牌(按照登机牌上的姓名)分发给游客,并介绍登机口、座位位置情况以及登机时间等内容。

图4-3 模拟登机卡

(资料来源:http://shopimg.kongfz.com/20130314/218094/218094TktKX0_b.jpg)

(2)带领游客办理行李托运手续

全陪要向游客再次说明航空行李托运要求,包括免费托运行李额及行李要求、随身携带行李要求等。特别要提醒游客注意避免随身携带液体物品、打火机等禁止随身携带的物品,以及避免托运锂电池等禁止托运的物品。

全陪要带领游客前往托运行李的值机柜台,办理行李托运手续,并提醒游客保管好自己的行李托运单,以备到达目的地机场后领取行李时查验。

(3)安检

全陪带领游客过安检时,要提醒游客准备好有效证件和登机牌。全陪带领游客按次序排在安检口的黄线外,主动向安检人员递交证件和登机牌,查验无误后游客通过安检门,随身携带行李要通过 X 光检验机,其中手提电脑和 iPad 等电子产品要取出单独过机。若是在冬季,部分机场还要单独检验游客身上的厚外套以及厚底靴等物品。全陪应在安检区出口处等候所有游客顺利通过安检,提醒游客收好证件后带领游客走向登机口候机。

(4)登机口候机

全陪确认游客全部通过安检,进入候机大厅后,根据登机牌上的信息,带领游客前往相应登机口候机。全陪可向游客指明洗手间、饮水处以及吸烟区等的位置,并再次说明登机时间和飞机起飞时间,提醒准时登机。

(5)登机

听清机场的登机通知,带领游客从规定的登机口登机,进入机舱时须出示登机牌。在机舱内,根据登机牌上的座位号,全陪应帮助游客迅速找到自己的位置,并协助游客安放好随身携带的行李。飞机起飞前,提醒游客坐稳并系好安全带,关闭电子设备。

全陪可在飞机起飞前,再次发信息给地陪,告知飞机起飞的准确时间以及预计到达的时间。

4. 飞机抵达目的地后的服务

(1)下飞机

飞机降落旅游目的地机场后,全陪应提醒游客带齐随身携带物品下机。走出机舱后,全陪应集中游客安排去洗手间,并及时与地陪联系,告知旅游团已经抵达,并询问地陪所站的位置。

全陪应带领游客到机场行李输送带前等候,领取托运行李,清点人数、行李无误后,带领游客出机场。在出隔离区时,提醒游客主动向机场工作人员出示行李托运单。

(2)与地陪接洽

走出隔离区时,全陪应走在最前面,尽快找到前来接机的地陪。经过详细核对,确认无误后,安排游客跟随地陪上车,并清点人数,提醒游客再次检查全部行李物品是否已拿齐。

5. 机场到饭店途中服务

全陪应向旅游团介绍地陪和司机,途中由地陪负责首次沿途导游讲解。若下榻的饭店需要收取游客身份证件的,全陪可在途中收取游客的证件备用。

6. 入住饭店服务

(1)下车前,督促地陪宣布当天或次日的安排,以及叫早时间、早餐时间、集合出发时间等。

(2)在地陪与饭店接洽并拿到房间号和房卡后,全陪应尽快完成分房的工作,若旅游团为单位包团,则可将分房和分发房卡的工作交给单位负责人,但全陪应掌握住房分配名单。全陪将收取的游客证件交予饭店前台,并将填好的游客住房分配表(含身份证号码和房间号)交给饭店前台复印,全陪、地陪以及单位负责人应各保留一份。

(3)办理好入住手续后,要照顾游客进房。全陪要协助游客检查房间设施,及时提供服务,帮助游客解决有关住房的各种问题。

四、任务准备

1. 准备【模拟案例五】中的接待计划(本案例中包含出团通知书、行程计划、行程附表、游客名单、团体机票行程单、个人模拟电子客票行程单)。

2. 利用电脑、网络资源,查阅相关资料。

3. 将学生分成 4 个学习小组,分组完成集合地点的接团服务、前往机场的途中服务、机场出发和到达的服务以及入住饭店的全陪服务的模拟实操。

五、任务实施

表 4-16　任务实施表

序号	步骤	操作及说明	要求	备注
1	教师示范	教师示范部分工作,提出本节课模拟要求。	准备充分	
2	任务分配	各组按照本组任务,讨论角色重点要求,并且分配组员角色。	抽签分配小组任务	
3	角色扮演 集合地点接团	按照小组任务角色,选派代表轮流进行工作模拟。	(1)角色清晰 (2)工作到位 (3)问题合理	
4	角色扮演 赴机场的途中	按照小组任务角色,选派代表轮流进行工作模拟。	(1)角色清晰 (2)工作到位 (3)问题合理	
5	角色扮演 机场出发到达	按照小组任务角色,选派代表轮流进行工作模拟。	(1)角色清晰 (2)工作到位 (3)问题合理	
6	角色扮演 入住饭店服务	按照小组任务角色,选派代表轮流进行工作模拟。	(1)角色清晰 (2)工作到位 (3)问题合理	
7	分享与评价	由各组自评、互评,再由老师进行点评。	(1)分享体会 (2)巩固知识	

六、任务评价

见 P6~P7 "六、任务评价"表格。

七、问题及解决

表4-17 问题及解决表

序号	问题	解决方式	意见和建议

八、知识拓展

广州新白云国际机场登机介绍

（一）机场简介

广州新白云国际机场位于广州市北部，白云区人和镇和花都区花东镇交界处，距广州市中心——海珠广场直线距离约28公里，是我国首个按国际枢纽机场标准进行规划设计的超大型枢纽机场，是全国三大枢纽机场之一。该机场荣获"2005年中国十大建设科技成就奖"。新白云国际机场是广州市的一个新标志性建筑、一个展示新广州形象的窗口、一个广州市民喜爱的新景观。

（二）航站楼各层功能介绍

三层：旅客出发层。旅客在此办理乘机手续，通过安检、海关、边防，直至登机口。高端旅客休息室、经济舱旅客候机区以及化妆品、糖烟酒等免税店和各大品牌专卖店也在此层。

二层：旅客到达及中转层。区内有中转柜台。

一层：旅客行李提取层。旅客可在此提取行李，搭乘交通工具。

负一层：可通往地铁及停车场。

（三）值机柜台介绍

1. 南航办理国内出发航班登机牌的柜台区域

柜台分布在C、D、E、Q岛，其中C岛包括员工柜台(C10)、特殊旅客服务柜台(C8)；D岛包括客票销售柜台(D10-D12)、南航明珠柜台(D13)、行李逾重候补柜台(D15)；Q岛包括团体旅客柜台(Q4-Q10)。

国内值机值班主任柜台位于D、E两岛之间。

开放时间：南航的所有国内出发航班都是随到随办，开放时间是早上五点半。

截止时间：南航所有国内出发航班都是在起飞前45分钟停止办理登机手续。

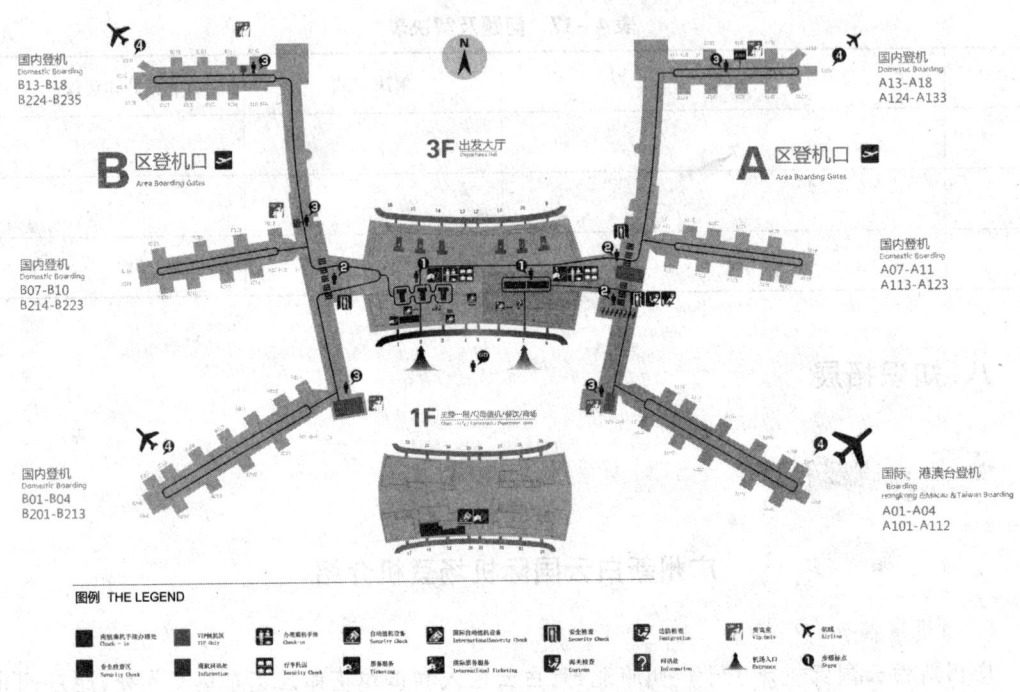

图4-4 白云机场登机层平面图

2. 南航办理国际出发航班登机牌的柜台区域

F、G岛,其中南航代理的外航大部分集中在G岛办理。

截止时间:同国内出发航班。

(四)温馨提示

1. 为了您能准时上飞机,请您预留足够的时间到达机场,并办好登机及行李托运手续。在候机厅注意收听登机广播。

2. 如旅客未能按时到达南航的乘机登记柜台或登机门,或未出示其有效身份证件及运输凭证,或未能做好旅行准备,南航为不延误航班可取消旅客已订妥的座位。旅客由此所产生的损失和费用,南航不承担责任。

3. 如果丢失身份证,根据相关规定,须由您本人户口所在地公安机关开具身份证遗失证明,证明中需写明姓名、年龄、家庭住址、有效日期等,贴上本人的近期免冠照片并加盖公安机关公章。由身份证签发地公安机关出具报失证明,证明内容与身份证遗失证明相同。携带本人户口本或工作证、介绍信以及其他能证明身份的有效证件,向民航公安机关(在机场候机厅内都有值班场所)申请开具临时登机证明。假若因在外地旅行期间上述有效证件都没有随身携带,可就近向民航公安机关咨询解决。

（五）登机流程

❶ 行李托运、换登机牌

请您凭机票及本人有效身份证件到相应值机柜台办理乘机和行李托运手续，领取登机牌。

小帮手提示：
　　航班起飞前45分钟关闭航班，为确保您顺利登机，建议您至少提前120分钟到达航站楼，并尽快办理乘机手续。
　　您的身份证、护照等有效证件以及现金、票据等贵重物品请随身携带。

❷ 安全检查

请提前准备好登机牌、飞机票和有效身份证，并交给安全检查员查验。为了飞行安全，您须从金属探测门通过，随身行李物品须经X光机检查。

❸ 候机及登机

您可以根据机牌上的登机口号到相应候机区休息候机。通常情况下，将在航班起飞前约30分钟开始登机，请留意广播提示和航班信息显示。

小帮手提示：
　　登机时需要出示登机牌，请提前准备好。

图4-5　登机流程图
（资料来源：中国南方航空公司网站 http://www.csair.com/cn）

航空知识——行李

一、行李托运

1. 随身携带行李的限制规定

（1）乘坐国内航班：旅客的手提行李总重量不要超过5公斤，体积每件行李不超过20厘米×40厘米×55厘米(根据各航空公司要求不同可能有所不同)。安检现场有供旅客测试手提行李大小的行李筐,如果旅客的行李可以放入该标准筐,则该件行李可以随身携带,否则需要托运。

(2)乘坐国际航班:通常情况下,手提行李总重量不要超过7公斤,每件行李体积不超过20厘米×40厘米×55厘米(三边之和不超过115厘米)。乘坐美加航线的旅客只能随身携带一件手提行李。(部分航空公司有特殊重量限制规定,请旅客留意机票上的提示,或向航空公司咨询。)

2. 托运行李的相关规定

(1)乘坐国内航线:持成人或儿童客票的头等舱旅客为40公斤,公务舱旅客为30公斤,经济舱旅客为20公斤。持婴儿票的旅客,无免费行李额。

(2)乘坐国际航线:经济舱旅客的免费托运行李限额为20公斤,经济舱持学生护照的旅客,可以免费托运的行李限额为30公斤;公务舱免费托运行李限额为30公斤;头等舱免费托运行李限额为40公斤。但当目的地为美洲时,其托运行李可以为两件,每件不超过23公斤,单件行李三边长度和不超过158厘米。当超过时,旅客需要支付逾重行李费。(部分航空公司有特殊重量限制规定,请旅客留意机票上的提示,或向航空公司咨询。)

★请您到达机场后,参看旅客服务指南,到具体的值机柜台办理行李托运。

★不可作为托运行李运输的物品有:重要文件和资料、证券、货币、汇票、珠宝、贵重金属及其制品、古玩字画、易碎易损坏物品、易腐物品、样品、旅行证件、贵重物品等。(具体请向航空公司询问。)

★请您在托运行李前注意清除行李箱/袋上的废旧行李条及有条码的标签,以确保您的行李正确运至目的地。

二、液态物品

1. 乘坐国内航班的旅客一律禁止随身携带液态物品,但可办理交运,其包装应符合民航运输有关规定。

2. 旅客携带少量旅行自用的化妆品,每种化妆品限带一件,其容器容积不得超过100毫升,并应置于独立袋内,接受开瓶检查。

3. 盛放液态物品的容器应宽松地放置于最大容积不超过1升(L)、可重新封口的透明塑料袋中,塑料袋应完全封好。每名旅客每次只允许携带一个透明塑料袋,超出部分应办理交运。

4. 盛装液态物品的塑料袋应在安检点单独接受安全检查。

5. 携带的婴儿奶粉/牛奶/母乳(需有婴儿随行)、糖尿病患者或者其他患者携带必需的液态药品,应经过安检,并向安检人员出示证明。自行购买的液态药品,应装在100ml容器内,装在透明塑料袋中。

6. 在候机隔离区内购买的液态物品可以带上飞机。

三、锂电池

锂电池的安全运输提示

一、可携带的锂电池

可以作为手提行李携带含不超过100Wh锂电池的笔记本电脑、手机、照相机等个人用便携式电子设备及备用电池登上客机。

可携带的实例图

二、限制携带的锂电池

经航空公司批准，可以携带含超过100Wh但不超过160Wh锂电池的电子设备登机。每位旅客携带此类备用锂电池不能超过两个，且不能托运。请旅客主动申报！

 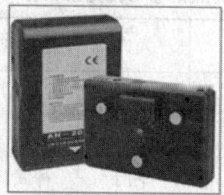

超过100Wh的大电池图例

三、禁止携带的锂电池

禁止携带或托运超过160Wh的大型电池或电子设备。

四、锂电池的保护措施

备用电池必须单个做好保护以防短路（放入原零售包装或以其他方式将电极绝缘，如在裸露的电极上贴胶带，或将每个电池放入单独的塑料袋或保护盒中）。

正确的方法　　　　　　　　错误的方法

  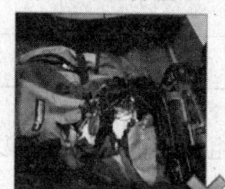

电极粘贴胶袋　　电池放入塑料袋中　　错误混装实例图

五、违规携带锂电池的严重后果

违规携带锂电池，将危害旅客人身和财产安全。造成严重后果的，还将受到法律的制裁。

飞机烧毁的残骸　　摄像机在客舱着火

图4-6　锂电池的航空安全运输要求

（资料来源：中国南方航空公司网站 http://www.csair.com/cn）

任务四　其他服务

一、任务描述

1. 依据【模拟案例五】中的接待计划,模拟全陪向地陪通报本旅游团情况。

2. 在参观游览服务环节,全陪应做好旅游团的断后工作,若在游览景点发现游客走失还要去迅速寻找,这就要求全陪对接待计划中的游览景点的地形、游览路线有相当的了解。依据【模拟案例五】中接待计划的游览景点,参考范例完成以下部分景点游览路线的分析。

表4-18　部分景点的参观游览路线

景点	参观游览路线	游览时间	入口	集中地点	自由活动地点
故宫	午门—金水桥—太和门—三大殿(太和殿、中和殿、保和殿)—乾清门—后三宫(乾清宫、交泰殿、坤宁宫)—御花园—神武门	2—2.5小时沿中轴线游览,中途不转弯	午门	神武门	太和殿东侧铜缸处出口(10分钟) 保和殿东口(5分钟) 乾清宫东侧门口(10分钟) 坤宁宫东侧门口(10分钟)
天坛公园					
北海公园					
颐和园					
八达岭长城					
其他					

3. 学生分组,各组按照本组任务,模拟完成参观游览服务。

二、任务分析

完成本任务,要认真阅读【模拟案例五】中的接待计划,并且收集旅游线路和游览景点的相关资料,并进行分析、归类、提炼和整理,完成模拟实操任务。

三、相关知识

(一) 中华人民共和国国家标准(GB/T 15971-2010)《导游服务规范》(节选)

5.3.4　行程游览服务

5.3.4.1　导则

全、地陪导游员应认真核实旅游行程,行程宜以组团社的为准。如遇现场难以解决的问题,应及时请示组团社。

在景点游览过程中,导游员应:

a)在计划的时间与费用标准内,使旅游者充分地游览、观赏,做到讲解与引导游览相结合,适当集中与分散相结合,劳逸适度,并应特别关照老弱病残的旅游者;

b)应注意旅游者的安全并随时提醒旅游者自己注意安全,自始至终与旅游者在一起活动,并随时清点人数,以防旅游者走失或意外事故的发生;

c)在服务过程中始终佩戴导游证,携带接待计划,旅游团人数超过10人时打导游旗;

d)积极配合执法部门的检查和监督,遵纪守法,不吸烟酗酒。

5.3.4.2 全陪导游员

全陪导游员应:

a)与各站保持有效沟通使旅游接待计划得以全面顺利实施,并监督各站服务适时到位;

b)适时向接待社和地陪提出相应的建议和意见,确保各站按旅游合同约定兑现旅游服务,确保团队接待服务质量符合要求;

c)在乘坐交通工具向异地移动途中,提醒旅游者注意人身及财物的安全,安排好旅游者旅途生活,适时组织娱乐活动或专题讲解,努力使旅游团(旅游者)在旅途中感到充实、轻松、愉快;

d)游览过程中,协助和配合地陪导游员做好其各项工作;

e)在地陪导游员缺位或失职的情况下,兼行地陪导游员职责。

(二)各站服务

国内长线团的行程有时会不止一个旅游目的地城市,全陪在各站的服务,应使接待计划得以全面顺利实施,各站之间有机衔接,各项服务适时、到位,保护好游客的人身及财产安全,突发事件得到及时、有效的处理。

1. 全陪应向地陪通知旅游团的情况并协助地陪工作。

2. 监督各地服务质量,酌情提出改进意见和建议。

若部分活动安排与上几站有明显重复,应建议地陪做必要调整。若对当地接待工作有建议和意见,要诚恳地向地陪提出,必要时向组团社报告。

3. 保护游客的安全,预防和处理各种问题和事故。

在旅游目的地的参观游览活动中,全陪要注意观察周围的环境,留意游客的动向,协助地陪圆满完成导游讲解任务,避免游客走失或发生意外。

提醒游客注意人身和财产安全,如遇突发意外事件,应遵照地方领导指示妥善进行处理。游客重病住院、发生重大伤亡事故、发生失窃案件、丢失证件及贵重物品时,全陪要迅速向组团社汇报请示。

4. 游客购物时,全陪要做好顾问工作。游客购买贵重物品特别是文物时,全陪要提醒其保管好发票,不要将文物上的火漆印去掉,以备出海关时查验;游客购买中成药、中药材时,全陪要向游客讲清中国海关的有关规定并要提醒其保管好发票。

5. 关注旅游目的地的天气状况以及游览地的地形情况,并做好提醒工作。

(三)参观游览活动工作要点

1. 在团队参观游览前,全陪应提醒游客在游览景点跟紧地陪和队伍,若与团体走散应马上联系全陪或地陪,并原地不动等待全陪寻找。

2. 在团队参观游览时,进景点大门前要和地陪配合清点团队客人,并要等客人全部进入景区后,方可进入。全陪应主动负责做好旅游团的断后工作,并注意观察旅游团的动向,若首尾相差过远要提醒地陪放慢速度,并婉转地催促滞后的游客赶上队伍。

3. 若是发现游客走失,全陪应立即安顿好其他游客,与地陪商定好时间和会合地点,按原路返回寻找游客。

4. 若是遇到游客在景点游览过程中出现违规行为,比如随地吐痰、乱扔废弃物等不文明行为,全陪应当出面予以纠正,但态度要和气,要注意方式方法。

(四)化解矛盾、解决问题

一个团体的游客来自不同的社会层面,由于生活背景、工作环境的不同,难免会有矛盾产生。游客之间发生矛盾主要由于:个别游客经常迟到,影响正常出发时间;游客中个别家长没有照看好自己的孩子,影响了其他游客,如在旅游途中,当导游讲解时,游客的孩子过于吵闹而影响讲解效果;用桌餐时孩子因挑食而不顾其他人;个别游客不拘小节,公共场合不讲文明礼貌而使同团游客感到丢人;客人意见不一致,无法统一行动等原因。

全陪在游客之间发生矛盾时,切记不可介入,尽量避免当面评判谁是谁非,要与当事人个别交流,善意地提出建设性意见,本着求大同存小异的原则,在确保大多数游客利益的前提下,化解矛盾,恢复游客之间的和睦。

四、任务准备

1. 准备【模拟案例五】中的接待计划(本案例中包含出团通知书、行程计划、行程附表、游客名单、团体机票行程单、个人模拟电子客票行程单)。

2. 利用电脑、网络资源,查阅相关资料。

3. 将学生分成4个学习小组,分组完成全陪服务的模拟实操。

五、任务实施

表4-19 任务实施表

序号	步骤	操作及说明	要求	备注
1	教师示范	教师示范本任务中的部分内容,提出本节课模拟要求。	准备充分	
2	角色扮演通报情况	按照小组任务角色,选派代表轮流进行通报情况工作模拟。	(1)角色清晰 (2)工作到位 (3)问题合理	

续表

序号	步骤	操作及说明	要求	备注
3	分组完成表格	各组按照本组任务,依据【模拟案例五】中的接待计划的内容,讨论完成表格。	抽签分配小组任务	
4	展示表格	各组展示完成后的表2-1-4-1,并且分析讨论路线是否合理。	(1)路线清楚明了 (2)表格清晰	
5	角色扮演参观游览服务	各组按照小组任务,完成指定景点的参观游览服务的模拟。	(1)内容正确 (2)角色清晰 (3)工作到位	
6	分享与评价	由各组自评、互评,再由老师进行点评。	(1)分享体会 (2)巩固知识	

六、任务评价

见P6~P7"六、任务评价"表格。

七、问题及解决

表4-20 问题及解决表

序号	问题	解决方式	意见和建议

八、知识拓展

导游的故事——"丢人"事件

带团在外,最要防备的事情就是丢失客人,尽管时刻留心,"丢人"还是在所难免。所以我们通常会给每位客人发一张酒店的地址卡,每到一个景点都会在导览图前讲好集合的时间地点,一旦有人掉队,就请他们按照地址卡上的说明,自己打车回酒店。

为了防止客人掉队,导游必须不断地清点人数,如果遇到四五十人的大团,这个任务就变得非常艰巨。每次在景点看到小门,我就像抓到了救命稻草一样——这可是数人的最佳时机。

我倚在门口,看着客人一个一个穿过小门,直到数完最后一位客人,我才放心地加快脚步,跑到队伍的最前面继续带路。导游带团走完一个故宫,像这样跑前跑后得有五次之多。

有一次我在颐和园丢了一个客人,是一个不满12岁的小男孩,他的爸爸妈妈心急如焚,奶奶甚至在一旁抹起了眼泪。一时间我也不知该怎么办才好,应该帮他们去找,可这边又有这么多客人要照顾,实在抽不开身。就在这时我接到了一个电话(我的手机总能在最关键的时刻适时地响起),是我们住的那家酒店打来的,总台的服务员问:"你的团里是不是有一个叫拉舍的客人?他现在正在颐和园石舫那里等你们呢。"

原来,小拉舍在昆明湖边看别人画画写生,看得入神,一回头,大部队就不见了。幸好他还记得我在地图前讲过的参观路线,就一个人大哭着跑到石舫那里,向另一个团的导游求助。那位热心的同行看见小拉舍胸前挂着的地址卡,给酒店打了个电话,酒店又从客人的资料里找到了我的电话,这才联系上了我。

有时候,我们丢的不仅仅是客人。我认识一个哥儿们,几年前第一次带团去外地,到了机场才发现自己居然忘了带身份证。结果,团里所有的客人都飞走了,他却不得不留下来改签下一个航班。回来后他被我们嘲笑得半死:"你当导游,竟然把自己给弄丢了,这可是真正的'丢人'啊。"

(资料来源:徐昕.我在服务区:一个涉外导游的飞行笔记.杭州:杭州出版社,2007)

天安门的一天——最辛苦的一天

"我爱北京天安门,天安门上太阳升",天安门是每一个中国人心中的念想,是每一个中国人心目中最神圣的地方。

天安门广场,是当今世界上最宏大的城市中心广场和最著名的旅游胜地之一,也是国人最向往的地方,旅游团到北京参观游览的必选之地。再加上周边的人民英雄纪念碑、毛主席纪念堂、人民大会堂、中国国家博物馆,南边的前门大街、北部天安门城楼后的故宫博物院,这些响亮的名字,都是旅游团的必游之地。

天安门、故宫是旅游团参观游览的必选项,是北京游常规行程里面最有代表性的景点,当日也是游客普遍反映最累的一天,同时也是最能体现导游对于皇权的理解以及历史知识和耐力的一天。通常会安排在北京游行程里面的第一天,游客对于开始当地行程的兴奋感和游览首都的高涨情绪都可以稍稍弥补双腿的疲惫。导游可以告诉客人接下来的行程里面再也不会像今天这样辛苦,免得他们在刚来北京的第一天就累得想回家。

"天安门+故宫"是绝大部分旅行社最常规的旅游参观线路,但是这种设计实属无奈。天安门和故宫以及周边景点之所以会被放在一起游览,一方面是因为这里景点很密集、距离也不算远,但最主要的原因是周围没有可以让旅游大巴停车的地方。因为停车问题,旅游团基本每次都是从前门大街下车,步行穿过天安门广场后才能进入故宫游览,游览结束从神武门出来后还要再走到景山西街的最北边,快到地安门的地方才能上车离开。从前门到景山公园的这一段路大概有 4 公里,所以游客普遍反映走得很累。

不止体力、耐力上对游客、导游是考验,而且由于人多、面积大、景点复杂、路程长,稍不留意就会有游客走失,再加上各个景点游览有不同的要求,环节多、要求复杂,这一天的游览对于导游的专业水平也是很大的考验。

图 4-7 中轴线全景图

(资料来源:http://www.chinaculture.org/img/2006-06/20/xinsrc_010603201154540166997.jpg)

如:从毛主席纪念堂到故宫神武门的游览安排。

毛主席纪念堂不准带包、水、墨镜、打火机、手机及任何枪支弹药等,可以带帽子、伞、钱包以及随身贵重物品。游客从北门进,南门出,纪念堂不卖票,导游要负责看管游客的财物,等待的时间里可以联系集体照摄像师(大部分团队有赠送)。

游客集中后,导游带队走到纪念碑的东北方,地陪讲解,然后解散 10 分钟自由活动。这样可以节省时间。原地集合之后,找到摄像师安排集体照相,走广场东北方地下通道,穿过通道以后(出口的东北方有洗手间)集合清点人数。

接着,过了长安街后要穿过天安门、过端门才到午门,集合清点人数后买票、检票(故宫博物院)。进入故宫后就是午门(西侧有洗手间)、金水桥到太和门,这里很重要,要讲解地图和游览路线。接着是故宫中轴线的游览,从太和殿、中和殿、保和殿到乾清门(两侧腋门都有洗手间),然后到乾清宫、交泰殿、坤宁宫,穿过御花园,再过了天一门、钦安殿,出了东门,在神武门前集中(东侧有洗手间)。

在这多个环节、多个景点、众多殿堂的游览过程中,每一次集中、分散、自由活动、上洗手间,地陪、全陪都要密切配合,经常清点人数。还要眼观六路、耳听八方,随时关注游客的动向,才能保证这一天安全、顺利地度过。

【模拟案例五】部分景点导览图

1. 天坛公园

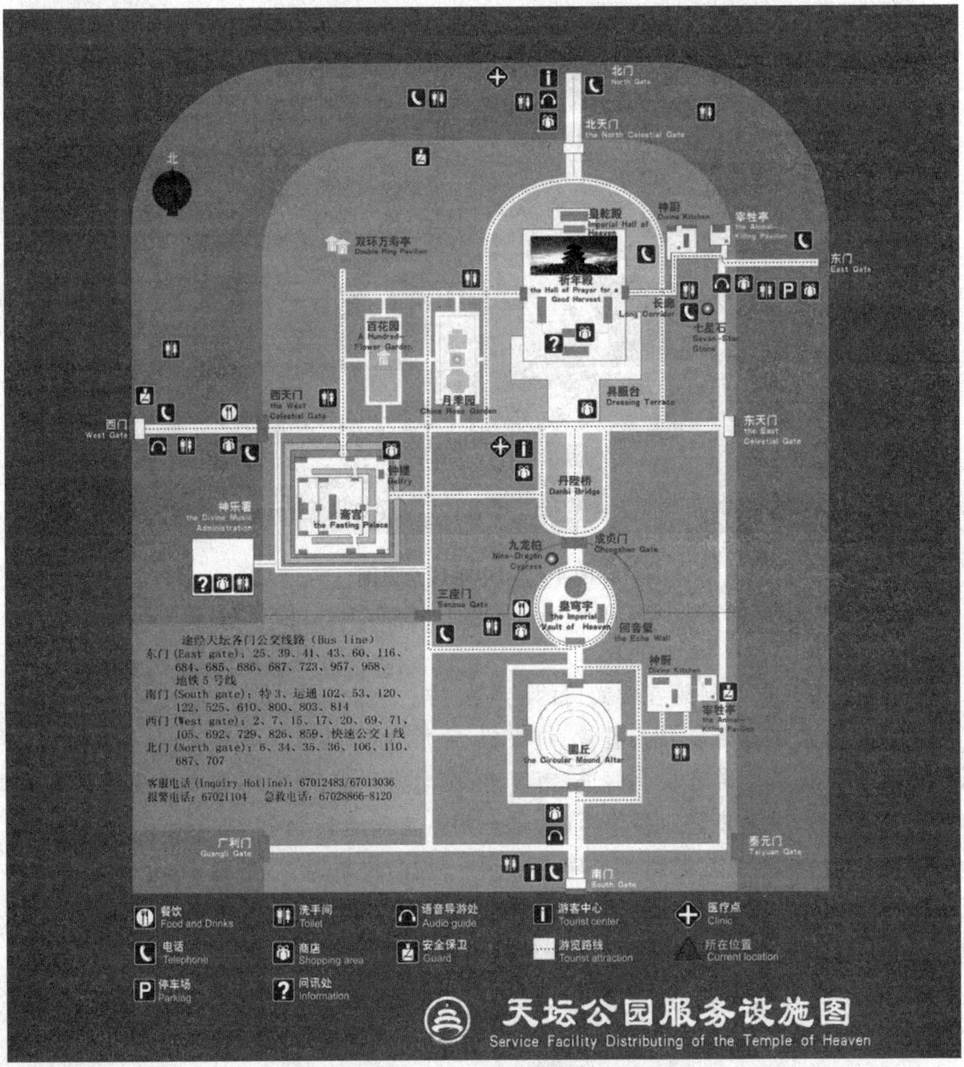

图 4-8　天坛公园导览图

（资料来源：http://pic5.nipic.com/20100109/1814847_170243057829_2.jpg）

2. 颐和园

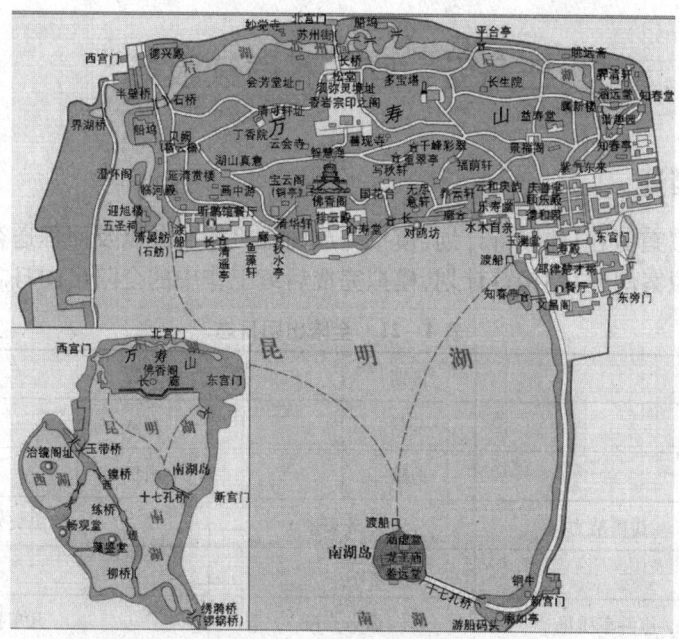

图4-9 颐和园导览图

(资料来源：http://images.china-citytour.com/d/file/2011-05-10/aab3f138d3bad3c7f221d8f9d8a27405.jpg)

3. 八达岭长城

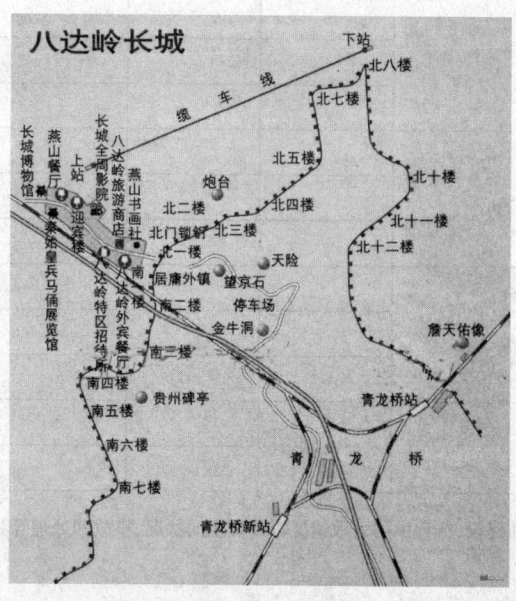

图4-10 八达岭长城导览图

(资料来源：http://t1.baidu.com/it/u=2303275184,3623949962&fm=23&gp=0.jpg)

任务五　回程和后续服务

一、任务描述

1. 依照【模拟案例五】的接待计划,模拟完成回程机场服务以及回程送客服务。
2. 依照【模拟案例五】的接待计划,模拟完成后续工作中的全陪出团日志。

表 4-21　全陪出团日志

团名			日期		人数		
团号			全陪		车队		
组团社			地陪		司机		
地陪		讲解能力		服务态度		解决突发事件	
司机		旅游车质量		服务态度		开车技术	
日期	酒店名称	环境	用餐	用餐地点	质量	景点名称	停留时间
D1							
D2							
D3							
D4							
D5							
总结	(含游客意见和建议,行程中的大致情况以及发生的状况、事故和处理等)						

二、任务分析

完成本任务,要学习全陪服务程序中回程服务和后续工作的工作要求,并进行角色模拟。

三、相关知识

(一)中华人民共和国国家标准(GB/T 15971-2010)《导游服务规范》(节选)

全陪导游员应:

a)提醒旅游者保管好自己的物品和证件;

b)引导旅游团(旅游者)在候机楼或候车室休息等候,并按机场/车站的安排按时组织登机/车。

(二)回程机场服务工作要点

1. 在行程结束的前一天,全陪应提醒地陪落实离站的交通票据和离站的准确时间。若旅游团有提供机场接送服务的,全陪还要在返回的前一晚与接机司机或其他相关人员取得联系,确认接机的时间和地点等具体事宜。

2. 在行程结束、前往机场之前,全陪应与地陪落实乘搭航班信息和机场的情况。全陪可以查看航空公司分布图或者拨打机场咨询热线来了解乘坐航班所在的航站楼。

3. 当旅游行程结束时,全陪要提醒游客带好自己的物品和证件,检查所有的物品有无遗漏,确认行李已清点妥当。

4. 在前往机场的途中,全陪要收取全体游客的有效证件,准备在机场办理登机手续用。在地陪送机抵达机场之前,全陪要对这次旅行作总结,并对地陪的工作加以肯定,表示感谢。

5. 在到达机场后,全陪可在地陪的协助下办理登机手续。在开始办理登机手续之前,可通过航班信息显示屏查知航班所对应的办票柜台号及其他信息。

6. 办理好登机手续后,全陪要将证件和登机牌派发给游客,在地陪协助下带领游客前往相应的柜台办理行李托运手续。再次提醒游客航空行李的有关规定,并提醒游客保管好证件、登机牌和行李托运单。

7. 办好手续后,与地陪道别进入安检区,带领游客过安检、候机、登机。

8. 把握恰当时机(如在机场候机时),征求游客对整个接待工作的意见和建议,并请游客填写游客意见反馈表,并表示感谢。若在旅游过程中,有任何变更,如退款、自愿放弃某一景点或行程、改变行程等情况,都应请游客填写变更协议书,以备查验。

9. 在关闭手机前,及时与接机司机或相关人员取得联系,告知旅游团已顺利登机,使其做好接机准备。

(三)回程送客服务工作要点

在回到本地机场后,全陪要带游客下飞机,顺利领取行李并离开隔离区,与游客告别后方可散团,完成送客服务。

若有机场接送服务，则要完成以下服务流程：

1. 飞机落地后，全陪提醒游客带齐所有的随身行李和物品下飞机。
2. 离开机舱后，迅速与接机的司机或有关工作人员取得联系，告知旅游团已抵达，并与其确认接团的具体地点。
3. 全陪在机场清点人数和行李无误后，带领游客前往约定的地点上车，协助司机帮游客放置好行李，再次清点人数，到齐后请司机开车前往送团地点。
4. 在前往送团地点途中，客人下车之前，全陪要致欢送辞，对客人给予的合作表示感谢并欢迎其再次支持本旅行社和本人工作。

（四）全陪的后续工作

1. 处理遗留问题，如有重大问题发生，要对旅行社的负责人做专题汇报。
2. 认真填写好《全陪工作日志》，其主要内容有：旅游团的基本情况、交通情况、日程安排是否合理、各地接待质量（包括客人对食、住、行、游、购、娱各方面的满意程度）、发生的问题及处理经过、旅游者的整体反映及改进意见等。
3. 按财务规定，尽快报账。

四、任务准备

1. 准备【模拟案例五】中的接待计划（含出团任务书、团队费用计划和游客名单表）。
2. 查阅相关资料，利用电脑、网络辅助查询。
3. 将学生分成学习小组，分组完成模拟训练。

五、任务实施

表4-22 任务实施表

序号	步骤	操作及说明	要求	备注
1	教师示范	教师示范部分工作，提出本节课模拟要求。	准备充分	
2	任务分配	各组按照本组任务，讨论角色重点要求，并且分配组员角色。	抽签分配小组任务	
3	角色扮演 送站前准备	按照小组任务角色，选派代表轮流进行送站前准备工作模拟。	(1)角色清晰 (2)工作到位 (3)问题合理	
4	角色扮演 离店服务	按照小组任务角色，选派代表轮流进行离店服务工作模拟。	(1)角色清晰 (2)工作到位 (3)问题合理	

续表

序号	步骤	操作及说明	要求	备注
5	角色扮演送行服务	按照小组任务角色，选派代表轮流进行送行服务工作模拟。	(1)角色清晰 (2)工作到位 (3)问题合理	
6	分享与评价	由各组自评、互评，再由老师进行点评。	(1)分享体会 (2)巩固知识	

六、任务评价

见 P6~P7 "六、任务评价"表格。

七、问题及解决

表 4-23 问题及解决表

序号	问题	解决方式	意见和建议

八、知识拓展

阅读材料

北京首都国际机场

(一)机场简介

北京首都国际机场，简称首都机场或北京机场，为中华人民共和国和北京联外主要的国际机场，是目前中国最繁忙的民用机场，也是中国国际航空公司的基地机场。2004年，北京首都国际机场取代东京成田国际机场，成为亚洲按飞机起降架次计算最为繁忙的机场。2010年北京首都国际机场旅客吞吐量达到7395万人次，仅次于美国亚特兰大哈兹菲尔德－杰克逊国际机场，稳居世界第二位。

北京首都国际机场拥有三座航站楼。1号航站楼为海南航空集团国内航班专用(包括海南航空公司、大新华航空、大新华快运、首都航空、天津航空)；2号航站楼为中国东方航空公司、中国南方航空公司、厦门航空公司、深圳航空公司、重庆航空公司、海南航空(国际航班)，以及天合联盟的外航和非联盟的外航服务；3号航站楼为中国国际航空公司、深圳航空公司、山东航空公司、上海航空公司、四川航空公司，以及星空联盟的外航，寰宇一家的外航和非联盟的外航服务。

旅客乘机前需要确认不同的航站楼。为了方便旅客在不同航站楼之间换乘航班,机场新开通连接 T1、T2、T3 三个航站楼的路侧摆渡车。

(二)二号航站楼

北京首都国际机场 2 号航站楼位于北京市东北部顺义区,距离市中心直线距离 25.35 公里。

二号航站楼为综合性旅客服务航站楼,与交通中心相连。楼体结构设计为地上 3 层,地下 2 层。各楼层主要功能为:

三层:国内、国际航空公司办公区域。设有旅客机场餐饮和购物区。

二层:国内、国际出发层。国内航班旅客在该层办理安检手续。国际航班旅客在该层办理海关、检验检疫、边防、安检手续。设有国内两舱休息室、机场餐饮休息区。

一层:国内、国际到达层。设有国内、国际旅客行李提取大厅,国际到达海关检查,国内—国内、国内—国际交叉中转区,APM 站台,国内远机位出发候机区,机场要客休息室,有连接桥通往交通中心。

地下一层:站坪层。设有国内、国际到达行李传送区,国内出发行李分拣区,员工餐厅。

迎接旅客请到 T2 一层,国际到达出口在右侧,国内到达出口在左侧。同时,一层配备旅客更衣室、取款机、宾馆/酒店咨询等服务设施,为旅客提供更便捷、人性化的地面服务。

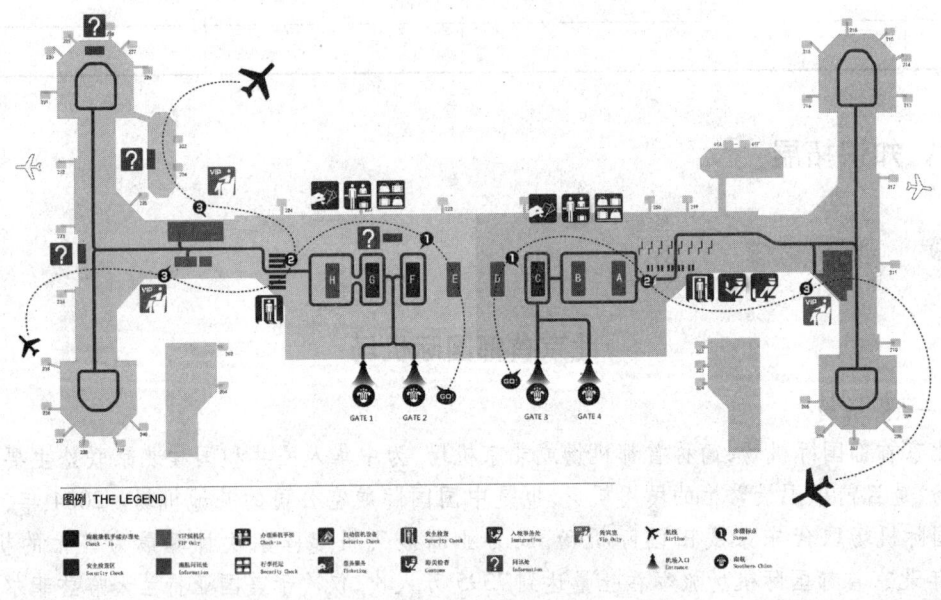

图 4—11 首都机场二层区域分析图

(图片来源:北京首都国际机场官网 http://www.bcia.com.cn/)

(三)乘机流程

1. 国内出港旅客流程

旅客由 2 号航站楼二层 10—14 号门进入候机楼→二层出发大厅→F01 - F22/G01 -

G11 柜台办理值机手续→安全检查→国内出发候机厅→出发登机口→登机。

需要特别提示的是：南航高端旅客可由高端旅客值机区办理值机手续（二层 14 号门对面）后沿红地毯指示接受安检，进入休息室，南航远机位登机口候机区集中在 25A－25H。

2. 国内进港旅客流程

飞机停靠 2 号航站楼登机桥→旅客下机通过廊桥进入 2 号航站楼→根据航站楼引导标志乘电梯到三层→通过专用扶梯或直梯下至一层行李提取大厅→提取行李→迎客大厅→转乘其他地面交通工具离开机场。

需要特别提示的是：飞机停靠远机位，旅客乘摆渡车直接进入一层行李提取大厅。

（四）办理值机柜台介绍

1. 国际值机

A－E 岛是国际旅客办理乘机手续的地点，搭乘国际及港、澳、台航班的旅客，从 4 或 6 号门进入通过海关检查就近到 C 岛值机柜台，柜台开放时间为航班预计起飞前 2—3 小时（其中座位数在 200 人以下航班为 2 小时，200 人以上航班为 3 小时），国际、地区航线航班办理乘机手续截止时间为航班预计起飞时间前 45 分钟。

2. 国内值机

F－H 柜台，国内出发旅客从 12 号门进入，柜台开放时间为航班预计起飞前 2—3 小时，国内航班停止办理手续的时间是航班预计起飞时间前 30 分钟。

3. 办理登机时间

2 号航站楼国内出发：航班预定起飞时间前 30 分钟停止办理手续

2 号航站楼国际出发：航班预定起飞时间前 45 分钟停止办理手续

（资料来源：北京首都国际机场官网 http://www.bcia.com.cn/）

阅读材料

游客意见反馈表范例

表 4－24　游客意见反馈表

游客意见反馈表

尊敬的游客朋友：

　　欢迎参加广州××旅游公司为您安排的旅行团，请您对此次旅游活动中我们的各项服务提出宝贵意见和建议，以便我们改进工作，提高服务质量。请您认真填写以下内容，并欢迎您再次参加我社的旅行团，希望再次为您提供服务，感谢您对我们工作的大力支持！

　　一、客户资料

姓名		来自		电话	
地址				邮箱	
全陪姓名		旅游线路			

续表

二、全陪导游服务

评价内容	非常好	较好	一般	较差	极差
服务态度					
仪容仪表					
讲解协调能力					
工作责任心					

三、地陪导游服务

评价内容	非常好	较好	一般	较差	极差
服务态度					
仪容仪表					
景点讲解					
协调能力					
工作责任心					

四、其他接待服务质量

评价内容	非常好	较好	一般	较差	极差
酒店设施					
餐饮质量					
车容车貌					
司机服务					
行程安排					

五、您的意见和建议

全陪签名：　　　　　　　　　　地陪签名：
司机签名：　　车牌号：　　　　司机电话：

阅读材料

相关旅游行程变更的表格

旅行社在组织旅游活动中，若因不可抗力、意外事件须变更整体行程的须签订《旅游行程变更确认书》，由于游客个人原因主动提出变更行程的须签订《旅游行程变更协议书》。

表4-25 旅游行程变更确认书

旅游行程变更确认书示范文本
（用于因不可抗力、意外事件变更整体团队行程）

甲方：_____（全体游客委托代表）
乙方：_____（旅行社）
　　　甲方自愿报名参加了由_____旅行社组织，_____旅行社负责接待的_____旅行团，并于___年___月___日与_____旅行社签订了合同编号为_____的《_____旅游组团合同》。现因下列原因,甲方受本旅行团全体游客委托签订该旅游行程变更确认书。

一、行程变更情形
根据《_____旅游组团合同》约定的旅游行程，___年___月___日第___项行程安排为_____。甲方在此确认，该项行程因以下原因无法正常执行：_____。

1. 发生_____，该不可抗力可能危及旅游者人身、财产安全导致行程无法正常履行。乙方经与甲方及其所代表的全体游客协商后，不得不将上述行程变更为_____。（注：不可抗力，是指不能预见、不能避免并不能克服的客观情况，包括因自然原因和社会原因引起的。如自然灾害、罢工、重大传染性疾病、政府行为等。）

2. 发生_____，该意外事件非因旅行社责任所造成，且已导致行程无法正常履行。乙方经与甲方及其所代表的全体游客协商后，不得不将上述行程变更为_____。（注：意外事件，是指因当事人故意和过失以外的偶然因素发生的事故。如非旅行社责任导致的交通堵塞、列车航班晚点等。）

二、行程变更后果
1. 因行程变更而未发生的旅游费用退回甲方及甲方所代表的全体游客，退还___元/人，共计_____元，退还时间和方式为_____。
2. 因行程变更增加的旅游费用为___元/人，共计___元，经甲乙双方友好协商，承担方式为_____。
3. 上述不可抗力或意外事件发生后，甲乙双方均应积极采取补救措施，避免损失扩大。
4. 甲方对乙方采取的变更措施、变更后果及诚挚态度表示接受，双方互不追究责任。

三、其他补充事项

四、以上确认书自甲方及甲方所代表全体游客、乙方授权代表签字盖章之日起生效，确认书双方各持一份，均具有同等法律效力。

甲方：　　　　　　　　　　乙方：

全体游客签名：　　　　　　授权代表：

　　　年　月　日　　　　　　　年　月　日

表4-26 旅游行程变更协议书

旅游行程变更协议书示范文本
（用于游客因个人原因主动提出变更本人行程）

甲方：　　　　　　　　　　　　　　　（游客）
乙方：　　　　　　　　　　　　　　　（旅行社）

　　甲方自愿报名参加了由____旅行社组织，____旅行社负责接待的____旅行团，并于____年____月____日与_____旅行社签订了合同编号为____的《_____旅游组团合同》。现甲乙双方经平等友好协商，就旅游行程变更一事达成协议如下：

一、行程变更情形
1. 甲方自愿提出，将《____旅游组团合同》约定的旅游行程中____年____月____日第____项行程_____变更为_____，乙方同意甲方该请求。
2. 甲方自愿提出，在《____旅游组团合同》约定的旅游行程不变的基础上，在____年____月____日的行程中增加_____，乙方同意甲方该请求。

二、行程变更后果
1. 因第一条所述之行程变更共增加旅游费用____元，具体情况为：_____。该费用由甲方承担。具体支付方式为：_____。
2. 因第一条所述之行程变更共减少旅游费用____元，具体情况为：_____。该费用由乙方退还甲方。具体支付方式为：_____。
3. 因第一条所述之行程变更给乙方造成损失____元，具体情况为：_____。该损失由甲方向乙方支付。具体支付方式为：_____。

三、甲方在此确认：本协议约定之变更并非由乙方主动提出或乙方诱导甲方提出，对变更内容及相关费用也已确认无误。

四、其他补充事项：

五、以上协议自甲方及乙方授权代表签字盖章之日起生效，协议正本两份，双方各持一份，均具有同等法律效力。

甲方：　　　　　　　　　　　乙方：

授权代表：

　　年　月　日　　　　　　　　　年　月　日

导游的故事——说出你的意见[①]

每次在机场送走一个旅行团,看着客人们的身影渐渐消失在值机柜台的背后,一转身,我立刻从书包里取出一样东西来看——不要误会,不是客人们给我的小费,而是刚刚从他们手里收上来的《游客意见表》。这是最扣人心弦的时刻,我会在机场大厅里找一个座位坐下,任凭周围人潮涌动,坐在那里安安静静地一页页仔细翻看,生怕漏掉任何一个细节。

意见表上一共列了几十个评估项目,涉及各地的旅游信息提供、航班服务、旅游车服务、酒店服务、行程安排、餐饮服务等诸多项目,其中最主要的当然是对导游服务的评价。每一项都是5分制,除了打分之外,客人还可以在旁边写上具体的意见和建议,由导游交回旅行社。可能是因为过分紧张的缘故,每次我都看得手心出汗全身发热,仿佛是在偷窥什么天机。

几乎每一次都能发现一些让人心惊肉跳的问题来。比如这个团里有一对夫妇给西安的司机打了3分,理由是"车里太热了,空调为什么开得那么小?"桂林的最后一顿晚餐更惨,只得到了2分,因为"服务员缺乏微笑,态度欠佳"。幸好大多数客人都给导游打了最高的5分,不少人还在一旁注明:尤其要感谢海莲娜小姐的出色服务——这位"海莲娜"是我的一位美女同事,也是这个团的前任导游,因为中途生病不得不由我帮她完成后面的一半行程。我是在第四天开始接手这个团的,然后用了足足三天时间对客人付出了春天般温暖的服务,到最后还是没能消除她的影响,真是叫人不甘心啊。

我继续往下翻,又看到了这样一些意见:缺少详细的地图资料,让我们总是找不着北;天气那么热,导游却没有及时向我们预报。还有一份意见表是这样说的:如果可以不用署名,相信你们会得到更多更为真实的意见;此外,最好不要让导游来转交意见表——我的老天爷,莫非他们早已料到了我会坐在这里偷看?

项目五 国内游部分线路介绍

全陪应掌握旅游团沿途各站的知识,包括沿途各站的概况、民俗风情、风物特产以及各游览景点的概况。特别是初任国内游团队全陪的导游人员,经常会面对自己不熟悉的线路、没去过的地方,所以除了掌握全陪常规的业务之外,还要多了解国内的旅游线路,为自己的工作做好准备。

任务一　湖南张家界旅游线路分析
任务二　华东旅游线路分析
任务三　山西内蒙古旅游线路分析
任务四　西藏旅游线路分析

[①] 徐昕. 我在服务区:一个涉外导游的飞行笔记. 杭州:杭州出版社,2007.

模拟案例六

表5-1 国内游模拟行程计划一

【探险之旅】——张家界天门山大峡谷单动单高四天

行程特色：
◆高铁、动车出游——体验世界速度
◆新线路、新景点——开启新的旅程
◆游览张家界天门山国家森林公园，搭乘世界上最长的高山观光客运索道，观"天下第一公路奇观"的99弯通天大道，探寻最惊险刺激的游道——鬼古栈道，够胆的可挑战能媲美举世闻名的美国大峡谷玻璃走廊"天空之路"的玻璃栈道。
◆张家界大峡谷中的飞瀑神泉比比皆是，峡谷里植被繁茂；这里还有世界最高蹦极的世界最高、最长的玻璃桥；长约六百米的诺克里滑道让您体验不一样的旅游。
◆【天门山森林公园门票及上下缆车】【天门狐仙】【土司城】【大峡谷含滑道】门票全包，价值758元！
◆含3早7正餐：正餐餐标50元/人，精心安排特色餐：洞庭湖大闸蟹、特色苗家宴、绿色蘑菇宴、土家十大碗，让您体验"舌尖上的湖南"。
◆全程入住四星酒店——闽南粤海国际酒店【挂牌】，距张家界市新火车站15分钟车程，距张家界荷花机场10分钟车程，地理位置优越，交通便捷。

行程安排：

第1天：广州—长沙南—张家界　　　　含中晚餐　　　　住宿：闽南粤海国际酒店（挂四）
请各位贵宾于指定地点、时间集合，广州火车南站乘动车 D7802（0816/1254）前往长沙。抵达后中餐，中餐后乘车前往张家界（约4小时）入住酒店。

第2天：张家界—天门山—天门狐仙　　　含早中晚餐　　　住宿：闽南粤海国际酒店（挂四）
早餐后游览被誉为"湘西第一神山"和"武陵之魂"的【天门山国家森林公园】（全天，游览约7小时），搭乘高空客运索道上山，游览云梦仙顶、鬼谷栈道、天门山寺。
晚上观看目前世界第一台有完整故事情节的山水实景音乐歌舞剧——《天门狐仙》。
演出时间20:15~22:00

第3天：张家界—土司城—大峡谷　　　含早中晚餐　　　住宿：闽南粤海国际酒店（挂四）
早餐后游览素有"南方紫禁城"之称的【土司城】（游览约2小时）。
乘车（车程55公里，约1.5小时）前往【张家界大峡谷】（游览约2小时），这里飞瀑神泉比比皆是，峡谷里植被繁茂，空气清新，宛若"世外桃源"。

第4天：张家界—长沙—广州　　　含早午餐
早餐后乘车返长沙（车程约4小时）。
搭乘高铁 G6001（15:00/17:20）返广州，结束愉快的旅程。

表 5-2 行程附表

行程计划附表:

报价包含
1. 交通:往返大交通。
2. 住宿:全程入住三晚闽南粤海国际酒店(挂四),酒店双标间。
3. 用餐:含 3 早 7 正餐;正餐餐标 50 元/人,若不用餐费用不退。
4. 门票:已含天门山国家森林公园门票、上下缆车、天门狐仙演出票、土司城门票、大峡谷门票及滑道;小童半价门票。未含自理项目:天门山高空吊椅 39 元/人。
5. 用车:全程空调旅游车,根据人数安排车型,保证每人一个座位。
6. 导游:优秀全陪,当地导游陪同服务。
7. 保险:旅行社责任保险。
8. 全程纯玩无购物安排。

报价不含
1. 保险:旅游意外保险及航空保险,建议客人报名时在我社购买。
2. 门票:不含自费项目、行程外项目及景点内小门票,儿童超高门票自理。
3. 自费:个人消费,私人所产生的个人费用等。

备注
1. 若报名时出现单男单女,且团中无同性团友可同住,客人需出发时或在当地自补房差。
2. 在保证不删减行程所列景点(自费景点除外)的前提下,我社保留根据实际航班时间或当地客观情况对行程的游览顺序进行调整的权利。
3. 小童价是指 2 周岁至 12 周岁以下儿童的收费价格,报价中只含车位和餐位,不含门票,不占床,小童动车票含成人票价的 50%,不含常规火车票和其他费用。因儿童超高产生的景点门票费用自理。

参团须知
1. 最终游览行程以出发当天派发的行程单为准。根据《广东省旅游合同》旅途过程如遇人力不可抗拒因素(如交通事故、路桥塌方、坏车、洪水、风雨雪、瘟疫、飞机延误或取消等)造成行程延误或不能完成景点游览,旅行社协助解决但不承担赔偿责任,已经发生的费用不予退还,尚未发生的费用将退还客人;
2. 行程中赠送的游览项目,如果客人放弃游览,或遇赠游景点举办活动不开放,门票、餐费不退,旅途中自行离团或不参加计划内的某项团队活动,视作自动弃权,所缴费用概不退还;
3. 因火车、飞机延误或取消所造成的一切损失与我社无关,我社不作任何赔偿;
4. 飞机团自行广州新白云机场国内出发厅集中,出发当天成人请携带身份证原件或有效证件,16 岁以下小孩带户口本原件(有身份证最好带身份证)登机;
5. 以上报价不含政策性的门票上浮价及航空公司燃油附加费等政策性临时调价;
6. 此为参考旅游行程,旅行社有权根据当时实际情况对行程景点游览顺序作出合理调整,但不影响原定标准及游览景点。

模拟案例七

表5-3 国内游模拟行程计划二

华东六市、乌镇、南浔(船游)双飞六天纯玩团

行程特色:
★ 慢游细品:江南的魅力往往在一些不经意的细节,放慢我们的脚步,悠然自得地细品江南风情!
★ 精华景点:丰满妩媚西湖,清秀婀娜瘦西湖,大美灵山胜境,天平山红叶,船游水乡南浔,夜游乌镇西栅……
★ 江南美食:盐水鸭、状元蹄、西湖醋鱼、炸响铃、酱排骨、银鱼蒸蛋
★ 住水乡乌镇,感受别样的水乡夜色,杭州升级一晚豪华酒店!

行程安排:
D1. 广州—杭州　　含餐:中晚　　住:杭州千古情主题酒店
广州乘飞机赴(约2小时)"休闲之都"杭州,游览西湖景区(游览约3小时),逛白堤,走断桥,赏平湖秋月和西湖最大的岛屿——孤山,逛河坊古街(自由活动约60分钟)。晚餐后入住酒店。

D2. 杭州/南浔/乌镇　　含餐:早中　　住:乌镇蓬达度假酒店
早餐后车赴(车程约1.5小时)中国十大魅力名镇之———水乡南浔(游览约2.5小时,含游船),游览张静江故居,明清水乡建筑——百间楼,后乘船游览典型的江南水乡特有的风光。后继续游览"红房子",江南第一巨宅——张石铭故居,闻名遐迩的江南园林——小莲庄,著名私家藏书楼——嘉业堂。后车赴(车程40分钟)"枕水人家"——乌镇西栅。晚餐可凭栏品尝当地水乡原味住家饭(此餐客人自理,请提早订位)。大约21:30集合送回酒店入住。

D3. 苏州—无锡　　含餐:早中晚　　住:无锡如家快捷酒店
早餐后车赴(车程约1.5小时)"东方威尼斯"苏州,游览"姑苏城外寒山寺"(游览约70分钟),参观寒山别院,第一钟和第一碑。游览七里山塘(含船游,游览约1.5小时),参观明代南京吏部尚书吴一鹏故居——玉涵堂。车赴(车程约1小时)鱼米之乡——无锡,游览灵山胜境(游览约3小时),世界最高的露天青铜大佛——灵山大佛,晚餐后入住酒店。

D4. 无锡—扬州—南京　　含餐:早中　　住:南京如家快捷酒店(大学城店)
早餐后车赴(车程约2小时)扬州,游览5A级旅游景区、湖上园林——瘦西湖(游览约2.5小时),逛扬州最具代表性的老街——东关街(游览约40分钟)。车赴(车程约1.5小时)"六朝古都"南京,逛夫子庙一条街(自由活动约1.5小时,晚餐自行安排),后入住酒店。

D5. 南京—上海　　含餐:早中晚　　住:上海城市之家酒店
早餐后游金陵十八景之一的雨花台(游览约1小时),游气势雄伟的中山陵(游览约2小时)。车赴(车程约4小时)上海,晚餐后入住酒店。

D6. 上海—广州　　含餐:早
早餐后游览有"万国建筑博览会"之称的外滩风光带(游览约30分钟),逛承载了近代上海光荣与梦想的南京路步行街(游览约45分钟);逛新天地广场,参观石窟门民居(游览约30分钟)。逛城隍庙商城(自由活动约80分钟,这里有各种小吃,中餐自行安排);参观鲜活的上海弄堂——田子坊(游览约1小时)。游览浦东外滩(游览约30分钟);后车赴机场乘飞机(约2小时20分钟)回广州。

模拟案例八

表5-4 国内游模拟行程计划三

玩美晋蒙双飞八日游(呼市进太原出)

行程特色:
1. 美食:赠送各地风味餐(平遥小吃、山西面食、五台山素斋宴、大同特色铜火锅、内蒙古手扒羊肉),让您大饱口福。
2. 住宿:全程无忧酒店,商务/豪华酒店。
3. 特点:饱览晋商文化、佛教文化、黄河文化、民族文化、草原文化等。
赠送每位贵宾每天1瓶矿泉水、祈福六道木小佛珠。
赠送每人一条洁白的哈达——歌声不断酒不断,圣洁的哈达、甘醇的美酒只献给最尊贵的客人!

行程安排:
D1:广州—呼和浩特(飞行约3小时15分钟)　　　　含晚餐　　　宿:呼和浩特
于广州白云国际机场乘机飞往内蒙古首府呼和浩特。(参考航班:ZG9755/1540-1855)
D2:呼市—草原(90公里,约1.5小时车程)　　　　含早中晚餐　　宿:呼市或草原
早餐后,乘车经呼市赴希拉穆仁草原,接受蒙古族最崇高热情的迎客方式——【敬献下马酒】,参加【草原系列活动】观赏摔跤、赛马马术表演;漫游美丽草原,访问牧户,祭敖包、体验敖包相会的乐趣。返回呼市,晚餐后入住酒店休息。
D3:呼市—沙漠—鄂尔多斯(300公里,约3.5小时车程)　含早中晚餐　　宿:鄂尔多斯
早餐后赴中国三大响沙之一的【银肯响沙湾】(游览2.5小时)。沿途观"中华母亲河"——黄河、亚洲最大的火力发电厂—【达旗电厂】,午餐后赴沙漠漫游茫茫沙海,体验奇妙刺激的沙漠之旅。午餐席间可自费观看鄂尔多斯婚礼表演,下午乘车返东胜,晚餐后入住。
D4:鄂尔多斯—呼市(280公里,约4.5小时车程)　　含早中晚餐　　宿:呼市
早餐后乘车赴"一代天骄"成吉思汗祭祀之地气势、壮观更具民族特色的国家4A级景区【成吉思汗陵】(游览1.5小时),晚餐后入住酒店休息。
D5:呼市—大同(260公里,约4.5小时车程)　　　　含早中晚餐　　宿:大同
早餐后参观【大昭寺】(游览时间约40分钟),"出塞和胡汉,青冢黛色浓"的【昭君墓】(游览60分钟),午餐后乘车前往塞外古都、煤海之乡——大同,晚餐后入住酒店休息。
D6:大同—五台山(260公里,约4.5小时车程)　　　含早中晚餐　　宿:五台山
早餐后,游览世界文化遗产【云冈石窟】(含电瓶车,游览2小时),午餐后途中游览空中楼阁【悬空寺】(参观1.5时以内),乘车前往【五台山】,晚餐后入住酒店休息。
D7:五台山—平遥(340公里,约4.5小时车程)　　　含早中晚餐　　宿:平遥
早餐后,朝拜【五爷庙】(万佛阁)(20分钟),参观【菩萨顶】(游览40分钟)、【显通寺】(游览40分钟)、【塔院寺】(游览40分钟)、【大白塔】和【镇海寺】(游览40分钟)。乘车前往平遥;晚餐后入住平遥民俗客栈。
D8:平遥—太原(110公里,约1.5小时车程)　　　　含早中餐
早餐后,参观【平遥古城】(含电瓶车、游览时间约为3小时),游览"中国银行业鼻祖"——日升昌票号等景点,前往【乔家大院】(游览90分钟)。乘坐航班(参考航班:HU7080/1745-2105),结束愉快的晋蒙之旅。

模拟案例九

表5-5 国内游模拟行程计划四

拉萨、林芝、纳木错、青藏铁路三飞一卧八日游

行程特色：
- ◆ 团团哈达接团，汽车配备应急氧气；每天送水。
- ◆ 安排在米拉山口挂经幡，体验藏式祈福活动。
- ◆ 正餐25元/人；赠送最具林芝特色的【鲁朗石锅鸡】，令人难以忘怀的美食！

行程安排：
第1天：广州—重庆（飞行约2小时）　　全天不含餐　　住宿：重庆
于指定时间在广州新白云机场集中，搭乘飞机（参考航班：CZ8118）前往成都或重庆或昆明（航程约2小时）。抵达后入住航空公司指定商务宾馆休息。晚上客人可自由前往市区参观游览。进入高原前建议多休息，不宜劳累。
第2天：成都或重庆或昆明—拉萨　　含：早中晚餐　　住宿：拉萨
（本日早餐为路餐或飞机餐）搭乘航班（参考航班：3U8633）前往拉萨（约2小时）。抵达拉萨贡嘎机场。乘车（100公里，车程约1小时30分钟）。午餐后前往参观世界闻名的【西藏博物馆】（游览约40分钟），馆内有丰富的馆藏珍品，如史前文化遗物、历代蘸金粉藏文典籍、唐卡画等。
第3天：拉萨　　含：早中晚餐　　住宿：拉萨
酒店早餐后，乘车前往参观世界上海拔最高的古代宫堡式建筑群【布达拉宫】，健步游览时间约为2小时，含殿内参观约1小时。
第4天：拉萨—林芝　　含：早中晚餐　　住宿：林芝
早餐后，乘车前往林芝，沿途拍摄【松赞干布出生地纪念碑】，欣赏拉萨河谷风光。即进入西藏的江南林芝，于山口欣赏壮丽的经幡，于米拉山口挂经幡祈福。后参观【中流砥柱】（参观约20分钟）。乘车前往【嘎定天佛瀑布】游览参观（参观约30分钟），沟内山高崖陡，叠嶂起伏，苍松巨柏遍布山崖。乘车前往林芝八一镇，晚餐后入住酒店。
第5天：林芝—拉萨　　含：早晚餐　　住宿：拉萨
早餐后，乘车观看【阿沛村】（阿沛阿旺晋美家乡）、与村民交流，喝酥油茶、奶渣等藏式小食。观看独特的藏东南原始吊桥风光，壮丽的山川、茂密的森林。抵达拉萨。
第6天：拉萨—纳木错—拉萨　　含：早午晚餐　　住宿：拉萨
酒店早餐后，乘车途经【念青唐古拉山观景台】、【那根拉山】（海拔5190米），抵达世界上海拔最高、西藏三大圣湖之"天湖"【纳木错】游览（海拔4718米，健步游览约1小时）。乘车（250公里，车程约3小时30分钟，柏油路+土石路）返回拉萨。
第7天：拉萨—青藏铁路—西宁　　含：早餐　　住宿：列车
酒店早餐。乘青藏旅游列车离开阳光之城——拉萨（参考班次：K9802/K918，约24小时），沿途于车上观赏【藏北羌塘大草原】【错那湖景】、【可可西里】【长江源】【昆仑山景】【青海湖】『午、晚餐于火车上自理』。
第8天：西宁→广州　　含：午餐
早餐为火车上自理，抵达西宁后，乘车前往机场，搭乘航班（参考航班：ZH916）返回广州。结束愉快的西藏之旅，带着无限的福气回到温暖的家。

任务一　湖南张家界高铁线路分析

一、任务描述

1. 依照【模拟案例六】中的行程安排，在学习旅游线路的基础上，分析旅游线路的特色，充实自己相应的专题知识，完成下面的游览景点列表。

表 5-6　湖南张家界高铁线路游览景点列表

序号	时间	景点名称	城市	景点类型	主要特色

2. 通过对【模拟案例六】中行程安排的研读、分析，掌握线路的特点和各环节需注意的事项以及工作侧重点。完成下面的每日活动安排列表。

表 5-7　每日活动安排列表

日期	行车时间（含往返交通）	游览景点数量	游览景点所需时间	游览方式	出发时间	回酒店时间

填表说明：

行车时间——每日乘车总计时间（含出发、返程的大交通）；

景点数量——每日游览的景点多少，影响到全天活动日程是否紧张；

游览时间——比较游览时间总量是否大于行车时间总量；

游览方式——步行、登山或其他，影响行程的疲劳程度；

出发时间、回酒店时间——测量全天游客的游览强度等。

3. 学生分4组，在查阅和分析旅游目的地资料的基础上，4个小组分别完成"介绍旅游目的地""介绍主要游览景点""介绍目的地注意事项"以及"行程特色或风物特产介绍"的模拟实操，完成对线路进行分析的实操训练。

二、任务分析

完成本任务，首先要认真研读旅游线路的行程安排，收集相关资料进行分析、归纳、提炼和整理，再经过反复练习，才能完成对线路进行分析的任务。

三、相关知识

(一) 走进张家界

张家界是一个新兴的旅游城市，张家界的导游在引导客人游览时都会向客人介绍说，张家界是由当代著名的画家吴冠中发现的。

1. 因景区而闻名，因旅游而建市

张家界原名大庸，是古庸国所在地。1994年4月4日，地级大庸市更名为张家界市。张家界国家森林公园是1982年第一个国家森林公园，与天子山、索溪峪自然保护区连成一体，构成武陵源风景名胜区。1992年12月，联合国教科文组织世界遗产委员会正式批准以森林公园为主体的武陵源列入《世界遗产名录》。

2. 旅游特色

张家界有"奇峰三千、秀水八百"之美誉，景区面积大（达500平方公里）、地广且复杂是它的典型特点。

3. 景区的四大区域

张家界国家森林公园，有金鞭溪、金鞭岩、黄石寨（黄狮寨）、摘星台等景点。索溪峪自然保护区，有亚洲溶洞冠军——黄龙洞、人间瑶池——宝峰湖、十里画廊、水绕四门等景点。天子山自然保护区，有御笔峰、贺龙公园、神堂湾、点将台、仙女献花等景点。袁家界自然保护区，有南天一柱（乾坤柱、哈利路亚山）、天波府、天下第一桥、迷魂台等景点。(2010年1月25日上午，张家界"南天一柱"又名"乾坤柱"的美景，正式更名为《阿凡达》中的"哈利路亚山"。)

(二) 行程特色——新线路，开启您的新旅程

1. 高铁、动车出游——体验世界速度

本旅游线路是动车、高铁的体验线，来回分别乘坐动车和高铁。广州至长沙，全程

700多公里,以前乘搭火车需要9—10小时,现在乘搭动车要4个半小时,高铁才需两个多小时。

按照现在的火车车次编号,字母"G"代表高速动车组,简称"高铁",最高时速达到300~350km;字母"C"代表城际动车组,简称"城铁",最高时速也在300~350km;字母"D"代表动车组,最高时速约200km。

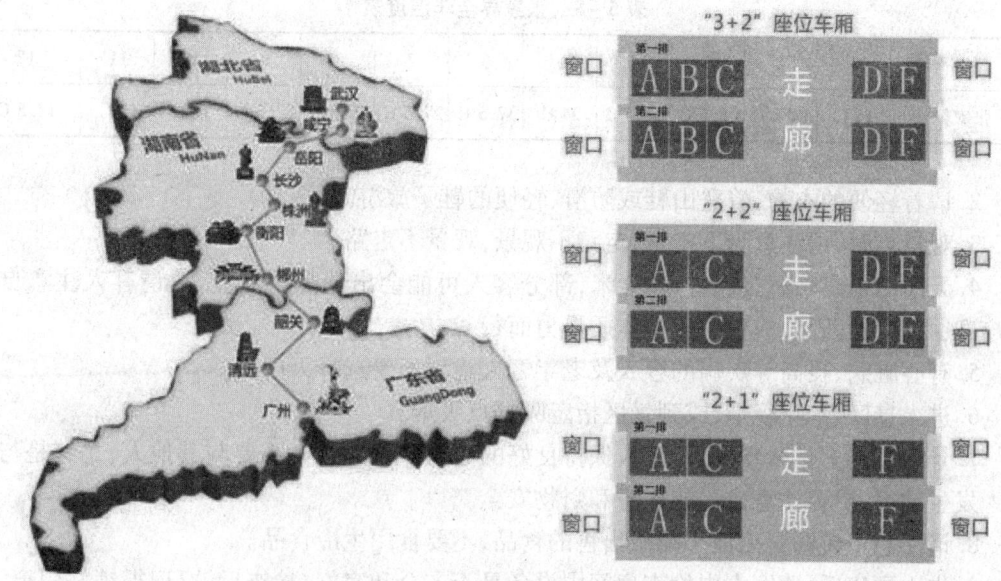

图5-1 高铁路线及座位图

(图片来源:http://img.szhk.com/Image/2012/12/20/1355978145696.jpg
http://www.a100.cn/UploadFiles/2012/281/20129160565766673.jpg)

2.新线路、新景点——开启新的旅程

张家界的风景世界驰名,说起张家界,黄石寨、天子山、黄龙洞、金鞭溪,很多游客已经游览过了。所以,这条线路,除了满足游客对高铁的新奇感之外,安排的景点也属于比较新的景点,不是常规景点。

张家界大峡谷2009年正式对外开放,2011年评为4A级景区,集山、水、洞、峡于一身,是张家界地貌的博物馆,在这里可观赏到北温带喀斯特地形的全部风景。张家界大峡谷是新开发的旅游景区,也是游客新的兴趣点。新的景区,新的设施,新的服务,能给大家带来新的感受。

天门山,古称云梦山,是张家界永定区海拔最高的山,距城区仅8公里,是最早被记入史册的名山。因为罕见的世界奇观——天门洞,而得名天门山。这个让人难以置信的天门洞也成为世界极限运动员们挑战梦想的地方,2011年开始举行翼装飞行世锦赛,年年都吸引了众多游客的关注。

《天门狐仙·新刘海砍樵》是目前世界上第一台有完整故事情节的山水实景音乐歌舞剧,故事来源于湖南家喻户晓的民间神话故事《刘海砍樵》。舞台就设在天门山风景区山门口内至天门山顶的整条峡谷,有目前世界最大的全景玻璃钢舞台,舞台、灯光、场景美轮美奂、亦幻亦真,很有震撼效果。

（三）安全须知

1. 天气:湖南当地秋冬气温低,天气较凉,请备好合适的衣物。

表5-8 张家界全年温度表

月份	1	2	3	4	5	6	7	8	9	10	11	12
张家界	15℃	13.5℃	18.5℃	21.5℃	24℃	37.5℃	27.5℃	26.5℃	22.5℃	18℃	15℃	13.5℃

2. 请着轻便的衣物,着登山鞋或防滑、轻便的鞋子旅游。

3. 观景点时,请注意脚下安全,走路不观景,观景不走路。

4. 天门山最高峰海拔超过1000米,部分客人可能会出现高原反应,故请客人注意自备治疗高原反应的药品,或根据自身体质量力而行。

5. 有心脏病、畏高等疾病的客人及老年客人建议不要选择天门山。

6. 进入景区,禁止吸烟,或到景区指定吸烟点吸烟。

7. 景区可能有排队现象,请客人保持良好的心情,不要插队,不要与其他人、尤其是与当地人发生冲突,更要注意自己的人身和财物安全。

8. 请注意不要购买无证小摊贩出售的食品,不要食用生冷食品。

9. 进入酒店后,请客人先检查房间内设备是否齐全和完好,检查后,要记得锁好门窗,以防被盗。

10. 湖南大部分酒店卫生间为瓷砖地面,故请垫上防滑垫,着防滑鞋,以防摔倒。

11. 从2009年7月1日起,湖南酒店不提供一次性个人用品(拖鞋、牙刷、牙膏、香皂、沐浴液),请游客自备洗漱用品。

12. 张家界凤凰酒店规模较小,条件不能和大城市比,热水、空调/暖气会限时供应,入住时请向酒店前台或导游了解清楚供应时间。

13. 大巴行驶在高速公路上时,严禁随意走动。

14. 旅游途中可能对行程先后顺序作出调整,但不影响原定标准及游览景点;如遇旅行社不可控制因素(如塌方、塞车、天气恶劣、航班延误、车辆故障等原因)造成行程延误或不能完成景点游览,本社负责协助解决或退还未产生的门票款,由此所产生的费用自理,本社不承担由此造成的损失及责任。

15. 严禁参与黄、赌、毒事件,否则后果自负。

四、任务准备

1. 详读【模拟案例六】中的行程安排。

2. 准备相关书籍,利用电脑、网络资源查阅相关资料。

3. 将学生分成4个学习小组,准备实操训练。

五、任务实施

表5-9 任务实施表

序号	步骤	操作及说明	要求	备注
1	查阅资料	依据【模拟案例六】中的行程安排,查阅相关景点知识,搜集相关资料。	(1)阅读细致 (2)资料丰富	
2	组内讨论学习	根据任务要求,分析、整理相关资料,完成两份表格。	(1)知识完整 (2)表格清晰	
3	组内模拟实操训练	组内进行模拟训练,合作完成10分钟本组线路的分析任务。	(1)分工合理 (2)分析到位 (3)积极参与	
4	线路介绍实操训练	根据【模拟案例六】的行程,4组按照任务3要求进行实操训练。	(1)讲解流畅 (2)符合要求	
5	分享与评价	各组派代表分享本组任务完成过程,并进行讨论评价和完善。	(1)虚心学习 (2)评价中肯	

六、任务评价

见 P6~P7 "六、任务评价"表格。

七、问题及解决

表5-10 问题及解决表

序号	问题	解决方式	意见和建议

八、知识拓展

养在深闺人未识

张家界,是大庸县北部的一个林场,很少有人知道她。我这回因事,顺便到湘西写生,旅途匆匆,人们给我介绍张家界林场,我先是姑妄听之,后来不少当地同志再三推荐,我才下决心去看看。因为我有过别人介绍风景如何好到头来大失所望的经验。这次看到张家界林场,却意外地使我非常兴奋,如获失落在深山的明珠。

随林场公路登山,数个拐弯,地貌突然大变,峰峦陡起,绿树叠翠,这里是湖南真正的桃花源了,立即引人进入了奇异幽深的世界。这里的秀色不让桂林,但峰峦比桂林神秘,更集中,更挺拔,更野!桂林凭漓江倒影增添了闺中的娟秀气;张家界山谷间穿行着一条曲曲弯弯的溪流,乱石坎坷,独具赤脚山村姑娘的健壮美!山中多雨意,雾抹青山,层次重重,颇有些黄山风貌,但当看到猴子爬在树顶向我们摇晃时,这就完全不同于黄山的情调了。还有那削壁直戳云霄,其上有数十亩数十亩的原始森林,我们只好听老乡们讲述他们曾经攀登的惊险故事而望林兴叹。

张家界林场位于澧水上游,我们不了解连绵不断如此密集的石峰在地质上的价值,但谁都对其间的奇树异草和珍禽怪兽感兴趣。这里有一种自己长有水囊储水的背水鸡,就是闻所未闻的。我先不知有虎有豹……一进山急匆匆就往石林和树林深处钻,是因景色美入迷了。石峰石壁直线林立,横断线曲折有致,相互交错成文章,不,可以说是"画章"吧。人们习惯于以"猴子望太平""童子拜观音"等等形象的联想来歌颂自然界形式之美,还往往要用"栩栩如生"来形容其酷似,其实许多石头本身就很美,美就美在似与不似之间。张家界的石峰名堂可多了,什么秦始皇的"金鞭",什么"三姐妹"……美丽的故事由人们的想象自由去创造吧!

为了探求绘画之美,我辛辛苦苦踏过不少名山。觉得雁荡、武夷、青城、石林……都比不上这无名的张家界美。就以峨眉来较量,峨眉位高势大,仗势吓人,其实并没有张家界这么突出的特色,至少大多数美术工作者将会同意我的看法。

据说由于这数十里的山势像一匹奔腾的烈马,故又名马鬃岭。马鬃岭也好,张家界也好,都尚未闻名,等待游人们为这绝代佳丽起一个更贴切的芳名。

(资料来源:吴冠中.养在深闺人未识.湖南日报,1980.1.1.)

乘坐高铁的注意事项

1. 2011年6月1日起,全国所有动车组列车实行购票实名制

乘坐动车组列车的旅客须凭本人有效身份证件购买车票乘车。

2. 网购高铁车票不能选座位,二代身份证购票最便捷

如果乘客通过自动售票机购票或前往代售点购票,则必须出示二代身份证,其他证件不可使用。此外,电话购票和网上购票可持身份证、护照、港澳居民来往内地通行证、台湾居民来往内地通行证四种证件购票。

3. 检票时不要和前面旅客靠太近

过检票口时,如前后靠得太近,检票机就会判断为一张票有两个人通过,也会报警。

4. 乘车莫忘带证件

按照规定,旅客应持车票和与票面所载身份信息相符的本人有效身份证件原件进站乘车。旅客乘车时,铁路客运和公安人员将对乘客所持车票和有效身份证件进行查验。

5. 妥善保管车票谨防个人信息泄露

购买高铁车票实行实名制,车票上会有姓名、证件号等个人信息,所以乘客应注意保护个人信息。如果随意丢弃手中用过的实名制火车票,就有泄露个人信息的风险。

6. 不要随便下车

高铁列车在各经停站一般只停车一两分钟,乘客上下车的时间很短,乘客不要随便下车,以免耽误您的旅程。

7. 不要携带易燃、易爆危险品、违禁品进站上车

进站安检时,应自觉排队,按顺序将行李物品放在安检仪上,安检后,请认准自己的物品,防止遗忘、拿错、丢失或被盗。

8. 高铁列车属于全封闭式车厢,全列车禁止吸烟

即使在车厢连接处或洗手间内吸烟,列车监控系统都会报警从而影响列车正常运行。

9. 紧急情况可逃生

动车每节车厢四角都设置了1个破窗锤和逃生窗。在紧急情况下,乘客可以打开破窗锤上的粘盖和胶皮扣,用力向上向外拉,用锤子砸破紧靠破窗锤的第一个车窗逃生。

10. 检票时间

始发车一般在开车前20分钟内开始检票,开车前10分钟就停止售票,一般高铁沿途车站在开车前5分钟停止检票。中途车一般在开车前12分钟开始检票,在开车前5分钟停止检票。

11. 座椅可以180度旋转

我国动车统一叫"和谐号"。福厦铁路使用的动车是"和谐号"中的CRH2型,车宽3.38米,是所有车辆型号中最宽的。一等车厢一排四座,和飞机头等舱有得比;二等车厢一排5座,使用的也是航空座椅,带有小桌板。这些座椅可以180度旋转,一同出行的旅客能面对面聊天。

12. 每人最多20千克行李

车厢与车厢的连接处,设有放置大件行李的地方。不过,动车内空间有限,没法放太多东西,乘动车尽量少带行李。成人旅客最多只能携带20千克的行李,儿童最多携带10千克行李。动车组列车乘客的携带品长、宽、高相加不超过130厘米,超过规定物品应办理托运。

13. 儿童购买车票

儿童原则上不能单独乘车。一名成年人旅客可以免费携带一名身高不足1.2米的儿童。如果身高不足1.2米的儿童超过一名时,一名儿童免费,其他儿童须购买儿童票。儿童身高为1.2—1.5米的,须购买儿童票;超过1.5米的,须购买全价座票。

(资料来源:http://blog.9666.cn/guzhang3579/1056278)

张家界大峡谷简介

张家界大峡谷位于湖南省张家界市,是张家界地貌的极品景区之一,系政府保留开发项目,2009年正式对游人开放,蜚声海内外。张家界大峡谷集山、水、洞、峡于一身,是张家界地貌的博物馆,在这里可观赏到北温带喀斯特地形的全部风景!谷中猴群欢跃,百鸟争鸣,湖水清澈、群山倒蘸,鸳鸯戏水,空气清新,绝无仅有。形态各异的瀑布群,把生命之源倾泻得淋漓尽致;随海拔变化的植物带,将四季更替演绎得如诗如歌;数条彩虹,百米梭板,千年风情,万米长廊,把峡谷内装扮得如画似锦。

张家界大峡谷历史悠久,传说甚多,乃历代兵家必争之地,景区内有吴三桂和李自成残部李过指挥部的旧址,清兵入关以后,吴三桂率清兵和李过在此决战,每当下雨打雷天气,峡谷内便杀声震天、战马长啸、锣鼓齐鸣。中华第一保镖杜心武大侠自幼在此采药练武。峡谷内的栈道绵延数里,其上漫步,体会沧海桑田、领悟平淡人生、怡然自得。

(资料来源:张家界大峡谷)

任务二 华东旅游线路分析

一、任务描述

1.依照【模拟案例七】中的行程安排,学习旅游线路,分析旅游线路的特色充实自己相应的专题知识,对将要游览的景点有较深入的了解。完成下面的游览景点列表。

表5-11 华东六市双飞六天线路游览景点列表

序号	时间	景点名称	城市	景点类型	主要特色

2. 通过对【模拟案例七】中行程安排的研读、分析,掌握线路的特点和各环节需注意的事项以及工作侧重点。完成下面的每日活动安排列表。

表 5-12　每日活动安排列表

日期	行车时间（含往返交通）	游览景点数量	游览景点所需时间	游览方式	出发时间	回酒店时间

填表说明:

行车时间——每日乘车总计时间(含出发、返程的大交通);

景点数量——每日游览的景点多少,影响到全天活动日程是否紧张;

游览时间——比较游览时间总量是否大于行车时间总量;

游览方式——步行、登山或其他,影响游程的疲劳程度;

出发时间、回酒店时间——测量全天游客的游览强度等。

3. 学生分组,查阅和分析旅游目的地的资料,4 个小组分别完成"介绍旅游目的地""介绍主要游览景点""介绍目的地注意事项"以及"行程特色或风物特产介绍"的模拟实操,完成对线路进行分析的实操训练。

二、任务分析

完成本任务,首先要认真研读旅游线路的行程安排,收集相关资料进行分析、归纳、提炼和整理,再经过反复练习,才能完成对线路进行分析的任务。

三、相关知识

(一) 游览城市概况

1. 杭州

杭州位于浙江省东北部,离上海 180 余公里,是我国历史上著名的七大古都之一,是重点风景旅游城市和历史文化名城。

古时的杭州曾称"临安""钱塘""武林"等名,杭州的"杭"字本意是船,专指大禹治水时乘坐过的船。从秦朝设县治以来,至今已有 2200 多年的历史,五代吴越和南宋王朝都曾在杭州定都。

2. 苏州

苏州是我国重要的历史文化名城、著名的风景旅游城市,也是中国首批优秀旅游城市。

苏州是一个古城,始建于公元前514年,距今已有2500多年的历史,直到今天仍然坐落在春秋时代的原址上,保持着"水陆并行、河街相临"的双棋盘格局,还有那"小桥、流水、人家"的古朴风貌。

苏州又是举世闻名的园林之城。苏州古典园林是世界文化艺术的瑰宝,集中体现了东方造园艺术的精华,其中拙政园、留园、环秀山庄、网师园、狮子林、艺圃、耦园、沧浪亭、退思园9个古典园林被联合国教科文组织列入《世界遗产名录》。

3. 无锡

无锡因濒临美丽的太湖而著名,被誉为"太湖明珠"。在这个"充满温情和水"的城市中,景色宜人,人文荟萃,吸引了南来北往的嘉宾。

无锡是我国江南的一座古城,距今已有3000多年的历史。据《史记》记载,商朝末年,周大王长子泰伯及其弟仲雍从陕西来到这里定居,筑城于梅里(今锡山市梅村一带),建"勾吴"国,这是无锡建城的开始。

4. 南京

南京是江苏省省会,地理区位优越;物产资源丰富,地处长江"金三角"地区,是中国区域经济中的重要城市,是历经沧桑的六朝古都、十代都会。南京,山环水抱,葱茏毓秀,山水城林融为一体,自然风貌久负盛名,诸葛亮曾对南京一带的山川形势评价说:"钟阜龙蟠,石城虎踞。"

5. 扬州

"故人西辞黄鹤楼,烟花三月下扬州。"扬州地处长江下游北岸,江苏中部,江淮平原南端,京杭大运河纵贯南北,通扬运河贯穿东西。

瘦西湖之美,以"二十四桥明月夜,玉人何处教吹箫"的美景脱颖而出。新建的二十四桥与湖中五亭桥互为呼应,更衬托了瘦西湖的秀逸。扬州的园林既多且精,各具特色。如"个园"的叠石假山势出春夏秋冬四季;"何园"中西合璧,而园中的"片石山房"竟是清代大画家石涛留下的唯一的园林杰作。

6. 上海

上海,简称"沪",别称"申"。大约在六千年前,现在的上海西部即已成陆,东部地区成陆也有两千年之久。相传春秋战国时期,上海曾经是楚国春申君黄歇的封邑,故上海别称为"申"。公元四五世纪时的晋朝,松江(现名苏州河)和滨海一带的居民多以捕鱼为生,他们创造了一种竹编的捕鱼工具叫"扈",又因为当时江流入海处称"渎",因此,松江下游一带被称为"扈渎",以后又改"扈"为"沪"。

(二)游览景点简介

1. 西湖

逛白堤,走断桥,赏平湖秋月和西湖最大的岛屿——孤山,有西泠桥、西泠印社,探访林和靖"梅妻鹤子"之所——放鹤亭。

2. 河坊古街

曾是古代都城杭州的"皇城根儿",凝聚了杭州最具代表性的历史文化、商业文化、市井文化和建筑文化,感受杭州古都风俗民情。

3. 南浔古镇

南浔地处杭嘉湖平原北部,太湖之南,东与江苏苏州(吴江)接壤,西距湖州市区32公里,是湖州市连接上海浦东的东大门。南浔历来是江南闻名遐迩的"鱼米之乡""丝绸之府""文化之邦",1991年被列为浙江省15个历史文化名城之首。

4. 乌镇西栅

"枕水人家"——乌镇西栅,别样的水乡,小桥流水人家,青石板的老街长弄,纵横的古桥,石雕木雕,处处流露出古镇的昔日繁华,百年老店招牌上斑驳的油漆,更是时光的无穷魅力。乘船漾入乌镇西栅,参观草本染色作坊、昭明书院、三寸金莲馆、乌镇大戏院、朱家厅、文昌阁等,逛逛水乡古戏台。

5. 雨花台

雨花台是一座以自然山林为依托,以红色旅游为主体,融自然风光和人文景观为一体的全国独具特色的纪念性风景名胜区。"南朝四百八十寺,多少楼台烟雨中","雪映山眉紫,烟消树顶圆",这些美妙的诗句,正是历史上雨花台人文景观和自然风光栩栩如生的写照。

6. 中山陵

中山陵坐北朝南,其中祭堂为仿宫殿式的建筑,建有三道拱门,门楣上刻有"民族,民权,民生"横额,祭堂内放置孙中山先生大理石坐像,壁上刻有孙中山先生手书《建国大纲》。

四、任务准备

1. 详读【模拟案例七】中的行程安排。
2. 准备相关书籍,利用电脑、网络资源查阅相关资料。
3. 分成4个学习小组,准备实操训练。

五、任务实施

表 5-13 任务实施表

序号	步骤	操作及说明	要求	备注
1	查阅资料	依据【模拟案例七】中的行程安排,查阅相关景点知识,搜集相关资料。	(1)阅读细致 (2)资料丰富	
2	组内讨论学习	根据任务要求,分析、整理相关资料,完成两份表格。	(1)知识完整 (2)表格清晰	
3	线路分析实操训练	组内进行模拟训练,合作完成10分钟本组线路分析任务。	(1)分工合理 (2)分析到位 (3)积极参与	
4	线路介绍实操训练	根据【模拟案例七】的行程,4组按照任务3要求进行实操训练。	(1)讲解流畅 (2)符合要求	
5	分享与评价	各组派代表分享本组任务完成过程,并进行讨论评价和完善。	(1)虚心学习 (2)评价中肯	

六、任务评价

见 P6～P7 "六、任务评价"表格。

七、问题及解决

表 5-14 问题及解决表

序号	问题	解决方式	意见和建议

八、知识拓展

苏州园林导游词范例——拙政园香洲

各位游客，苏州是中国著名的历史文化名城，有"人间天堂，园林之城"的美誉。苏州园林，善于把有限的空间巧妙地组成变幻多端的景致，结构上以小巧玲珑取胜，功能上宅园合一，可赏、可游、可居。苏州园林的形成，反映了人们渴望自然、心向天然的性情，也是人类对自身居住环境的一种创造。

苏州园林中的拙政园、留园、网师园和环秀山庄，作为苏州古典园林的典范和代表，1997年被列为"世界文化遗产"。沧浪亭、狮子林、拙政园和留园分别代表着宋、元、明、清四个朝代的艺术风格，被称为"苏州四大名园"。

今天我们要去游览的就是苏州古典园林里面积最大的一座——拙政园。

拙政园与北京颐和园、承德避暑山庄、苏州留园并称为"中国四大名园"，被誉为"天下园林之典范"。拙政园位于苏州古城东北，占地面积 5.2 万平方米，以"毫发无遗憾"的布局而著称。主要分为东部、中部和西部，总体布局是以水池为中心，水可以说是全园的纽带和灵魂，而山、水、石、池、林、亭、堂相互融合，宛如天然，却又胜于天然。

各位游客，现在我们面前的这座秀丽静美的建筑就是拙政园中的标志性景观之一，香洲。

大家看，香洲是典型的"舫"式的结构，有两层舱楼，整座建筑外形高雅、身姿纤丽。"舫"在中国园林里可以经常看到，无论是皇家园林，还是私家园林，不分南方北方，苏州的狮子林、北京的颐和园里都有。自古以来，人们总把人生在世比作水中行船：顺水推舟、逆水行舟、风雨同舟……从这里，我们可以感受到园主人设置石舫时的心境。

在中国古典园林的石舫中，拙政园香洲可以说是造型最美观的一个。大家看，船头是台、前舱是亭、中舱是轩、船尾是楼阁,看着香洲,我们会想起古时苏杭一带山温水软、画舫如云的景象。

各位游客,香洲在园子东、西水流和南、北河道的交汇处,三面环水,一面靠岸。请各位随我登船,大家看,前方是倚玉轩,左边是见山楼,右边是小沧浪。站在船头,水上和陆上的景色都平添了一种致趣。大家请看,门楣上题着"野航"两个字,取自杜甫的诗句"野航恰受二三人"中的诗意,点出了这里的主题。

香洲这个名字,用的是屈原笔下的"芳洲","采芳洲兮杜若",芳洲上长满了香气四溢的杜若,香草多用来比喻道德清高之士。各位游客,香洲的船头船旁,盛开着红荷白莲,香气四溢,借荷花景观来寓意香草,表现出深远的文化内涵。拙政园香洲,不仅建筑手法典雅精巧,还能让人感悟到对高洁人格的追求。

接下来,我们还要到"与谁同坐轩"去感受清高、孤寂的意境,玉兰堂的玉兰、海棠春坞的海棠,还能让我们领会拙政园"林木绝胜"的植物景观。要进一步了解拙政园的"咫尺山林",请各位跟我来,我会为大家详细介绍。

我的讲解到此结束,谢谢大家!

任务三 山西、内蒙古线路分析

一、任务描述

1. 依照【模拟案例八】中的行程安排,学习旅游线路,分析旅游线路的特色充实自己相应的专题知识,对将要游览的景点有较深入的了解。完成下面的游览景点列表。

表5-15 玩美晋蒙双飞八日游线路游览景点列表

序号	时间	景点名称	城市	景点类型	主要特色

2. 通过对【模拟案例八】中行程安排的研读、分析,掌握线路的特点和各环节需注意的事项以及工作侧重点。完成下面的每日活动安排列表。

表 5-16 每日活动安排列表

日期	行车时间（含往返交通）	游览景点数量	游览景点所需时间	游览方式	出发时间	回酒店时间

填表说明：

行车时间——每日乘车总计时间(含出发、返程的大交通)；

景点数量——每日游览的景点多少,影响到全天活动日程是否紧张；

游览时间——比较游览时间总量是否大于行车时间总量；

游览方式——步行、登山或其他,影响游程的疲劳程度；

出发时间、回酒店时间——测量全天游客的游览强度等。

3. 学生分组,查阅和分析旅游目的地的资料,4个小组分别完成"介绍旅游目的地""介绍主要游览景点""介绍目的地注意事项"以及"行程特色或风物特产介绍"的模拟实操,完成对线路进行分析的实操训练。

二、任务分析

完成本任务,首先要认真研读旅游线路的行程安排,收集相关资料进行分析、归纳、提炼和整理,再经过反复练习,才能完成对线路进行分析的任务。

三、相关知识

(一) 游览城市概况

1. 呼和浩特

呼和浩特,蒙古语意为"青色的城"。位于华北西北部、内蒙古自治区中部的土默川平原,是内蒙古自治区的首府。全市总面积为1.7万平方公里,建成区面积210平方公里。全市总人口270.85万,市区人口170万,是一个以蒙古族为自治民族,汉、满、回、朝鲜等36个民族共同聚居的塞外名城。

2. 鄂尔多斯

鄂尔多斯为蒙古语,意为"众多的宫殿"。位于内蒙古自治区西南部,地处鄂尔多斯高原腹地。鄂尔多斯是改革开放30年来的18个典型地区之一,鄂尔多斯市是内蒙古的经济新兴城市,呼包鄂城市群的中心城市之一。

3. 大同

"塞外古都,煤海之乡"大同,是首批国家历史文化名城,历代的军事重镇,是兵家必争之地,也是山西省最丰富多彩的旅游区之一。大同是山西省第二大城市,华北地区区域中心城市,国家重化工能源基地,国际上较有影响力的城市,素有"中国雕塑之都""凤凰城"和"中国煤都"之称。

4. 平遥

平遥是山西省晋中市下辖的一个县,是中国境内保存完整的明清时期古代县城的原型。平遥县为第二批中国历史文化名城,1997年平遥古城被联合国教科文组织列为世界文化遗产。

平遥是真正的文物宝库,旅游胜地,名胜古迹星罗棋布,举目皆是。始建于西周、扩建重筑于明洪武三年(1370)的平遥古城墙,上筑垛口3000个,敌楼72座,象征孔子的三千弟子、七十二贤人,气势恢宏,雄伟壮观,列全国至今保存最完整的4座古城之首,为山西省十佳旅游景点之一;有中国金融史上的"活化石"、全国首创而"汇通天下"的日升昌票号旧址(今中国票号博物馆)。丰富多彩的文物古迹,成为国内外游人向往的旅游胜地。

(二)主要游览景点

1. 希拉穆仁草原

希拉穆仁草原是蜚声中外的旅游胜地,它南迎呼和浩特的暖风,北聆百灵庙的铃声,因清王朝赐名的"普会寺"喇嘛寺屹立河畔,又名召河。在这里可以体验蒙古族人们最崇高热情的迎客方式——敬献下马酒;也可以参加草原系列活动,蒙古族男儿"三艺"之摔跤、赛马马术表演;漫游美丽草原,访问牧户、品尝牧民自制蒙古奶食品,了解牧民日常生活习俗,祭拜蒙古族敬天祭祖的敖包神山,体验敖包相会的乐趣。

2. 银肯响沙湾

响沙湾融汇了雄浑的大漠文化和深厚的蒙古族底蕴,荟萃了激情的沙漠活动与独特的民族风情。拥有罕见而神奇的响沙景观,中国最大的骆驼群,中国一流的内蒙古民族艺术团,有几十种惊险刺激独具沙漠旅游特色的活动项目。

3. 成吉思汗陵

这里蓝天如碧,苍松翠柏,牧马嘶鸣,以自然美独树一帜,以其世界性、历史性、神秘性著称。陵宫金碧辉煌气势恢宏,充分展示了成吉思汗这位世界伟人长眠之地的无穷魅力。

4. 云冈石窟

云冈石窟位于塞外古都、煤海之乡——大同,石窟依山而凿,绵延1千米,规模宏伟,雕饰奇美。云冈石窟是我国最大的石窟之一,与敦煌莫高窟、洛阳龙门石窟和麦积山石窟并称为中国四大石窟艺术宝库。

5. 五台山

五台山是文殊菩萨的道场,是最早建筑中国佛教寺庙的地方之一,古老而神秘的佛教清凉胜境圣境。五爷庙(万佛阁)是规模最小而香火最旺盛的寺庙,菩萨顶是五台山五大禅处之一,清室皇帝朝山所居之行宫,显通寺是中国最早的寺庙之一,与洛阳的白马寺齐名,也是五台山黄庙领袖寺,建筑之华丽居山中诸寺之冠。塔院寺初创于东汉,是五台山历史最久远、占地最大、影响最广的寺庙,寺内释迦牟尼舍利塔高耸云霄,塔刹、露盘、宝瓶皆为铜铸,塔腰及露盘四周各悬风铃,因通体呈白色,故俗称大白塔,是佛国五台山的象征。

(三)山西旅游情况说明

1. 山西的旅游接待条件尚待发展,所以三星、四星酒店不能和南方相比,山西的饮食风味与南方有差别,请及时与导游沟通。

2. 山西地处黄土高原,海拔高,气候干燥,建议多喝水。水土碱性大,入乡随俗,可多吃醋。山西一年四季分明,五台山地区5—10月份,日照强度与昼夜温差较大,请游客根据自身情况带足御寒衣物、水壶、太阳镜、遮阳帽和特级防晒油以备外出时用。(最近雨水天气较多,请客人预备雨伞。)特别是到沙漠旅游,要带日常用品、药品、水、指南针、地图。

3. 山西是全国地上文物大省,文化底蕴深厚,景点(区)分散,乘车时间较长,请游客注意休息调配好时间,以充足的体力参加旅游活动。

4. 在山西旅游,游客需注意穆斯林地区、景点的禁忌和习惯。例如忌食猪、马、骡等不反刍动物的肉和一切动物的血,不食自死物;进入清真寺禁止吸烟、饮酒,在礼拜堂内禁止拍照等。

5. 山西地势高,患有高血压、心脏病、气管炎、哮喘病的人,初到山西会有头晕、心慌、气喘等反应,请携带一些防护药品。大多数地区饮用水为地下水,水质较硬,可能会引起腹泻、胃痛、皮肤不适,请携带理气、抗过敏等相关药品。

6. 当地天气平均气温为 −8℃—15℃,请客人注意自备外套。

7. 山西八大怪:

第一怪:路边灰土当煤卖 第二怪:山西陈醋一道菜

第三怪:汾酒窝头把客待 第四怪:刀子削面比飞快

第五怪:烧饼要用石头块 第六怪:土豆白菜论麻袋

第七怪:山上挖洞当房盖 第八怪:新娘盖头给驴戴

(四)内蒙古旅游情况说明

1. 内蒙古属于内陆地区,气候比较干燥,须多带润肤品,多饮水。

2. 内蒙古属于海拔较高地区,约在1000—1800米之间,阳光在6—9月份直射较强,须多带防晒霜。

3. 内蒙古地区温差较大,可多带些衣物(毛衣为宜)。

4. 蒙古族饮食以北方菜为主,口味相对较重,餐厅会格外注意。此外,贵宾会品尝到当地风味,如手扒羊肉等,若因口味道或其他原因不习惯食用,可配选其他餐别,游客不必担心,旅行社会负责尽可能满足众多团友的口味。

5. 草原上就餐或者品尝烤全羊时,切忌喝冷水或吃生冷食品,以免引发肠胃炎。

6.蒙古族自古以来就是一个热情好客的民族,贵宾抵达,定会以酒相迎,不适饮酒的游客也一定要接过银碗,以示礼貌,随后即可递还酒碗。

四、任务准备

1.详读【模拟案例八】中的行程安排,查阅相关资料,利用电脑、网络辅助查询。
2.将学生分成4个学习小组,准备实操训练。

五、任务实施

表 5-17　任务实施表

序号	步骤	操作及说明	要求	备注
1	查阅资料	依据【模拟案例八】中的行程安排,查阅相关景点知识,搜集相关资料。	(1)阅读细致 (2)资料丰富	
2	组内讨论学习	根据任务要求,分析、整理相关资料,完成两份表格。	(1)知识完整 (2)表格清晰	
3	线路分析实操训练	组内进行模拟训练,合作完成10分钟的本组线路分析任务。	(1)分工合理 (2)分析到位 (3)参与性强	
4	线路介绍实操训练	根据【模拟案例八】的行程,4组按照任务3要求进行实操训练。	(1)讲解流畅 (2)符合要求	
5	分享与评价	各组派代表分享本组任务完成过程,并进行讨论评价和完善。	(1)虚心学习 (2)评价中肯	

六、任务评价

见 P6~P7 "六、任务评价"表格。

七、问题及解决

表 5-18　问题及解决表

序号	问题	解决方式	意见和建议

八、知识拓展

内蒙古旅游注意事项

(一)内蒙古骑马注意事项

1. 遇恶劣天气(例如雷雨等),不要骑马。

2. 最好穿旅游鞋,尽量避免穿凉鞋或高跟鞋。

3. 最好不要随身携带物品,如有贵重物品请背斜挎包,以防在马奔跑时物品掉落。

4. 游客如患有高血压、心脏病或其他疾病以及处于孕期的,不要参与此项活动。

5. 游客选择自费跑马时,应慎重考虑,根据自身实际情况定夺。不宜跑马但坚持跑马的,如因跑马出现问题后果自负。

6. 没有马倌领队的情况下,请游客不要到马的周围,小心被马踢,更不要与马嬉戏以免被马咬伤。

7. 上马时应从马的左边上、左边下,上马后用脚的1/3处踩稳马镫。小腿不要夹马肚子太紧,以防擦伤小腿。

8. 上马后不要大喊大叫,手里不要拿任何东西,包括塑料袋、雨伞等;帽子按要求戴好、戴紧,以防风刮走后吓惊马匹。

9. 用手抓紧马鞍和缰绳,在马上不要交换物品。

10. 下马时一定要让马倌扶着下,以防被马拖走。

(二)内蒙古骑骆驼注意事项

1. 沙漠日照比较强,做好防晒、防暑工作。

2. 由于沙漠的沙子很细小,因此要把精密物件保管好,比如手机、相机、摄像机等,否则沙粒进入后不容易清理而且还会划伤显示屏。

3. 在沙漠活动一定要听导游的安排,不要离团队太远,如离团一定要和导游打好招呼,确保随时能取得联系。

4. 天气恶劣(例如雷雨等)时,不要骑骆驼。

5. 游客最好穿旅游鞋,尽量避免穿凉鞋或高跟鞋。

6. 最好不要随身携带物品,如有贵重物品请背斜挎包,以防物品掉落。最好不背红色包,因为骆驼对红色敏感,可能致其发狂。

7. 患有高血压、心脏病等身体不便的游客,不要参与此项活动。

8. 游客不要擅自到骆驼周围活动或触碰骆驼,以免被伤。

9. 游客上骆驼时应听从牵驼人或导游的安排,从骆驼的左边上、左边下,上驼后用脚踩稳驼镫。小腿不要夹得太紧,以防擦伤小腿或弄脏裤子;上驼后应扶稳,不要大喊大叫,手里尽量不要携带物品,帽子要戴好、戴紧,以防风刮走惊吓到骆驼,更不要在骆驼上交换物品。

10. 在沙漠乘坐冲浪车、滑沙时请将帽子戴好,小心被风吹掉,滑沙过程中请不要做高危动作。

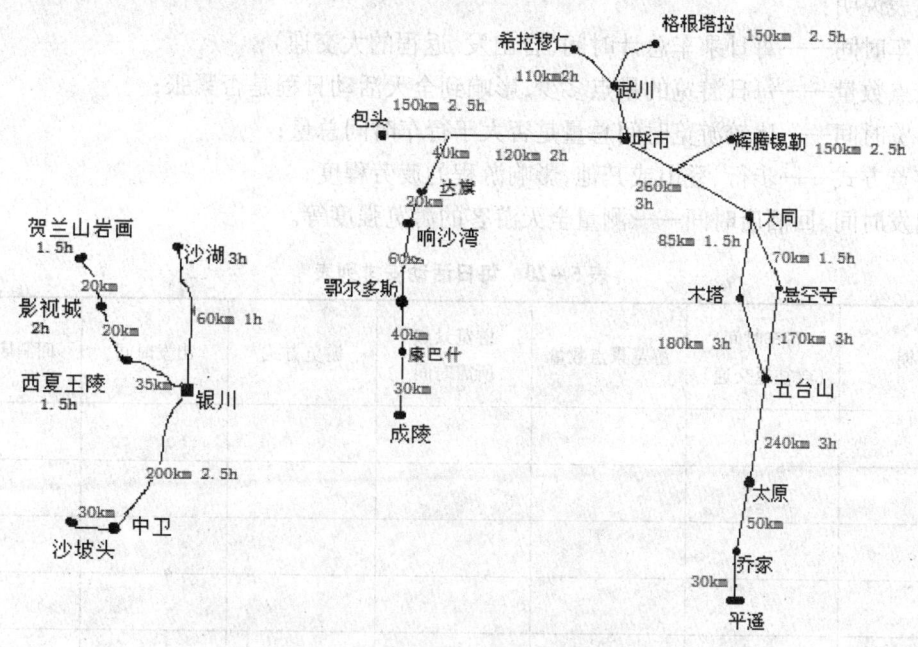

图 5-2 晋蒙联线大致参考地图

(资料来源:山西虹桥旅行社有限公司)

任务四 西藏旅游线路分析

一、任务描述

1. 依照【模拟案例九】中的行程安排,完成下面的游览景点列表。

表 5-19 西藏八日游线路游览景点列表

序号	时间	景点名称	城市	景点类型	主要特色

2. 研读、分析【模拟案例九】中行程安排,掌握线路的特点和各环节需注意的事项以及工作侧重点。完成下面的每日活动安排列表。

填表说明:

行车时间——每日乘车总计时间(含出发、返程的大交通);

景点数量——每日游览的景点多少,影响到全天活动日程是否紧张;

游览时间——比较游览时间总量是否大于行车时间总量;

游览方式——步行、登山或其他,影响游程的疲劳程度;

出发时间、回酒店时间——测量全天游客的游览强度等。

表 5-20　每日活动安排列表

日期	行车时间 (含往返交通)	游览景点数量	游览景点所需时间	游览方式	出发时间	回酒店时间

3. 学生分组,查阅和分析旅游目的地的资料,分组完成"介绍旅游目的地""介绍主要游览景点""介绍目的地注意事项"以及"行程特色或风物特产介绍"的模拟实操,完成对线路进行分析的实操训练。

二、任务分析

完成本任务,首先要认真研读旅游线路的行程安排,收集相关资料进行分析、归纳、提炼和整理,再经过反复练习,才能完成对线路进行分析的任务。

三、相关知识

(一)西藏自治区概况

1. 概况

西藏自治区简称藏。位于中国的西南边陲,青藏高原的西南部。面积 122.84 万平方公里,约占中国领土总面积的八分之一,仅次于新疆维吾尔自治区,是世界上面积最大、海拔最高的高原,有"世界屋脊"之称。

2. 历史沿革

西藏自古以来就是中国的领土。公元 7 世纪初,藏族的民族英雄松赞干布统一了西藏各部落,建立了吐蕃王朝。13 世纪中叶,西藏正式纳入中国元代版图,将西藏划分为 13 个万户,万户长由朝廷直接封任。明代的近300年间,藏汉人民和睦相处。清代进一步加强了对西藏的治理。1911年辛亥革命后,中华民国时期宣布实行汉、满、蒙、回、藏五族共和,领土统一,在《临时约法》中规定西藏为中国领土,反对和抵制"西藏独立"活动。中华人民共和国建立后,中央政府决定和平解放西藏。

3. 人口、民族、宗教

西藏自治区是中国人口最少、人口密度最小的省区。1991年末人口221.8万,人口密度1.73人/平方公里,只有全国平均数的六十分之一。全区人口分布很不均衡,主要集中在南部和东部。雅鲁藏布江中游及其主要支流拉萨河与年楚河流域,是人口最稠密的地区,藏西阿里、藏北那曲,人口特别稀少,往往百里不见人烟。羌塘草原北部甚至被称为"无人区"。

西藏是全国藏族居民最集中的地区,1990年藏族人口为209.6万,占人口总数的95%以上,其余是汉族、回族、门巴族、珞巴族、怒族、纳西族等民族。藏族是中国古老的民族之一,除一部分分布在青海、甘肃、四川、云南等省份外,其余的二分之一居住在西藏。

宗教在西藏有着久远而深刻的影响,境内居民(除汉族外)大部分信仰宗教,其中藏族、门巴族、珞巴族等信奉藏传佛教,回族信奉伊斯兰教。藏传佛教影响最大。藏传佛教是大乘佛教,显密俱备,尤重密宗。它是公元4世纪以来外来佛教与西藏原有的苯教长期相互影响、相互斗争的过程中形成的带有强烈地方色彩的西藏佛教,在藏流传已有1000多年的历史。形成了许多独立的教派,它除原有的苯教外,还有"宁玛派"(俗称红教)、"萨迦派"(俗称花教)、"噶举派"(俗称白教),"格鲁派"(俗称黄教)。从公元16世纪起,西藏实行政教合一的制度,因此,无论在人们的思想意识上,还是在生产和生活等的习俗上,都带有浓厚的宗教(佛教)色彩,宗教活动成为大多数居民生活的一个组成部分。

(二)西藏独特的风俗

西藏在自己的形成和发展过程中,有很多与其他民族地区不同的独特风俗,主要表现在饮食、服装、礼俗、节日几方面。

1. 饮食

藏族的主食和饮料主要是糌粑、肉食、奶制品、酥油茶和青稞酒。糌粑是藏族特有的一种主食,系用青稞炒熟后磨成细粉。食用方式,主要是拌和酥油茶,用手捏成团吃,也可调以盐茶、酸奶或青稞酒。

2. 服装

藏装较为肥大,基本特点是长袖、宽腰、大襟。藏族穿衣,里面都要有一件衬衫,外面再穿藏袍。穿时夏天或劳动时只穿左袖,右袖从后面拉到胸前搭在右肩上;也可左右袖均不穿,两袖束在腰间。但冬天一般两袖均穿上。

3. 礼俗

礼俗主要有:献哈达——藏族最普遍的礼节,婚丧、节庆、乔迁、拜会尊长,朝拜佛像,送别远行等都有献哈达的习惯。磕头——藏民族常见的礼节,一般是朝拜佛像、佛塔和见大活佛时磕头,也有对长者磕头的。

4. 节日

一年中的主要节日有:

藏历年——藏历是藏族人民用的年历。藏历年是藏族人民一年中最重要、最隆重的节日，相当于汉族的春节。

酥油花灯节——开始于明永乐七年(1409年)。佛教格鲁派祖师宗喀巴于当年藏历正月十五在拉萨创办传昭法会，隆重纪念释迦牟尼示现神变降伏邪魔日。

雪顿节(意为酸奶盛筵)——每年藏历七月一日举行，为期四五天。节日期间，拉萨市民几乎倾城出动，穿上节日盛装，带上点心、糖果、食品、青稞酒、酥油茶、啤酒等吃喝用品和帐篷、围布，到罗布林卡边看节目边游玩。

望果节——庆丰收的节日。藏历七八月间举行。广大农民穿着新装，聚集在田间巡游，尽情歌舞，举行赛马、赛牛、射箭、投石、摔跤等活动。并享用丰盛的郊宴。

此外还有"沐浴节"(藏历七月上旬)、"神仙下凡节"(藏历九月二十九日)、"仙女节"(藏历十月十五日)"燃灯节"(藏历十月二十五日)、驱鬼节(藏历十二月二十九日)等。

(三) 拉萨概况

拉萨是中国西藏自治区的首府，已有1200多年的历史，也是全区政治、经济、文化和交通中心。拉萨市、郊面积近3万平方公里，57.6万人口(2011年)。其中市区面积51平方公里，城市人口14万多，有藏、汉、回等民族，藏族人口占87%。

公元7世纪中叶，吐蕃部族首领松赞干布在此创立基业。公元641年，松赞干布完成统一大业后，迎娶唐朝文成公主，公主进藏后建议用白山羊驮土填湖建庙。于是，人们把最初的寺庙，即现在的大昭寺，命名为"惹萨"，藏语的意思是"山羊背上"。最后，"惹萨"被译成了"逻些"，逐步又变成为"拉萨"了。而上千年来，这里曾几度成为西藏政教活动中心，于是，拉萨成为名副其实的"神圣之地"。

拉萨位于西藏高原的中部，海拔3650米，在群山环绕的小盆地的盆底，地势平坦，气候温和，冬无严寒，夏无酷暑。拉萨全年日照时间约3000小时，比邻省四川省省会成都市多1800小时，比中国最大的东部城市上海市多1100小时，在全国各城市中名列前茅，有"日光城"的美誉。

(四) 林芝地区

林芝位于西藏自治区东南部，地处雅鲁藏布江中下游，平均海拔3100米，是平均海拔最低的西藏地区，被称为西藏的江南。林芝在藏语中是"太阳的宝座"的意思，以世界上最深的峡谷——雅鲁藏布江大峡谷著称于世，还有错高湖景区、雅鲁藏布江大峡谷景区。

(五) 主要游览景点

1. 拉萨及大昭寺

海拔3650米的拉萨是座具有1300多年历史的高原古城。日照时间一年长达3000多小时，所以被称为"太阳城""日光城"，是著名的佛教圣地。大昭寺就位于古城中心，始建于公元7世纪中叶，是藏王松赞干布为迎接唐朝文成公主而修建的。

2. 布达拉宫

兴建于公元7世纪。宫堡耸立在拉萨河谷中心突起的红山之上，殿宇辉煌，僧舍栉比。

松赞干布时期修建的布达拉宫因遭雷击而毁坏。现在的布达拉宫是17世纪五世达赖喇嘛阿旺罗桑嘉措在原址上修建的。主楼高110米,共13层,僧舍一万间。

3. 纳木错

纳木错位于西藏中部,是中国第二大咸水湖,也是世界上海拔最高的大型湖泊。湖面海拔4718米,面积1920多平方千米。"纳木错"为藏语,蒙古语的名称是"腾格里海",译为汉语都是"天湖"的意思。

4. 青藏铁路

青藏铁路,是世界上海拔最高、线路最长的高原铁路,也是中国新世纪四大工程之一。这条"天路"东起青海西宁,西至拉萨,全长1956公里。其中,西宁至格尔木段814公里已于1979年铺通,1984年投入运营;格尔木至拉萨段,北起青海省格尔木市,经纳赤台、五道梁、沱沱河、雁石坪、翻越唐古拉山,再经西藏自治区安多、那曲、当雄、羊八井,至拉萨,全长1142公里,2006年7月1日正式通车运营。

四、任务准备

1. 详读【模拟案例九】中的行程安排。
2. 准备相关书籍,利用电脑、网络资源查阅相关资料。
3. 将学生分成4个学习小组,准备实操训练。

五、任务实施

表5-21 任务实施表

序号	步骤	操作及说明	要求	备注
1	查阅资料	依据【模拟案例九】中的行程安排,查阅相关景点知识,搜集相关资料。	(1)阅读细致 (2)资料丰富	
2	组内讨论学习	根据任务要求,分析、整理相关资料,完成两份表格。	(1)知识完整 (2)表格清晰	
3	线路分析实操训练	组内进行模拟训练,合作完成10分钟的本组线路分析任务。	(1)分工合理 (2)分析到位 (3)参与性强	
4	线路介绍实操训练	根据【模拟案例九】的行程,4组按照任务3要求进行实操训练。	(1)讲解流畅 (2)符合要求	
5	分享与评价	各组派代表分享本组任务完成过程,并进行讨论评价和完善。	(1)虚心学习 (2)评价中肯	

六、任务评价

见 P6~P7 "六、任务评价"表格。

七、问题及解决

表 5-22 问题及解决表

序号	问题	解决方式	意见和建议

八、知识拓展

西藏旅游注意事项

西藏在大多数人心目中都是一个遥远而又神秘的地方,那里既有高原独特的雪域风光,又有淳朴的民俗民风、独特的宗教信仰,神奇的自然风光和大自然与人文景观的完美融合使西藏成为了国内首屈一指的旅游胜地。

然而由于畏惧高原的路途风险和缺氧低压的环境,很多渴望观光的人们皆踌躇不前,望而却步。其实高原反应并不像人们想象的那样可怕,游客所到之处都是些环境秀美、人口密集的地方,交通也越来越便捷,只要做好了科学的防范措施,保持一颗平常心,大多数人都可以很快适应高原环境,在西藏收获属于自己的美好记忆。

一、前期准备

1. 心理准备

良好的心理素质是克服和战胜高原反应的灵丹妙药。大量事例证明,保持豁达乐观的情绪,树立坚强的自信心,能够减弱高原反应带来的身体不适。反之,忧心忡忡、思虑过度,稍有不适便产生紧张的情绪,反而会加大脑组织的耗氧量,从而使身体不适加剧,使自愈时间延长。

2. 身体准备

进藏前睡眠和休息要充足,严重高血压、心脏病患者不宜进藏。进入高原之前,禁止吸烟喝酒,防止上呼吸道感染。

3. 物品准备

(1) 口服药

提前服用:高原红景天,提前一到两周开始服用;

到达西藏后服用:高原安(高原宝);

其他常备药:感冒片剂、泻痢停、复方阿司匹林、扑尔敏、氨茶碱(针对阻塞性肺气肿等缓解喘息症状)、百服宁、西洋参含片、维生素、口服葡萄糖等;

还可准备小氧气瓶等物品。

(2)外用药

云南白药、万花油、创可贴、清凉油、风油精、伤湿止痛膏、眼药水等。

二、初入高原注意事项

1. 初上高原,每个人都会出现不同程度的缺氧症状,如气短、胸闷、呼吸困难等。如能够心境平和、正确处理,2~4 天后,一般都可使上述症状好转或消失。

2. 如果是坐飞机上高原,一般高山反应的症状会在 12~14 小时产生。故此,刚到高原不要过于兴奋,更不要剧烈运动,应该立刻卧床休息。否则,一旦高原反应加剧就需要更多的时间来适应了。

3. 人们常常用吸氧来缓解消除胸闷不适。虽然吸氧能暂时消除胸闷、气短、呼吸困难等症状,但停止吸氧后症状又会重新出现,延缓了适应高原的时间。因此在高原反应的症状不十分严重时,建议最好不要吸氧,这样可以使你更快适应高原环境。轻微的高原反应,会不治自愈,不要动辄吸氧,以免形成依赖。

4. 进藏后要多吃碳水化合物、易消化的食品;多喝水,使体内保持充足的水分;晚餐不宜过饱。最好不要饮酒和吸烟。要多食水果、蔬菜等富含维生素的食物。

5. 注意避免过度疲劳,饮食起居有规律。初到高原的前几天,不可急速行走,更不能跑步,也不能做体力劳动,尽量不要频频洗浴,以免受凉引起感冒(在缺氧状态下不易痊愈)。

6. 特别注意:如果进入高原后,反应的症状愈来愈重,特别是静息时也十分明显,且无好转迹象,应该立即吸氧,并到医院就诊。

总之,无论男女老幼、体强体弱,保持健康、乐观的心态至关重要。只要你能遵循上述几点,就会在进藏后很快驱除高原反应的困扰,乘兴而来,尽兴而归。

西藏旅游禁忌

每个民族都有自己独特的文化和生活习惯,藏族是一个古老而热情的民族,在漫长的历史中,也形成了自己的生活习惯和生活中的禁忌。

1. 藏族最大的禁忌是杀生,受戒的佛教徒在这方面更是严格。

2. 喝酥油茶时,主人倒茶,客人要待主人双手捧到面前时,才能接过来喝。

3. 去西藏旅游进入藏胞的帐房后,男士坐左边,女士坐右边,不得混杂而坐。

4. 行路遇到寺院、玛尼堆、佛塔等宗教设施,必须从左往右绕行,信仰苯教的则从右边绕行。不得跨越法器、火盆。

5. 进寺庙时,忌讳戴帽子、吸烟、摸佛像、翻经书、敲钟鼓。对于喇嘛随身佩带的护身符、念珠等宗教器物,更不得动手抚摸;在寺庙内要肃静,就座时身子要端正,切忌坐活佛的座位;忌在寺院附近大声喧哗、打猎和随便杀生。经筒、经轮不得逆转。

6. 忌用有藏文的纸当手纸或擦东西。

7. 走入乡村,藏族家里有病人或妇女生育时,门前都做了标记,有的在门外生一堆火,有的在门口插上树枝或贴一条红布,旅游时见到此标记,切勿进入。

8. 忌用单手接递物品。主人倒茶时,客人须用双手把茶碗向前倾出,以表敬意。

表 5-23　西藏拉萨至部分地区(景点)公里数及海拔

起点	终点	里程	途经	海拔(米)	路况
拉萨	贡嘎机场	65 KM		贡嘎机场3600、拉萨3650	柏油
八一镇	米林机场	60 KM		米林2950、八一2900	柏油
拉萨	火车站	20 KM		拉萨3650	柏油
拉萨	纳木错	244.5 KM	羊八井镇	羊八井4300、纳木错4718、念青唐古拉山7117	柏油
拉萨	羊卓雍湖	110 KM	曲水	羊湖4488(湖面) 岗巴拉山4750(翻越)	柏油 沙石
拉萨	珠峰大本营	616KM	曲水、羊湖、日喀则、定日、绒布寺	日喀则3860、定日4300、绒布寺5100、珠峰大本营5200	柏油 搓板
拉萨	林芝	400KM	墨竹工卡、工布江达	那米拉山5013、工布江达3580、八一2900	柏油

(资料来源:西藏旅行全攻略——飘在高原上三年老驴的唠叨 http://bbs.8264.com/thread-1726316-1-1.html)

项目六　旅途才艺训练(展示)

导游应该多才多艺,能玩善笑,才能够充分地调动游客的游兴,活跃旅途的气氛。故此,导游要掌握一些基本的才艺,有助于自己与游客沟通。在导游过程中,穿插进行才艺表演,能够给游客美的享受,获得导游质量上的突破。

导游需要准备的旅途才艺可以分为个人才艺、旅途游戏两类。

任务一　个人才艺训练

任务二　旅途游戏训练

任务一　个人才艺训练

一、任务描述

掌握导游个人才艺的要求。通过本任务的学习,选择2~3种个人才艺进行训练,并进行展示。

二、任务分析

要完成本任务,学生要找到适合自己或者能够学会的个人才艺,并加以训练。

三、相关知识

导游在旅途中用得上的个人才艺有很多种,总的来说可以分为:语言类、演唱类以及表演类三种。

(一)语言类个人才艺

1. 讲故事

(1)基本要求:可以是幽默故事,也可以是充满哲理的小故事,如果能与导游讲解中的景物有机地结合起来,就起到了虚实结合的讲解效果。

(2)注意事项:故事内容积极健康,有一定的依据;篇幅不宜过长,合乎情理、出乎意料,引人入胜;讲故事时,吐字要清楚,节奏要掌握好,语气以能调动游客的情绪为佳。

2. 说笑话

有幽默感的导游总是会受到游客的欢迎。

(1)基本要求:笑话内容健康、积极,短小精悍容易理解。

(2)注意事项:讲笑话要注意场合,要与当时所处的环境、气氛相协调。

3. 朗诵

在旅途中,导游选择合适的作品,声情并茂地朗诵出来,能够增添旅途的情趣,让旅途充满诗情画意,也可以给游客增加相关的文学知识。

如余光中的《乡愁》、刘半农的《教我如何不想她》、林徽因的《你是人间四月天》、徐志摩的《再别康桥》、艾青的《我爱这土地》、周聪的《多情自古江南雨》等诗歌;朱自清的《荷塘月色》《春》,鲁迅的《雪》,汪曾祺的《岳阳楼记》以及《大漠深处的胡杨》《雪乡》等散文。这些都是适合导游进行朗诵训练,在适当的时候进行朗诵的作品。

(二)演唱类个人才艺

1. 唱歌

唱歌是导游人员经常使用的一种活跃气氛、促进彼此之间感情交流的方式。导游人员带团时落落大方、恰到好处地用歌声来活跃气氛,适时恰当地用歌曲表达自己的情感,往往会得到游客的认可、受到游客的欢迎。

游客对导游人员的演唱水平没有过高的要求,导游要展示的主要是自己服务的诚意。故此,导游人员唱歌的基本要求主要是选择恰当的歌曲和合理选择唱歌的时间。

(1)选择歌曲

导游在选择歌曲的时候,应该首选与旅游目的地相关的歌曲。比如,若是带团去北京可以选《北京欢迎你》、《我爱北京天安门》、《让我们荡起双桨》等,去海南岛可以选《请到天涯海角来》,去西藏可以选《天路》《青藏高原》《珠穆朗玛》,去四川选《康定情歌》、《神奇的九寨》等。

歌曲适合选择多数人熟知的,容易引起游客的共鸣,能带动游客合唱参与。当然,还要视游客的年龄和职业选择歌曲。

一般建议导游选择节奏明快、让人心情愉快、能激起游客激情的歌曲,最好选择歌词比较短、人们比较熟悉、游客容易跟着一起唱的歌曲。如《大中国》《浪花一朵朵》《老鼠爱大米》。也可以是很时尚,能让游客跟着你一起唱起来、舞动起来的歌曲,如《爱我的请举手》等。

(2)选择唱歌时间

一般来说,有几个时间唱歌效果比较好,分别是在首次沿途导游中、旅程结束与游客告别时、旅途疲惫或漫长单调时,都是适合唱歌的时间。

如致欢迎辞之后,可选择《祝你平安》《跟我出发》《遇上你是我的缘》,表达自己的祝愿之情;送团的时候可以选择《同一首歌》《祝福》《好人一生平安》《祝你一路顺风》《其实不想走》《大约在冬季》等表示惜别之情;旅途疲惫漫长时,选些能为游客助兴,适合互动的歌曲,如《路边的野花不要采》《热情的沙漠》,粤语歌曲《友谊之光》等,可以调动游客情绪,起到消除疲劳的作用。

2. 地方戏曲

可以多选择一些脍炙人口、游客耳熟能详的经典剧目。作为国内长线团的全陪,带着团队去到全国各地,若是能唱上几句具有地方特色的戏曲,会让游客对你的导游水平有新的评价。作为一名地陪,若能把本地的经典剧目,特别是经典的几句表演一番,对于传播、发扬地方文化,更是意义重大。不论是全陪还是地陪,若是不仅唱给游客听,还能教上几句的话,更是会让游客兴致盎然、乐此不疲。

如京剧《苏三起解》《包龙图打坐开封府》《都有一颗红亮的心》《智斗》等;黄梅戏《夫妻双双把家还》《女驸马》等;粤剧《分飞燕》《帝女花》《禅院钟声》等;豫剧《女子们哪一点不如儿男》等。这些都是游客们喜欢听,还能哼上几句的名段。

(三)表演类个人才艺

表演类个人才艺有简单的魔术、口技,以及简易的乐器演奏等。

四、任务准备

1. 查阅相关资料,充分利用电脑、网络资源。
2. 学生分组练习。

五、任务实施

表6-1 任务实施表

序号	步骤	操作及说明	要求	备注
1	查阅资料	就旅途才艺的基本要求搜集相关资料。	(1)阅读细致 (2)资料丰富	可以课前准备。
2	个人训练	分析自身的特点,进行个人才艺训练。	(1)内容全面 (2)表达清楚	
3	组内训练	根据才艺要求,各组成员在组内进行切磋和展示。	(1)健康向上 (2)幽默风趣 (3)体现个人特色	
4	分享与完善	各组选出优秀作品和代表,分享本组任务完成情况,并进行讨论完善。	(1)虚心学习 (2)内容完整	

六、任务评价

见 P6~P7 "六、任务评价" 表格。

七、问题及解决

表6-2 问题及解决表

序号	问题	解决方式	意见和建议

八、知识拓展

阅读材料

心有多大,舞台就有多大——导游可借鉴的各种艺术形式

本文讨论的是在导游活动中可以借鉴的各种艺术形式和表现方法。我常常把旅游车看作一个舞台,这是展示导游才艺、学识最好的地方。心有多大,舞台就有多大。——谁说导游就不是一门艺术?

一、歌曲

导游唱歌不是什么新鲜事,如果仅仅是单纯唱歌的话,只能算一种才艺展示,而并非一种应用,这里举出几种应用形式。

1. 改词

把歌词改了,如改一首任贤齐、阿牛的《浪花一朵朵》。

原词:

　　　　我要你陪着我,看着那海龟水中游
　　　　慢慢地爬在沙滩上,数着浪花一朵朵
　　　　你不要害怕,你不会寂寞
　　　　我会一直陪在你的左右,让你乐悠悠
　　　　日子一天一天过,我们会慢慢长大
　　　　我不管你懂不懂我在唱什么
　　　　我知道有一天,你一定会爱上我,因为我觉得我真的很不错
　　　　时光匆匆匆匆流走,也也也不会回头
　　　　美女变成老太婆
　　　　哎呀那那那个时候,我我我我也也
　　　　已经是个糟老头
　　　　我们一起手牵手 啦啦啦~~啦啦啦~~啦啦啦~~

修改为:

　　　　我要你们随着我,体验这某地 N 日游
　　　　悠闲地坐在大巴上,数着高楼一座座
　　　　你不要害怕,你不会寂寞
　　　　我会一直陪在你的左右,让你乐悠悠
　　　　时间分分秒秒过,我们快乐又潇洒
　　　　出游的感觉真的很不错
　　　　也许过了几天,我们一定会爱上这
　　　　这里有我们的友谊和快乐
　　　　我们这里也要走走,那里也要遛遛
　　　　偶尔也要出趟国
　　　　人生高高兴兴工作,快快乐乐生活
　　　　我们一起手牵手
　　　　啦啦啦~~啦啦啦~~啦啦啦~~
　　　　我们结伴一起游

这样改歌词并不困难,可以随时根据实际情况做出调整,比如送团时候唱,就可以改成"你们曾经随着我"等。对歌词的修改会让客人觉得很新鲜,愿意集中注意力听下去,而且这样的歌词可以先入为主地给游客灌输一种快乐的理念,在不知不觉中营造了一个良好的工作氛围。游客也会觉得你是一个用心的导游,而且多才多艺。

2. 跑调

有一次去大连出全陪,临走的时候当地地陪唱了一首歌,唱得很有味道,游客也非让我唱一首,于是我"鬼哭狼嚎"地来了一次说唱,结果掌声要比全陪热烈得多。差到了一定的程度,其实也是一个特点,而且可以起到调节气氛的作用。我当时就博得了游客的同情——这厮唱得这么差,还敢出来,勇气可嘉;而且在他们面前自曝己短,会让他们感觉你没把他们当外人,心理距离也就拉近了。

跑调的技巧大家还要熟练掌握,像我这样的天才自不必说,对天生唱歌就字正腔圆的,这也是一门非常复杂的技术。你不但要跑,而且还要让大家不知道你要跑到哪里,就算知道了也追不上……

注意:这个技巧要慎用。你得在其他方面赢得游客的认可之后,才可以用这个办法,否则人家会认为你是个草包,什么都不会。

二、相声

1. 贯口

带团的过程中来一段《报菜名》,肯定掌声不断。这个形式好就好在,一大段词下来,游客一定会情不自禁地鼓掌和叫好。其实要背下来很容易,下下功夫没什么难的,这是一个投资小、收效快的学习项目,建议大家都可以尝试一下。记得有次聚会的时候宙斯(俗名陆然,目前为欧洲线专业领队,导游栖息地论坛总版主)来了一段"莽撞人张飞",效果就不错,连这厮都能学会,咱们谁不比他强啊!对吧?

如果仅仅是《报菜名》《地理图》等传统节目的表演,只能说是借鉴,谈不到应用。我们其实可以将这种艺术形式,穿插在我们的导游词里。下面是我根据张学良的生平写的一段贯口,给大家当作参考。

在清末民初,有东北人张作霖,出身草莽,不熟诗书,少年研习兽医,懂相马医马之术,20岁投清"毅军",为谍报员,因其胆大心细,屡立战功,升为骑兵哨长,次年还乡,得军中枪支弹药,聚集乡勇,成立保险队。期间拢人才,交乡绅,灭异己,聚财资。不几年,已成当地一大势力。而后投靠清廷,为新民府游击马队营管带。

1904年日俄交战,占我东北,张作霖左右逢源,周旋于两国之间,金钱枪械颇得壮大。多次剿匪,击溃苑四苑五兄弟,灭金凌宝帮、海沙子帮,智擒匪头杜立三,战功彪炳,升为镇守使。

1911年武昌起义,张作霖审时度势,计杀张榕,逼走蓝天蔚,身染斑斑血迹进驻奉天,气走张锡銮,驱逐段芝贵,执掌奉省之大权。忍一时,流放冯德麟,进一步,统一东三省。成为赫赫有名之东北王。

张作霖以奉系三省之地,三进山海关,当其盛时,控京城、挟政府、威震中原、饮马长江,鹰扬虎视,踌躇满志,亦一代枭雄。一生生有八男六女共十四子,长子张学良,字汉卿,号毅安,自幼聪慧,才气过人,三岁识千字,五岁背唐诗,十九岁进讲武堂,求学期间,刻苦勤奋,成绩为全校之首,20岁为卫队旅长,吉林剿匪,初试牛刀,直奉大战,崭露头角。有国父孙中山先生亲题:天下为公,赠与学良,与之共勉。

1928年,日军策划皇姑屯事件,炸死张作霖,张学良子承父业,主政东北。当时,有日本虎狼之邦,对东北之野心由来已久。张学良审时度势,毅然决定易帜,实现国家一统。自主政以来,息兵罢战,整顿军纪,发展经济,兴办学校,使东北之面貌焕然一新。

1930年阎锡山冯玉祥联合反蒋,中原大战一触即发,张学良调兵入关,武装调停,止住内乱。但因主力出关,后方空虚,给日寇可乘之机。

1931年9月18日,日军自炸铁路,诬陷我东北军所为,火烧北大营,史称九一八事变!沈阳、长春、吉林、锦州、哈尔滨四月之内,东北四省全部沦陷。张学良忍辱负重,代蒋受过,身背骂名,下野出洋……

这种表演形式只要说的时候连贯、熟练,就能出效果。

2. 捧逗

在来了一段贯口之后,很容易把话题扯到相声上,这时候就可以和游客互动起来。请一位前排的游客和你配合,给你捧哏,你在讲解的时候,让他捧,说点"是啊,嗯,没听说过,我呀?怎么回事?嘿!有点意思……"之类的,随便什么,很容易调动起大家的积极性,也很容易给自己营造一个和谐的讲解气氛,这样讲解就不是无意义的重复、背诵了,而真正做到讲演并重!

也许你会认为这样过于随便,或者游客的插话会打断讲解的思路,但我觉得这都不是大问题。可能这个方法不适合新人使用,但是对于一些老导游,这点问题很容易克服。我们就是要给游客营造一个轻松的环境,让他们时刻保持兴致,才会真正玩得开心。

三、地方曲艺

导游是地方形象大使,如果要对得起这个称号,就应该主动学习当地的地方曲艺。首先,多才多艺自然是好事,而且身为导游,在带团过程中传播、发扬地方文化更是意义重大。北京的导游来一段单口相声,唱一段京剧,或者来两句京韵大鼓;天津导游唱段板子,我们东北的来几句二人转,有能力的学习学习京剧的唐派艺术,东北大鼓什么的。话说回来这也和相声有关,说学逗唱中的学,他们能学我们就不能啊?就学几句,还是给外行唱,没准一不留神就被人当成艺术家了。多学会几样能耐,做导游也可以牛起来!最重要的是艺多不压身,你会得多,自然而然地就会自信起来。

四、数来宝

之所以把这种形式单列出来是因为它特别灵活,几乎是演唱者现编现唱,都是即兴发挥,这一点很值得我们学习。刚开始我很不服气,就连我这么聪明的人都做不到出口成章还合辙押韵,那些旧社会要饭的怎么能做到呢?其实这并不难,基本上都有一些"套词",在此基础上稍微改改就可以了,我们也可以效仿这个方法,准备一两套准词,根据客人不同、行程不同加以调整,出口成章也容易。

先来几句人家专业的:

  竹板儿打,我(这)抬头看,

  这个大掌柜的卖切面。

  这个切面铺啊,耍大刀,这生日满月用得着。

甲:要说面,咱们净说面,

  和出来,一个蛋,

擀出来,一大片,
切出来,一条线,
下到这个锅里团团转,
捞到碗里莲花瓣,
又好吃,又好看,
一个人儿吃半斤,
仁人儿吃斤半,
大掌柜的算一算,
算不上来你浑蛋。

这是马志明黄族民相声中的一小部分,就是让大家看看数来宝的词。我们很容易根据这个自己写词。例如:

竹板儿打,我上车来,
各位宾朋坐成排
你坐好,听我讲
我打起板子不用想
……

做导游也要讲"拿来主义",从各种艺术形式中吸取营养,来丰富我们的技巧。还是那句话:心有多大,舞台就有多大!①

语言类个人才艺范例

【故事篇】

一、小故事举例

1. 口香糖

飞机即将降落,空姐对乘客说:"为了使您的耳膜不被震破,请使用口香糖。"

飞机降落后,一乘客找到空姐说:"你的方法真好,耳朵一点感觉也没有。"

空姐说:"那太好了。"

乘客:"但是您能告诉我,怎样把口香糖从耳朵里拿出来吗?"

2. 闲聊

导游看见随团的一对夫妇总是手牵手,便问:"你们夫妻结婚多久了啊?"

游客:"我和太太结婚30年了,上街总是手牵着手。"

导游:"你们的夫妻感情真好啊!"

---

① 宙斯.带团就是战斗.北京:旅游教育出版社,2011.

游客:"我一松手,她就会去买东西啊!"

3. 吹牛

"我们去过的地方冷极了,"一位曾到北极探险的人吹嘘说,"冷得连蜡烛的火都凝固了,我们怎么吹都吹不灭。"

"这算不了什么。"他的竞争者说,"我们去过的地方更冷,话从嘴里一出来,就变成了冰块,我们必须把它们放到油锅里炸一下才知道刚才说了些什么。"

二、小哲理故事举例

1. 追悔莫及

一名英国旅游者游览了挪威后,发现口袋里的钱只够买一张回家的船票了。乘船从挪威到英国,只需两天的时间,因此,他决定乘船的两天不吃任何东西。

第一天早晨,他没去吃早餐。午饭时,他仍旧躲在他的房间里。到了晚上开饭时,他饿极了,再也忍不住了。他想:"即使饭后他们把我扔进大海里我也要吃饭。"吃晚饭时,他把侍者摆在面前的全部食品吃得一干二净,并做好了对付一场吵架的准备。

"把账单拿来!"他说。"我没有什么账单。"侍者回答说,"在轮船上,一日三餐费用已经包括在船票里了。"

小哲理:外出旅游要先做些功课,多了解一些情况,要不容易吃亏。

2. 这里没有鳄鱼

在海滩,游客正要下水。

游客问导游:"这里有没有鳄鱼?"

"没有。"

"真的没有?"

"真的没有呀! 早就被大白鲨吃光了!"

小哲理:告诉游客不要自己私自下水,要注意安全,也要接受导游善意的提醒。

3. I、C、U

有一中国客人去国外旅游,除了会说26个字母外,一句英语也不会说。

晚上他入住一家酒店。

半夜有一小偷趁机偷跑到他房间里,准备偷他物品时,正好碰到客人说梦话。

他说了三个字母,第一个I,第二个C,第三个U。

小偷一听"I see you."(意思为看见你了),小偷以为客人发现了他,吓得拔腿就跑。

客人的东西也因他的一句梦话而得以幸免遭窃。

小哲理:游客晚上在住宿时一定要注意人身、财产安全,特别是贵重物品要妥善保管。

三、地方风俗小故事举例

1. 海珠石的故事

传说故事之一:关于海珠石,民间有不少传说。一则传说讲道,某年农历七月十五中元节,越秀山西侧的三元宫上演大戏,当时人山人海很是热闹。一个讨饭的老太婆不小心碰翻了酒档一瓮酒,被档主抓住要她赔钱。老太婆穷困潦倒没钱赔,档主就要抓她见官。正闹得不可开交时,一个叫崔炜的书生为老太婆付了钱。这个老太婆原来是鲍姑(传说中神仙太守鲍靓的女儿,因医术高超、乐善好施被老百姓称为神医鲍姑)。

为了答谢崔书生,鲍姑施法术让崔炜游了南越王赵佗的坟墓。在墓中,崔炜得到了赵佗生前视为镇国之宝的阳燧宝珠。不久,来了个波斯商人,说他们的国王丢失了一块镇国之宝叫摩尼珠,跟崔炜得到的宝珠一模一样。他遂以十万贯重金购买了崔炜的宝珠。波斯商人带着宝珠乘海船回国。

在船上,波斯商人拿出宝珠观赏把玩,心想将宝珠献给国王,自己将升官发财享尽荣华富贵。正在做着白日美梦之时,突然狂风大作,巨浪滔天,宝珠化作一道白光,从他掌心跃入水中,钻到一块巨石下面去了。这正应了"命中有时终归有,命中无时莫强求"这句老话。中国人的宝物岂能落入夷人之手?据说,宝珠落入之海因此得名珠海;那块巨石,便是海珠石。"珠海"随时代的变迁,后又称作珠江。

传说故事之二:从前光孝寺有一个后花园,花园旁边住着一位赵举人,他的书房前有一个很大的洗砚池。一天,家童失手把端砚掉进洗砚池里了。家童害怕受罚,赶紧跳下池里去找。找了半天没找着,却捞上来了一块青绿色的大石板。只见这块石板长三尺,宽两尺,厚五寸,晶莹光滑,煞是可爱。赵举人见了十分欢喜,便拿进书房放在木架子上,在上面摆放古玩。赵举人的祖父曾是前朝宰相,而他却是个败家子,坐吃山空,后来就靠变卖家中的古玩过日子。

一天,一个外国珠宝商到他家买珠宝,挑来挑去,看中了那块青石板。见赵举人心有不舍,商人就对赵举人说:"你若不肯整块出让,可将它分成三块,我取中间一块,酬金三千。"赵举人虽然不舍得,但急等钱用,就答应了。外国商人随后带来玉工,把青石剖开。赵举人一看中间那块,竟是一幅天然的山河浴日图,只见群山叠翠,草木青葱,下方碧波荡漾,东方旭日映出空中一片耀目霞光,不觉一时怔住,但此时悔之已晚。

外国商人拿了宝石后,急忙登船返国。非常奇怪的是,开船前还风平浪静,可走不多远,突然大浪翻滚,把船拖回了岸边,随后又恢复平静。第二次开船后仍是如此。外国商人不死心,下令第三次开航,结果他的商船被怒吼的波涛打翻,转眼就无影无踪了。第二天清晨,船只沉没处浮起了一块珠光闪烁的巨大海石。据说这就是海珠石,今天仍流经广州城的水域当初因此被叫作珠海,如今叫珠江。

传说终归是传说,其中充满神话色彩,不足为信。但是,广州城有一块海珠石却是不争的事实。这块海珠石就在如今的西堤附近,而当初它也的确是位于水中而不是在岸上。海珠石原为珠江河道的巨型礁石,由白垩纪红色砂硕石构成,长100多米,宽50余米,顺江而卧,俨然是珠江中心的一个小岛。它因长期受江水冲刷而光洁浑圆如珠、随潮汐变化浮沉海上,故被称为"海珠石"。由于极具风水学上的吉象,不少广州人将其视为"镇城之石"。海珠石直到宋代时仍居于江中心,后因泥沙淤积,逐渐与珠江北岸相连。

(资料来源:广州石头记.2009.9.13.)

2.贪泉和沉香浦

"古人云此水,一歃怀千金。试使夷齐饮,终当不易心。"这是晋代吴隐之来广州船经石门时写下的诗句。

广州城区西北面,有个地方叫石门。它地处郊外,似是为世人遗忘。然而,鲜为人知的是,曾几何时,它是广州水上交通的门户。

东晋末年,士族官僚们安于逸乐,终日沉湎于酒色之中。而当时的广州,已日渐发展成为海上贸易中心,外国商船经常带来许多奇异的珍宝,据说前来做官的官吏只要携带一箱珠宝返回内地,就可供几代人享用不尽,所以来广州上任的大官多是轻舟而来,满载而归。民间有云:"广州刺史但从城门一过,便得三千万也。"由于石门是必经之地,民间为讽刺这种现象,就把石门北岸的一口泉水叫作"贪泉",意思是南来官吏一喝这里的泉水,便都变得贪婪无比。

广州刺史贪污受贿的丑事远播,隆安三年(339年),晋安帝派一代清官吴隐之为广州刺史,"欲革岭南之弊"。吴隐之接到任命后,立即携带家眷启程上路。

吴隐之临行前就听说过所经过的石门有一个贪泉,以往路过这里的人为了标榜自己的清白,宁肯忍着口干舌燥之苦,也绝不饮贪泉水。吴隐之却特地将船靠岸在贪泉附近,感慨地对同行的亲人说:"过了岭南而丧失清白,无非是自己有贪欲。不被私欲驱使,心绪就不会错乱。"说完,他走到水边,一面酌泉而饮,一面赋诗咏怀:"古人云此水,一歃怀千金。试使夷齐饮,终当不易心。"他列举伯夷、叔齐那样有气节的人,纵使饮了贪泉也始终不会改变他们纯洁的心灵,以此表达了他要效仿前人自律、不易节操的坚定立场。

据《晋书·吴隐之传》记载,吴隐之在广州生活相当俭朴,每餐通常只有青菜,有时加点比鲜鱼还廉价的鱼干。在任时所穿的衣服也都是以往穿过的,他把官府规定供给他的器物也都送回府库堆放起来,不了解吴隐之的人都说他矫揉造作,为博虚名,然而吴隐之并不为这些闲言碎语所动,始终坚持去奢务俭的节操。

后人为纪念吴隐之这位难得的清官,也为警戒后来的贪官污吏,便特地在石门竖立了一块"贪泉碑",并将他那首《酌贪泉》刻在石碑上。

吴隐之清廉自律,却生不逢时。元兴三年(404年),卢循率农民军火攻广州,吴隐之一家成为俘虏,后经朝中掌握实权的大臣刘裕说情才得以遣返。吴隐之离任北上之时乘小船来到市郊石门,相传那天猛然间天昏地暗,狂风暴雨直摧桅杆,他隐隐感到有些不妥,自省并无丝毫贪欲,便下令家人检查行李,没发现什么南方佳品,只有他妻子偷偷带在船上的一斤沉香。

吴隐之大怒,愤然将沉香投入江中,奇迹出现了:不到片刻,浪息风偃,雨霁云散,江天一派清朗。此后,江心冲积起一处小沙洲,后人把这处沙洲称为"沉香浦"。如今,这个小洲仍然立于珠江水中央。

吴隐之的事迹感动了百姓,也被岭南为官者引为风范,石门贪泉因此闻名。

(资料来源:贪泉碑犹在,几度夕阳红.广州日报,2009.1.18.)

【朗诵篇】

篇目

1.《你是人间四月天》(林徽因)

2.《多情自古江南雨》(周聪)

3.《教我如何不想她》(刘半农)

任务二 旅途游戏训练

一、任务描述

各小组模拟导游和游客的身份进行角色扮演,导游准备一项旅途游戏,组织游客完成游戏,然后进行分享总结。

二、任务分析

要完成本任务,首先要收集关于旅途游戏方面的资料,并加以分析、归类和整理,在小组内训练切磋,以小组为单位组织游戏并向全班展示。

三、相关知识

在旅途中,特别是长时间乘车时,导游可组织游客开展一些游戏活动,不仅可以活跃气氛,还能让游客积极地参与到旅游活动中来。导游常用的游戏活动有:猜谜语、学说当地方言和车上小游戏等。

（一）猜谜语

谜语主要指暗指事物或文字等供人猜测的隐语,也可引申为蕴含奥秘的事物。猜谜语是一项轻松愉快的娱乐活动,导游在旅途中组织游客猜谜语,有利于活跃气氛,还能增加游客对导游的信任感和亲切感。

1. 基本要求

为了让游客积极参与猜谜语的活动,达到活跃气氛的效果,导游选取的谜语不应太难。应尽量选些经过短暂思考就能找出答案,又让人有恍然大悟之感,觉得有趣味的谜语。

2. 注意事项

在组织猜谜语活动时,导游应密切注意游客的反应,若多数游客积极性高,踊跃参加,则可以多出些谜语,让游戏进行下去。相反,若参与的人不多,游客积极性不高,导游应该适可而止。为提高游客的参与性,导游可准备些小礼物作为奖品。

（二）旅途小游戏

富有情趣的游戏和活动是调节游客情绪的重要手段。路途较长而游客又不疲倦的前提下,导游人员应当注意安排一些调节旅途情绪的游戏和活动。这是让游客解除旅途劳累、与游客加深感情、营造愉快氛围的好方法。

（三）学说当地方言

游客到了旅游目的地之后,除了对游览景点最为感兴趣之外,对于异国、异地、异族文化也有很强烈的好奇心,其中主要的表现就是对游览地方言的浓厚兴趣。

用本地方言解说本地美景,解读地方文化,让游客感受"听"出来的风土人情。教游客学说本地方言,是游客参与积极性最高的一项游戏。

学说当地方言可以从方言笑话、学说数字、典型方言词汇、经典方言语言以及方言歌曲等几个方面着手。

四、任务准备

1. 查阅相关资料,充分利用电脑、网络资源。
2. 学生分组练习。

五、任务实施

表6-3 任务实施表

序号	步骤	操作及说明	要求	备注
1	查阅资料	就旅途游戏的基本要求,搜集相关资料。	(1)阅读细致 (2)资料丰富	可以课前准备。
2	个人训练	分析自身的特点,进行旅途游戏训练。	(1)内容全面 (2)表达清楚	
3	组内训练	根据要求进行组内训练切磋,角色轮换进行练习。	(1)健康向上 (2)幽默风趣	具个人特色
4	分享与完善	各组展示本组任务完成情况,并进行讨论完善。	(1)虚心学习 (2)内容完整	

六、任务评价

见 P6~P7 "六、任务评价" 表格。

七、问题及解决

表6-4 问题及解决表

序号	问题	解决方式	意见和建议

八、知识拓展

旅途谜语举例

1. 青草地系列

一片青草地(猜花名)——梅花(没花)

又一片青草地(猜花名)——野梅花(也没花)

来了一只羊(猜一种水果)——草莓(草没)

又来了一只羊(猜一种蔬菜)——豆角(斗角)

羊还在,来了一匹狼(猜水果)——杨梅(羊没)

狼还在那里,又来了一群羊(猜一种小食品牌子)——喜之郎(喜之狼)

2. 蚂蚁和大梨系列

两只蚂蚁走在路上,突然看见一只很大的梨。打一国家名。

蚂蚁甲:"咦,大梨?"(意大利)

蚂蚁乙:"嘘,梨呀。"(叙利亚)

蚂蚁甲:"噢,大梨呀。"(澳大利亚)

蚂蚁乙:"嘻,搬呀。"(西班牙)

蚂蚁甲:"我来!"(文莱)

蚂蚁乙:"抱家里呀。"(保加利亚)

抱不动,蚂蚁甲出主意:"啃梨呀。"(肯尼亚)

蚂蚁乙咬了一口,说:"梨不嫩。"(黎巴嫩)

蚂蚁甲也咬了一口,说:"面的。"(缅甸)

蚂蚁乙再咬了一口,说:"一涩梨。"(以色列)

3. 人物系列

哈子都卖了,就是不卖被子(打一三国人名)——刘备

笼中鸟(打一三国人名)——关羽

降落伞(打一三国人名)——张飞

禁止放牛(打一唐代诗人)——杜牧

日暮投宿难(打一唐代诗人)——白居易

雪压千山尽素装(打一现代画家)——齐白石

潜心写作(打一现代作家)——沈从文

庄稼人(打一现代作家)——田汉

岂能虚度年华(打一外国作家)——安徒生

(资料来源:http://www.xici.net/b0/d67281228.htm)

阅读材料

部分旅途小游戏

1. 眨眼传数字游戏

游戏规则：

此游戏可请全陪配合，将车上的人分为四组（大巴一个纵列一组）。

由全陪在车尾给每组最后一位游客看一个数字（每组不同），然后一位一位往前传。注意，传数字时不能说话，也不能用手比划，只能用眼睛——眨眼睛传数字。

可以先由两位数开始玩起，左眼代表十位数，右眼代表个位数。如传的数字是36，就是用左眼眨三下，再用右眼眨六下。

当后面一位开始传的时候，其他人眼睛都只能看向前方，等后面一位伙伴拍你肩膀时才能回头，就好像在玩"超级比一比"。因此，这项游戏又可称为"超级眨一眨"。

进阶：数字可由二位数增加到三位数，百位数字可用嘴巴来表示。如：236，就是用嘴巴先开合两下，然后左眼、右眼同上，当然也可以四位数、五位数，表示的方法也很多，可由带领者自行发挥，但要注意安全！

2. 给新人送贺礼游戏

游戏规则：

假设车上有对"新人"，大家轮流给他们的"新家"送一件家居用品，可以是家具、家电、厨具等家居用品，但是随身衣物除外，说错或者重复的视为失败，要出小节目。

3. 刨根到底

游戏规则：

上一游戏的延伸版，可以由任一游客出题目，比如常见的人体器官、动物的种类、各国的首都、各省的省会、花的名字等等，当有人说不上来或者重复的视为失败，要表演节目。

4. 猜数字游戏

游戏规则：导游在一张纸上写上一个数字，比如"39"，告诉游客数字范围是1~100之间，请游客一个接一个地猜数字，导游则按照游客猜的数字缩小范围，直到猜中为止。

如一位游客猜58，那就缩小范围至1~58……直到猜到23为止，猜中者有奖，导游可准备一些小礼品送给中奖者，激发游客踊跃参与。

阅读材料

学说当地方言——粤语

粤语在全球有1.3亿的使用者，在香港、澳门、东南亚等国家和地区广泛使用，是世界排名第16的语言。很多外地游客都能说上一两句粤语，唱上一两首粤语歌曲。作为导游，能够在长途车行进途中,带着游客学讲粤语,是非常好的消遣游戏之一。

如果你想验证自己的粤语说得准不准,有一个办法,念念这首歌谣吧:"阿四阿四,罗条锁匙,开个夹万,罗两毫子,买斤荔枝,唔爱黑叶,要爱槐枝。"如果你能咬字清晰准确,就算会说正宗的粤语了。

一、部分日常用语对照

表6-5 部分日常用语对照

普通话	粤语
你好!	你好!
你叫什么名字?	你叫咩名啊?
谢谢!	唔该!多谢晒!
对不起/不好意思。	对唔住/唔好意思。
不好意思打扰你一下。	唔好意思阻你一阵。
在哪里呀?	喺边度呀?
现在是2点。	宜家系两点。
你在干什么?	你喺度做乜啊?
你吃饭了吗?	你食咗饭未啊?

二、粤语的特点

1. 保留了大量的古汉语

由于汉人入粤很早,就语言方面来说,离开中原越早,保留古汉语的成分就越多。有些口语词在中原地区消亡了,却保留在粤语方言中。如"来",粤语方言念作"黎"。

粤语中还保留有大量的古字,如:身体器官中,用"眼"表"眼睛",用"眉"表"眼眉",用"颈"表"脖子",用"嘴"表"嘴巴",用"翼"表"翅膀";动词中,有"企"(站立),"揞"(用手盖着),"戆"(呆,傻,笨),"食"(吃),"着"(穿),"落"(下),"笠"(套);生活用品中,有"樽"(瓶子),"钳"(钳子),"镜"(镜子),"镬"(锅),"壳"(勺子),"遮"(伞),"衫"(衣服),"褛"(外套),"餸"(下饭的菜),"台"(桌子),等等。

粤语中也有很多古越语的痕迹,如:紧要(要紧)、人客(客人)、鸡公(公鸡)等等。

2. 特殊词汇很多

如"菜"叫"餸","能干"叫"叻","什么"叫"乜嘢","睡"叫"瞓"等。

广州人喜爱创造形象生动的俗语和俚语统称为惯用语。例如:八卦,即爱管闲事,爱讲是非;牛一,戏称生日;手信,送与亲友的礼物;醒水,指机灵;执生,指看着办;执笠,指商店倒闭;生猛,指生气勃勃;扮嘢,指卖弄;拍拖,喻为恋爱;俾面,为赏面、给面子的意思;等等。

3. 吸收外来语成分多

唐宋时期吸收阿拉伯语,如邋遢(脏),清至民国时期则大量吸收英语,如波(球ball),呔(领带tie),的士(出租车taxi),花臣(时尚fashion),菲林(胶卷film),士的(拐杖stick),士巴拿(扳手 spanner),飞(票 fee)等。

4. 喜用民间俚语

请看下面一段粤语方言:

昨天"潮流兴""炒更",今日有兴"跳槽"。今日"老细""炒你鱿鱼",听日话唔定你会"炒""波士"。所以你要自己"执生",就系"食自己"。

上一段话尽管你每个字都认识,但其中的意思只有懂粤语的人才明白,粤语方言的奥妙堪值品味。

三、学唱粤语儿歌

广州亚运会的一首粤语儿歌《月光光》将开幕式引向了高潮,南粤文化通过这首歌也得到了很好的诠释。这首儿歌其实是一首旋律优美、歌词通俗又极富韵律感的摇篮曲:

月光光照地堂韵(月光光照地上)
虾仔阿你乖乖瞓落床韵(娃娃你乖乖睡到床)
听朝阿妈要赶插秧咯(明早妈妈要赶插秧)
阿爷睇牛去上山冈韵哦(爷爷放牛上山冈)
虾仔你快高长大咯(娃娃你快长大)
帮手阿爷去睇牛羊(帮着爷爷放牛羊)
月光光照地堂韵(月光光照地上)
虾仔阿你乖乖瞓落床韵(娃娃你乖乖睡到床)
听朝阿妈要捕鱼虾咯(明早妈妈要捕鱼虾)
阿嫲要织网要织到天光韵哦(奶奶要织网到明晨)
虾仔你快高长大咯(娃娃你快长大)
划艇撒网就更在行韵哦(划艇撒网就更在行)
月光光照地堂韵(月光光照地上)
年卅晚摘槟榔韵(大年三十晚摘槟榔)
五谷丰收堆满仓韵咯(五谷丰收堆满仓)
老老嫩嫩喜气洋洋呵(老老嫩嫩喜气洋洋)
虾仔你快哟䀹埋眼咯(娃娃你快点闭上眼)
一觉瞓到大天光韵呵(一觉睡到大天亮)

(注:①地堂:地上;②虾仔:婴儿,幼童;③瞓:睡;瞓落床:睡到床上去;④听朝:明早;⑤睇牛:放牛;⑥阿嫲:奶奶;⑦天光:黎明;⑧䀹埋眼:闭上眼。

(资料来源:老墨. 粤语方言趣谈. http://blog.sina.com.cn/changdw2008)

模块三　出境游领队服务训练

开篇案例

全陪导游工作的锻炼,让李玉提高了能力,增长了见识,导游工作也做得更加认真细致。由于她每一次出国内长线团之前都能够认真准备,多方面去了解国内目的地的情况,并且不厌其烦地反复核对资料,避免了多次可能出现的问题和事故。李玉善于反思和总结自己在全陪工作中的优点和失误,渐渐地形成了自己的带团风格,成为游客喜爱、公司器重的优秀导游。

对于李玉来说,她坚信"读万卷书,行万里路"会成就自己的导游梦想。这次,李玉转到了新的部门——出境游部,她希望能够用对职业的热爱、对游客的真诚、对工作的细致,唤醒人们的文明旅游意识,使游客真正感受到文明出行、文明旅游带来的快乐和收获。

训练目标

★ 掌握出境旅游的基本业务,能完成几种证件申报的填表工作。
★ 能完成出境游团队出境前的说明会,能按照领队工作要求完成服务准备、国内外的出入境服务,掌握境外旅游的注意事项。

项目七　出境游基本业务

出境,是指由中国内地前往其他国家或者地区,由中国内地前往香港特别行政区、澳门特别行政区,由中国大陆前往台湾地区。

20世纪90年代以来,我国出境旅游呈持续高位增长趋势,中国在世界旅游发展格局中的地位越来越重要,并逐渐成为开创全球旅游新时代的决定性力量之一。据中国旅游研究院2013年11月发布的《2013中国旅游业发展报告》显示,2012年中国出境旅游达8300多万人次,中国游客境外消费总额达到1020亿美元,中国由此成为世界第一大出境旅游市场和世界第一大出境旅游消费国。

担任出境游领队,首先要了解出境旅游的基本业务,包括出境旅游程序、各类证件的申办要求以及申办表格的填写,并且能够介绍出境旅游要求。

任务一　出境旅游业务说明
任务二　申办各类证件及表格填写

任务一　出境旅游业务说明

一、任务描述

掌握出境旅游的基本业务,了解各类证件申办手续,并模拟进行出境游业务咨询实操训练。

二、任务分析

完成本任务,首先要认真研读旅游路线的行程安排,收集相关资料进行分析、归纳、提炼和整理,再经过反复练习,才能完成对线路分析的任务。

三、相关知识

(一)各类证件知识

1. 出国旅游——护照、签证

(1)护照的种类

中华人民共和国护照是中国政府发给中国公民,供其出入国(境)和在国(境)外旅行或居留时证明其国籍和身份的证件。中华人民共和国护照分为外交护照、公务护照、普通护照和特区护照。公务护照又分为公务护照和公务普通护照。特区护照分为香港特别行政区护照和澳门特别行政区护照。外交护照、公务护照和公务普通护照统称为"因公护照"。

 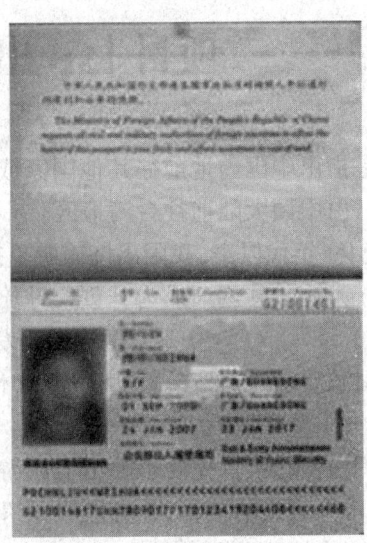

图7-1　97-2版护照

(资料来源:广东省公安厅出入境政务服务网)

(2)护照的有效期限

外交护照和公务护照有效期最长不超过5年,普通护照有效期最长不超过10年,期满后换发新照。香港特区护照的有效期一般为10年,签发给16周岁以下儿童的护照有效期为5年。澳门特区护照有效期一般为10年,签发给18周岁以下儿童的护照有效期为5年。

2. 港澳旅游——往来港澳通行证

内地居民因私往来香港或澳门特别行政区旅游、探亲或从事商务、培训、就业等非公务活动,向户口所在地的市、县公安出入境管理部门提出申请。凭公安出入境管理部门签发的往来港澳通行证及有效签注前往。

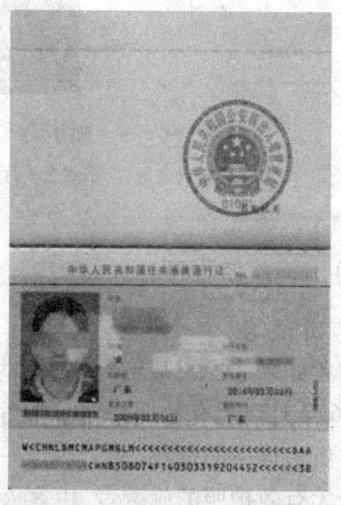
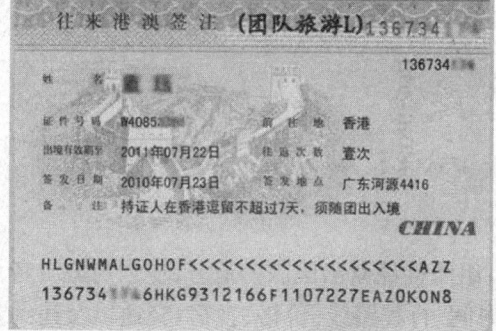
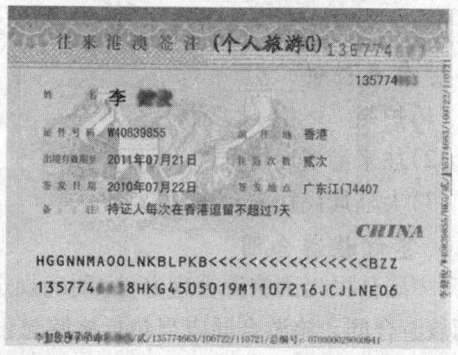

图7-2 2000-2版往来港澳通行证

(资料来源:广东省公安厅出入境政务服务网)

3. 赴台湾旅游——大陆居民往来台湾通行证、台湾地区入出境许可证(入台证)

大陆居民要先在户口所在地的出入境管理机构申请《大陆居民往来台湾通行证》,并同时申请有效"签注",入境台湾地区时,和台湾地区入出境许可证(俗称"入台证")一并查验。

图 7-3　大陆居民往来台湾通行证

(资料来源:广东省公安厅出入境政务服务网)

(二)出境旅游程序

1. 参团报名

旅游者如果选择了某旅行社的出境游线路产品,交费报名时,需提供:本人有效因私护照(至少 6 个月以上有效期);签证照片(近期正面免冠彩色)2~6 张;办理欧美地区签证则要求提供更为详尽的资料。

对于无有效护照的旅游者,由客人自行到户口所在地公安机关办理。

旅游者缴费报名后,旅行社应给客人开具发票,部分证件需持旅游发票方可申办。

2. 申办证件

(1)护照

(2)往来港澳通行证

(3)大陆居民往来台湾通行证

3. 签订旅游合同

《中国公民出国旅游管理办法》明确规定,组团社经营出国旅游业务,应当与旅游者订立书面旅游合同。旅游合同应当包括旅游起止时间、行程路线、价格、食宿、交通以及违约责任等内容。旅游合同由组团社和旅游者各持一份。

4. 申办签证

签证(visa),是一个国家的主权机关在外国公民所持的护照或其他旅行证件上的签注、盖印,以表示允许其出入本国国境或者经过国境的手续,也可以说是颁发给他们的一项签注式的证明。概括地说,签证是一个国家的出入境管理机构,对外国公民表示批准入境所签发的一种文件。

护照是持有者的国籍身份证明,签证则是主权国家准许外国公民或者本国公民出入境或者经过国境的许可证明。

各国视具体情况,签证种类有所不同,一般依据出入境事由可分为:外交签证、公务签证、礼遇签证、旅游签证、过境签证、居留签证等种类;依据入境次数可分为:一次入境和多次入境签证;依据使用人数可分为:个人签证和团体签证;依据为持有人提供的方便:有另纸签证、落地签证等。

我国旅游者须持签注有效签证的护照方可出国旅游。申办签证是出境旅游业务流程中非常重要的一个环节,能否拿到出游目的地国家的签证直接关系到团队出行计划能否实施。旅游者所前往的目的地国家的旅游签证,通常由旅行社统一向该国驻华使、领馆申办。

四、任务准备

1. 准备相关书籍,利用电脑、网络资源查阅相关资料。
2. 将学生分成学习小组,准备实操训练。

五、任务实施

表7-1 任务实施表

序号	步骤	操作及说明	要求	备注
1	查阅资料	查阅相关资料,了解各类证件办理的相关知识以及出境游业务知识。	(1)阅读细致 (2)资料丰富	
2	组内讨论学习	根据任务要求,分析、整理相关资料。	(1)知识完整 (2)条理清晰	
3	组内模拟实操训练	组内进行模拟训练,合作完成出境游业务咨询任务。	(1)分工合理 (2)内容准确 (3)参与性强	
4	分享与评价	各组派代表分享本组任务完成过程,并进行讨论评价和完善。	(1)虚心学习 (2)评价中肯	

六、任务评价

见P6~P7"六、任务评价"表格。

七、问题及解决

表7-2 问题及解决表

序号	问题	解决方式	意见和建议

八、知识拓展

出国护照——护照简介

一、护照种类、颁发对象和颁发机关

（一）护照种类

中华人民共和国护照是中国政府发给中国公民，供其出入国（境）和在国（境）外旅行或居留时证明其国籍和身份的证件。中华人民共和国护照分为外交护照、公务护照、普通护照和特区护照。普通护照又分为因公普通护照和因私普通护照（简称"因私护照"）。特区护照分为香港特别行政区护照和澳门特别行政区护照。外交护照、公务护照和因公普通护照统称为"因公护照"。

（二）颁发对象

外交护照主要颁发给中国党、政、军高级官员，全国人民代表大会、中国人民政治协商会议和各民主党派的主要领导人，外交官员、领事官员及其随行配偶、未成年子女和外交信使等。

公务护照主要颁发给各级政府部门县（处）级以上官员、派驻国外的外交代表机关、领事机关和驻联合国组织系统及其专门机构的工作人员及其随行配偶、未成年子女等。

因公普通护照主要颁发给各级政府、社会团体的一般工作人员和国有企事业单位因公出国人员。

因私普通护照主要颁发给出国定居、探亲、访友、继承财产、留学、就业、旅游等因私事出国的中国公民。

香港特别行政区护照颁发给持有香港特别行政区永久性居民身份证的中国公民。

澳门特别行政区护照颁发给持有澳门特别行政区永久性居民身份证的中国公民。

（三）发照机关

外交部负责颁发外交护照、公务护照和因公普通护照，并办理上述因公护照的各类手续。自2002年5月1日新版外交护照启用后，外交护照统一由外交部签发。

经外交部授权，各省、自治区、直辖市人民政府外事办公室，各计划单列市、经济特区和沿海开放城市人民政府外事办公室负责颁发公务护照和因公普通护照，并办理上述因公护照的各类手续。新版外交护照启用后，外交护照由各省、自治区、直辖市人民政府外事办公室负责向外交部领事司申办。目前，包括外交部全国共有58家因公护照的颁发机关。

经公安部授权，各地方公安机关负责颁发因私普通护照，并办理因私护照的各类手续。

根据香港特区基本法和澳门特区基本法，中央人民政府授权港、澳特区政府依照法律分别签发港、澳特区护照。

中华人民共和国驻外大使馆负责颁发公务护照、因公普通护照和因私普通护照,并办理上述护照的各类手续;办理香港、澳门特区护照及其他旅行证件的有关事宜。

中华人民共和国驻外总领事馆和领事馆负责颁发因公普通护照和因私普通护照,并办理上述护照的各类手续;办理香港、澳门特区护照及其他旅行证件的有关事宜。

外交部驻港、澳公署负责颁发公务护照、因公普通护照和因私普通护照,并办理上述护照的各类手续。

二、中华人民共和国其他旅行证件

(一)中华人民共和国旅行证

中华人民共和国旅行证是代替护照使用的国际旅行证件。中华人民共和国旅行证由中华人民共和国驻外国的外交代表机关、领事机关及其他中华人民共和国外交部授权的驻外机关颁发给以下人员:

1. 由海外往返中国大陆的港、澳、台同胞;
2. 持台湾身份证件无法申请外国签证的台胞;
3. 因时间等条件限制来不及申领护照的中国公民。

(二)中华人民共和国海员证

中华人民共和国海员证(简称"海员证")由交通部海事局及其授权的海事机构颁发给出国(境)执行航海任务的中国海员。目前,我国部分海员出国(境)执行任务只持海员证,其他海员出(境)执行任务还须申领护照。

(三)香港签证身份书

香港签证身份书由香港特区政府签发给未能申领香港特区护照或其他国家(地区)旅行证件的香港居民。

(四)香港海员身份证

香港海员身份证签发给持有香港特区政府海事处签发的"雇用登记簿"的香港居民。

(五)中华人民共和国澳门特别行政区旅行证

澳门特区旅行证由澳门特区政府签发给未能领取澳门特区护照的澳门居民(包括外国人)。

(资料来源:广东省公安厅出入境政务服务网)

任务二　申办证件以及表格填写

一、任务描述

1. 根据自己的信息和资料,模拟完成以下证件申办的表格填写,并通过角色扮演完成申办部分证件的过程,为自己办一本"护照"。

表7-3 模拟普通护照申请表第1页

中国公民普通护照申请表

（请用黑色签字笔或钢笔以正楷字书写，并在相应方格内填上"√"）：

申请编号条形码

身份号码																	
姓名																	近期正面免冠半身蓝色背景彩色证件照 照片大小：48×33mm
拼音姓							拼音名										
性别			民族					婚姻状况									
出生日期		年　月　日					出生地										
户口所在住址									户籍所属派出所								
家庭现住址									本人联系电话								
工作单位及地址									职务职称								
家庭主要成员	称谓		姓　名			出生日期					住　　址						
紧急情况联系人	姓　名				住　　址							联系电话					
本人身份	□农民　　□公务员　　□宗教职业者　　□无业人员　　□学生 □军人　　□国有企业或者国有控股、参股公司人员　　□其他																
拟前往国家				出国事由				□定居　□探亲　□访友　□商务 □劳务　□留学　□旅游　□其他									
申请类别	□首次申领 □原普通护照失效重新申领（原护照号码：　　　　　　签发地：　　　　　　） □换发普通护照　　（原护照号码：　　　　　　签发地：　　　　　　） □补发普通护照　　原因：□原护照丢失　　□原护照被盗、损毁 　　　　　　　　　（原护照号码：　　　　　　签发地：　　　　　　） □普通护照加注 加注类别：□曾用名加注（曾用名：　　　　　　　　　　　　　） 　　　　　□姓名加注　（姓　名：　　　　　　　　　　　　　） 　　　　　□曾持照加注（曾持护照号码：　　　　　　　　　　　）																

表7-4 模拟普通护照申请表第2页

监护人意见			
如申请人在递交本表之日时未满十六周岁,对申请人具有监护权的所有监护人均应当签署同意申请人办理普通护照的意见。			
父亲签名:_____	年	月	日
母亲签名:_____	年	月	日
申请人监护人不是申请人的父母时,其他监护人签名: _____	年	月	日
如具有监护权的系单位,应当在其他监护人签名栏加盖单位公章。			

申请人声明

本人谨此声明:
1. 本人知道,申请换发或者补发普通护照时,原普通护照将被宣布作废。
2. 本人知道,以下签名应为本人的真实姓名,且将扫描打印至本人普通护照的资料页中。出入境时,边防检查机关有权核对本人签名是否真实。学龄前儿童等不具有签名能力的申请人可以不签名。
3. 本人知道,如本人在境外遇有紧急事宜,公安机关出入境管理部门可以联系紧急情况联系人。
4. 本人须在普通护照签发后6个月内领取护照。
5. 此申请表所填内容真实正确无误,所提交的申请材料真实有效,本人愿意接受公安机关出入境管理部门的询问。如本申请表、所提交的申请材料以及有关答复存在虚假情形,本人愿意承担法律责任。

申请人签名:
(请在民警受理时当面签署,此前签署无效)
　　年　　月　　日

注意:签名原则上须以规范汉字书写,少数民族可以依照居民身份证上的少数民族语言姓名签名。签名应当横向书写,且须在矩形框内,不得压线或倾斜,各字之间距离不超过半个字。

取证方式	□邮政速递	□自行前往公安机关出入境管理部门领取	
邮寄地址		邮政编码	
收件人姓名		联系电话	

中华人民共和国公安部出入境管理局监制(监督电话 010-66266400)

表 7-5　模拟普通护照申请表第 3 页

受理	指纹采集情况	指位	右手：□拇指　□食指　□中指　□环指　□小指	
			左手：□拇指　□食指　□中指　□环指　□小指	
		未采集指纹原因：		复核人签名： 　　　　年　月　日
		采集人签名： 　　　年　月　日		申请人签名： 　　　年　月　日 （申请人不满十六周岁，应由监护人签名）
	意见			领导签名或签章 　　　年　月　日
审批签发	意见			领导签名或签章 　　　年　月　日
备注				

2.依据后文 P225【模拟案例十一】中的接待计划资料，为即将前往韩国旅游的游客，模拟填写以下"申办签证个人资料表"，并对照完成"韩国签证申请表"。

表7-6 申办签证个人资料采集表

申请签证个人资料采集表

姓　　名		性　　别	
出 生 地		出生日期	
婚姻状况		身份证号	
护照号码		护照签发日期	
护照有效期		月　　薪	
职　　务		手机号码	
家庭住址	（中文） （英文）		
邮政编码		家庭电话	
工作单位	（中文） （英文）		
单位地址	（中文） （英文）		
邮政编码		单位负责人姓名	
单位电话		单位负责人职务	
在职时间		单位负责人电话	

是否有同行人员，如果有请注明并说明关系：

配偶姓名		出生日期		出生地	
单位名称					
职务			单位电话		
子女姓名			出生日期		

父母情况（父母姓名必须填写，包括已故）

父亲姓名		母亲姓名	
出生日期		出生日期	

备注：1. 填写上述内容要完整、字迹清晰　　2. 电话号码前请注明区号
本人声明：以上所填内容完全属实，否则本人接受被取消申请资格并由本人承担因此造成的所有风险和损失！
申请日期：　　　　　　　　　　　　　申请人签名：

表7-7 韩国签证申请表(模拟)

签证申请表 APPLICATION FOR VISA

※签证发给认定号码[返签证号] (CONFIRMATION OF VISA ISSUANCE NO):

照片 PHOTO 3.5 cm × 4.5 cm	1.姓(拼音) Surname		3.汉字姓名	4.性别 Gender [ ]M [ ]F
	2.名(拼音) Given Names		5.出生日期 Date of Birth	
	6.国籍 Nationality		7.出生地点 Country of Birth	
	8.现住所 Home Address			
	9.固定电话号码 Phone No.		10.手机号码 Cell Phone	
	11.电子邮箱 E-mail		12.身份证号 National Identity Number	

护照 Passport	13.护照号码 Passport No.	14.护照类型 Classification	外交, 公务, 公务普通, 因私, 其他 DP, OF, OF, OR, OTHERS
	15.签发地点 Place of Issue	16.签发日期 Date of Issue	17.有效期至 Date Of Expiry

职业 Occupation	18.职业 Occupation	19.单位电话 Business Phone No.
	20.单位名称 Name of Present Employer 单位地址 Address of Present Employer	

婚姻状况 Martial status	21.[ ]未婚 Single [ ]已婚 Married [ ]丧偶 Widowed [ ]离婚 Divorced
	22.配偶者姓名 Spouse's Name	23.配偶者出生日期 Spouse's Date of Birth
	24.配偶者国籍 Spouse's Nationality	25.配偶者联系电话 Spouse's Tel.

26.赴韩目的 Purpose of Entry	27.在韩停留时间 Potential Length of Stay
28.预定赴韩日期 Potential Date of Entry	29.过去有无访韩经历 Previous Visit (If Any) 有□ 无□
30.韩国内停留地 Address in Korea	31.韩国内联系电话 Phone No. in Korea

32.此次赴韩费用支付者 Who Will Pay For The Expense For Your Stay?

33.最近5年内旅行过的国家 Countries You Have Travelled During The Past 5 Years

34.同伴家族 Accompanying Family	关系 Relationship	国籍 Nationality	姓名 Name	出生日期 Date of Birth	性别 Gender

35.韩国内担保人 Guarantor or Reference in Korea	关系 Relationship	国籍 Nationality	姓名 Name	出生日期 Date of Birth	性别 Gender

I declare that the statements made in this application are true and correct to the best of my knowledge and belief, that I will observe the provisions of the Immigration Law of the Republic of Korea and that I will not engage in any activities irrelevant to the purpose of entry stated herein. Besides, I am fully aware that any false or misleading statement may result in the refusal of a visa, and that possession of a visa does not entitle the bearer to enter the Republic of Korea upon arrival at the port of entry if he/she is found inadmissible.

申请日 DATE OF APPLICATION: 申请人署名 SIGNATURE OF APPLICANT:

공용란 FOR OFFICIAL USE ONLY			
收入印纸(签证邮票)粘贴处 수입인지 부착란	B/L:	사증종류	S D M	접수담당자
	출입국사항:	체류자격		
	복수대상사유:	체류기간		심사담당자
	사 건 부:	유효기간		
	불허경력:	결 재	가□ 부□	
	기 타:	불허시 사유: 고 지 사 항:		

二、任务分析

完成本任务,首先要对出境旅游的程序有比较深入的了解,并且认真阅读接待计划,对于接待计划中的各项信息加以分析和研究。

三、相关知识

(一)办理护照的相关手续

首次办理护照的程序为:

照相→领表→填表→指纹采集→验表→交表→银行卡缴费→交缴费单→领回执→领证
其中需要注意的有:

1. 填写《中国公民普通护照申请表》
2. 照片标准

(1)照片为申请人近期免冠蓝底彩色光学照片一张及广东省出入境证件数码相片检测回执。照相时,申请人不应佩戴饰物或者有色眼镜(盲人除外);国家公职人员不着制式服装,儿童不系红领巾,照片只限一人。

(2)照片背景颜色为淡蓝色。

(3)照片要求人像清晰,层次丰富,神态自然。一次性快照、经翻拍的照片或采用各种彩色打印机打印的照片不予受理。

(4)原始照片人像尺寸规格:

半身证件照尺寸:48 毫米×33 毫米;头部宽度:21~24 毫米;头部长度:28~33 毫米。

3. 需携带的资料:护照申请表、照片、照片回执、本人的身份证、户口簿及复印件(户口簿需复印地址页、本人页及户籍资料变更页)。

4. 其他注意事项

(1)不得由他人代办。

(2)16 周岁以上的申请人应当现场采集指纹信息,不满 16 周岁的申请人,监护人同意的,可以现场采集指纹信息。

(3)申请人因指纹缺失、损坏无法按捺指纹的,可以不采集指纹信息。其中因手指伤病无法捺印指纹且受理部门无法判断的,需提交二级以上医院出具的证明,并在手指伤病痊愈后到受理部门换发护照、补采集指纹。

(4)申请人应当在受理时当场在申请表上签名,以便将签名信息扫描至护照资料页。学龄前儿童等不具有签名能力的申请人可以不签名。

(5)电子普通护照启用后,原有效的普通护照应当继续使用。

办理《往来港澳通行证》以及《大陆居民往来台湾通行证》的过程与护照大致相同,详见后文拓展材料。

(二)申办外国旅游签证的程序

中国公民申办外国签证,无论是委托旅行社代办,还是自己办理,一般都需要经过下面几个程序。

1. 递交有效的中国护照

申办外国签证的申请人必须持有效期为半年或九个月以上的护照。一般国家要求护照的有效期至少在半年以上,否则不受理签证申请。

2. 提交与申请事由相符合的各类文件

一般申办团队旅游签证主要需要准备的材料有:因私护照、照片、身份证、户口簿、在职证明、单位营业执照复印件(加盖公章)、财产证明(房产证、汽车行驶证、银行存折复印件、基金股票、保险)等,每个国家相应的要求也有所不同。

目前很多国家都要求签证申请者提供固定资产证明或收入来源证明,财产证明通常是指:房产、车产、股票、基金、存款等信息,而收入来源证明则是能证明申请人有稳定收入来源的材料。

部分国家要求提供存款证明,存款证明可证明存款人在某银行的资金额度。游客必须在某银行至少存入5万元(不同国家要求的存款数额不一样)人民币,如果是其他币种的话,价值等同于人民币5万元。需注意的是,必须以定期方式存入并且冻结到回国之后(具体冻结期限由各国领事馆规定);该存款在冻结期过后将自动解冻。

3. 填写外国签证申请表格,同时缴交签证用本人照片

在旅行社参加出境游旅游团,通常需要填写申办签证的相关资料表格,由旅行社工作人员代为填写表格。

每个国家的大使馆对签证照片的要求不一样,最常见的为护照照片,即两寸白底彩照。而有一些使馆对照片的颜色、尺寸、清晰度都有详细规定,如:印度需要4厘米×3.5厘米的蓝底彩照,美国需要5厘米×5厘米的白底彩照等。

4. 面试、缴纳签证费

到前往国驻华使、领馆接受官员的会见(有些国家不需要)。

申请人要向前往国驻华使、领馆缴纳签证费用(也有个别国家免收签证费)。

5. 大使馆或领事馆按程序审核批准

每个国家的签证受理时间不一样,大部分使、领馆的签证受理时间是按工作日来计算的。通常来说,中国的法定节假日,使、领馆休息,而申请国当地的重大节日,或重大活动如国庆、圣诞、复活节、本国元首来访、使馆搬迁新址等均为闭馆时间,不计算工作日。少数使、领馆会在年初时公布本年度的节假日,个别使馆则提前一两星期或临时通知。

(三)关于签证的注意事项

1. 签证有效期

签证有效期是签证的一项十分重要的内容。世界上所有主权国家签发的签证基本上都标明有效期。签证有效期,就是说签证在某一段时间内有效,超过了这段时间,签证也就无效了。对于申请某国(地区)签证的申请人来讲,必须在获得签证后,记住有效期,并在有效期内抵达目的地。

世界上各个国家表达签证有效期的方式各有不同。大多数国家的签证用"有效期至"方

式表达。如"有效期至×年×月×日"(英文用"VALIDUNTIL"或"VALIDITY",或"USE BY"等);也有的用"从……到……"或"自……起,到……止"(英文用"FROM……TO……"),"……"位置填写年、月、日;也有的国家用"在×个月内有效"(英文用"WITHIN……MONTH(S)"),"……"位置填写阿拉伯数字。一般国家的签证基本上是在3个月内的任何一天抵达都有效;有的意思是指必须在这3个月之内入境并出境。

2. 签证停留期

签证的停留期,是指持证人入境该国后准许停留的时间。它与签证有效期不同,有效期是指签证的使用期限,而停留期则指进入该国后能停留的时间。

3. 签证的有效次数和签发日期

签证的有效次数是指在签证有效期或停留期允许的时间内,可以一次、两次还是多次出入其国境。例如,签证有效期是5个月,允许停留期为30天,有效次数是二次,就是指在30天停留期内可以有两次出入该国国境的机会。

签证的发证日期是指签证机关签发签证的日期,以便计算签证的有效期和停留期。其英文表达方式为"×(月)×(日)××(年)"。这是十分重要的一项内容,需要记住以免签证过期。

四、任务准备

1. 查阅相关资料,准备电脑、网络。
2. 将学生分成学习小组,分组完成任务。

五、任务实施

表7-8 任务实施表

序号	步骤	操作及说明	要求	备注
1	阅读资料	仔细研读【模拟案例十一】中的接待计划等资料。	(1)阅读细致 (2)重点内容能够准确记录	可以课前准备。
2	小组讨论分析	将查找到的重点资料和信息进行分析、整理。	分析整理的内容有指导性。	
3	完成表格	按要求填写表格,有不清楚的地方咨询"计调"。	(1)内容正确 (2)表格清楚 (3)问题到位	
4	分享与完善	各组分享经验,参考其他组制作的表格,并且讨论完善。	(1)虚心学习 (2)内容完整	

六、任务评价

见 P6~P7 "六、任务评价"表格。

七、问题及解决

表 7-9　问题及解决表

序号	问题	解决方式	意见和建议

八、知识拓展

办理护照的步骤——广东居民

一、领取申请表

（一）前往公安出入境管理部门领取《中国公民普通护照申请表》（以下简称申请表）。

（二）在广东省公安厅出入境政务服务网的中国公民出国栏目里下载申请表。

二、提交申请

申请人前往户口所在地公安出入境管理部门提交申请，申请人需要备齐下列材料：

（一）填写完整的《中国公民因私出国（境）申请表》，提交近期免冠蓝底彩色光学照片一张及广东省出入境证件数码相片检测回执。

（二）申请人居民身份证、户口簿及复印件；在居民身份证领取、换领、补领期间，可以提交临时居民身份证。未办理居民身份证的 16 周岁以下申请人，可以不提交居民身份证。

（三）申请护照换发的，需提交原护照及复印件。

（四）申请护照补发的，损毁的提交损毁的证件及损毁原因说明，遗失的提交遗失情况说明，被盗的提交被盗情况说明。

（五）申请护照变更加注的，提交需要变更加注事项的证明材料、普通护照及复印件。

（六）未满 16 周岁的申请人，应当由监护人陪同，并提交所有监护人（父母双方是孩子的法定监护人）同意办理护照的意见；监护人无法陪同的，可以委托他人陪同，但应提交其监护人委托书，并提交所有监护人和陪同人的居民身份证或者户口簿、护照原件及复印件。

（七）属于登记备案国家工作人员，需提交本人所属工作单位或者上级主管单位按照人事管理权限审批后出具的同意出境的证明。

（八）属于现役军人，不需提交户口簿，需提交本人身份证件、所属工作单位或者上级主管单位按照人事管理权限审批后出具的同意出境的证明。

（九）属于定居国外的中国公民短期回国申请护照换发、补发或变更加注的,提交定居国外的证明及暂住地公安机关出具的暂住证明及复印件。

三、填表所须注意事项

（一）申请表须用黑色或蓝色墨水填写,字迹清楚、整洁、不准涂改。

（二）填写申请人姓名须使用国家标准简化汉字,与户口簿、身份证一致。

（三)"拼音姓名"须按普通话拼写;"出生日期"须与户口簿、身份证一致;"出生地"填写省、自治区、直辖市即可。

（四)"文化程度"按国家主管教育部门承认的最高学历填写。"职业"指公务员,企、事业人员,其他等。

（五)"常住户口所在地"指申请人户口所在地的详细地址,须与户口簿一致。

（六)"单位"须填写全称。"行政职务或行政级别"按申请人现状况填写。

（七）如实填写紧急联系人的姓名及联系方式,方便公安机关为申请人在境外提供救助。

（八)"邮政速递"须详细填写投递地址、收件人、邮政编码、联系电话。

四、办证进度查询途径

1. 直接拨打中国电信公安出入境服务热线96897(全省直拨);

2. 登录本网站"网上申请及进度查询"栏目查询进度。

五、证件领取

（一）申请人可持身份证或户口簿、护照申请回执,按照护照申请回执上的取证时间到受理机关领取护照。

（二）申请人可根据需要选择邮政速递送证服务,其中邮政速递收费全省统一为18元人民币/包,邮政速递送证时间不计算在护照办证时限内。

（三）为让群众及时领取"急事急办"护照,广东省公安厅出入境管理局特别作出规定:符合"急事急办"条件的,可持急事急办证明、申请回执以及本人身份证,按指定时间(春节、国庆长假期间为假日的第4天上午的10时到12时)到省公安厅出入境管理局受理大厅领取护照。

办理往来港澳通行证——广东居民

一、办理要点

1. 首次申请往来港澳通行证和签注,申请人本人到当地公安分局出入境办证大厅递交申请,不能委托代办。

2. 提交申请人身份证、户口簿原件及复印件。军人须交验身份证明。

3. 申请人须准备浅蓝色底正面半身彩照(规格为48mm×33mm,2寸),建议直接在办证部门照相馆拍摄证件照,以免照片格式不符合标准。

4. 请最迟在办证大厅工作人员下班前1个小时办理，以免流程太长不能完成办理。

办理机构：户口所在地的县（区）公安机关出入境管理部门。

办理条件：广东省常住户口居民。

二、签注类型

1. 个人旅游签注（G）发给赴香港或澳门进行个人旅游的申请人。该签注分为3个月一次签注、3个月二次签注、1年一次签注、1年二次签注、一年多次签注（限深圳户籍居民）五种，每次在香港或澳门停留时间不超过7天。

2. 团队旅游签注（L）发给参加国家旅游局指定旅行社组织的团队赴香港或者澳门旅游的申请人。团队旅游签注分为3个月一次签注、3个月二次签注、1年一次签注、1年二次签注四种，每次在香港或者澳门停留不超过7天。

三、申请材料

1. 个人旅游（G签）

（1）提交填写完整的《内地居民往来港澳地区申请表》1份（用钢笔或签字笔填写，不能使用圆珠笔），提交大一寸（48mm×33mm）背景为蓝色的正面免冠光学光面彩色照片1张。（如首次申办或换发往来港澳通行证，须提交广东省出入境证件数码相片检测回执。）

（2）交验身份证、户口簿原件（申请人未满16周岁，只需交验户口簿；军人只需交验身份证明），并提交复印件。

（3）持有有效往来港澳通行证的，提交往来港澳通行证。

（4）已向公安部门通报出境备案的人员，申请办理《往来港澳通行证》及港澳个人旅游签注，须按干部管理权限提交单位意见。其他人员，无需提交单位或派出所意见。

2. 团队旅游（L签）

（1）提交填写完整的《内地居民往来港澳地区申请表》1份（用钢笔或签字笔填写，不能使用圆珠笔），提交大一寸（48mm×33mm）背景为蓝色的正面免冠光学光面彩色照片1张。（如首次申办或换发往来港澳通行证，须提交广东省出入境证件数码相片检测回执。）

（2）交验身份证、户口簿原件（申请人未满16周岁，只需交验户口簿；军人只需交验身份证明），并提交复印件。

（3）提交国家旅游局指定旅行社出具的全额旅游费用的发票复印件，交验原件。

（4）已向公安部门通报出境备案人员，申请办理《往来港澳通行证》及赴港澳团队旅游签注，须按干部管理权限提交单位意见。其他人员，无需提交单位或派出所意见。

（5）特别提示：申请人不得同时持有两本（含两本）以上有效往来港澳通行证，不得同时持有两个（含两个）以上同一前往地的有效签注。申请签注时须确保所持往来港澳通行证的有效期在半年以上。

（资料来源：广东省公安厅出入境政务服务网、国家旅游局官网）

项目八　出境游领队工作要务训练

1997年颁布的《中国公民自费出国旅游管理暂行办法》中规定:"团队的旅游活动须在领队的带领下进行。"由此"领队"一词开始在国家旅游行业法规中出现。

要保证出境旅游者的安全和旅游服务质量,一名优秀的领队是必不可少的。领队作为团队的核心,担负着极具挑战性的工作任务。尤其是在国外,既要代表组团旅行社,又要保护客人合法权益;既要使团队在旅游过程中尊重所在国的法律、风俗习惯,又要维护祖国的尊严;既要对整个行程的服务质量负责,又要对客人的安全负责。

任务一　服务准备工作
任务二　出境前的说明会
任务三　出入境服务
任务四　境外旅游服务

模拟案例十

表 8-1 模拟台湾旅游行程计划

台湾美食缤纷 8 天环岛游

行程特色：
- ◆美食：宝岛美食尝不尽，各大夜市逛不完，三大夜市畅享台湾美食；
- ◆火车：苏花公路赠乘观光火车，台北至台中乘坐高铁；
- ◆垦丁：赠送一晚"东方夏威夷"垦丁豪华酒店；
- ◆野柳：海浪和风所雕刻的每一件东西都惟妙惟肖，"怪"得充满艺术气息；
- ◆美景：台北故宫博物院、101 大楼、日月潭、嘉义、阿里山、高雄、佛光山、垦丁、花莲太鲁阁国家公园……无尽美景期待着您！

行程安排：

第 1 天：广州—台中（飞行约 2 小时）　　　含：晚餐　　　住宿：嘉义
　　各位贵宾于指定的地点集中，在机场搭乘专机飞往我国的美丽宝岛——台湾（飞行时间约 2 小时）。抵达后，前往南投【日月潭】，日月潭是台湾最大的天然湖泊，潭面北半部形如日轮，南半部形似月钩，故名日月潭。可环湖观光（乘游船游览日月潭湖光山色美景，约 1 小时），随后，赴嘉义住宿。

第 2 天：阿里山—高雄　　　含：早中餐　　　住宿：高雄
　　早餐后，参观台湾八景之首的【阿里山风景区】，参观园区中的景点：观看阿里山神木、三代木、云海、桧木林区等胜景。随后前往高雄，游览【爱河】，晚餐于【六合夜市】自费品尝风味小吃。

第 3 天：高雄—佛光山—垦丁　　　含：早中晚餐　　　住宿：垦丁
　　早餐后，游览【西子湾】【打狗领事馆】（约 1 小时），游毕前往"南台佛都"【佛光山】（约停留 1 小时），之后乘旅游巴士前往最南部度假胜地【垦丁】，抵达入住酒店休息。

第 4 天：垦丁—鹅銮鼻—台东　　　含：早中晚餐　　　住宿：台东
　　早餐后，游览台湾最南端的灯塔【鹅銮鼻灯塔】（约 60 分钟），观看"东亚之光"，眺望台湾海峡、巴士海峡以及太平洋三大海洋的交汇处，后前往【猫鼻头公园】（约停留 40 分钟），接着乘车前往台东。随后入住酒店休息。

第 5 天：三仙台—花莲太鲁阁—台北　　　含：早午晚餐　　　住宿：花莲
　　早餐后，沿东海岸观赏美丽风光，途经【水往高处流奇景】（约 15 分钟），【北回归线标】（约 10 分钟），【三仙台】（约 30 分钟），三仙台为一处完整的离岸岛地形，呈现出造型奇特的岩石相，【石梯坪】（约 30 分钟）。后前往【太鲁阁公园】（约 1.5 小时），观赏其闻名于世的雄伟壮丽、几近垂直的大理岩峡谷景观，途经雁子口，观赏自然风景大峡谷。随后入住酒店休息。

第 6 天：台北故宫—国父纪念馆　　　含：早午餐　　　住宿：台北
　　早餐后，乘坐小火车返回宜兰（新城—苏澳），参观【故宫博物院】（约 1.5 小时），下午参观【国父纪念馆】（约 20 分钟），游览【101 大楼】（约 1 小时）。游毕，前往【士林夜市】品尝台湾当地风味美食。

第 7 天：中台禅寺—宜兰—野柳台中市区　　　含：早午餐　　　住宿：台中
　　早餐后，乘车前往【野柳风景区】游览（约 1 小时），游毕前往【维格梦工厂】参观（约停留 45 分钟），随后搭乘【高铁】前往全台第三大城市——台中，傍晚自行游览【一中商圈】或中部最热闹的【逢甲夜市】，为方便阁下品尝各式美食，晚餐自理。

第 8 天：台中—广州　　　含：早餐
　　早餐后，前往台中机场搭乘豪华客机返回广州（飞行时间约 2 小时），结束令人难忘的宝岛之旅。

模拟案例十一

表8-2 模拟韩国旅游行程计划

韩国首尔龙山温泉滑雪5天游

行程特色：
◆美食：百年传统小吃和看点丰富的广藏市场，品尝地道美食！
◆酒店：赠送两晚韩国五花特二级酒店——华克山庄；
◆滑雪：尽享韩国冬日滑雪浪漫——阳智滑雪场；
◆温泉：感受冬日里的夏屋——韩式传统汗蒸幕；
◆自在：一天自由自在逛街，享受另类购物乐趣！

行程安排：

第1天：广州—仁川（飞行约3小时）　　含：晚餐　　　住宿：首尔

请各位贵宾于指定时间在白云机场国际出发厅6号门准时集中，由专业领队协助办理登记手续后，搭乘南航CZ339（1615/2035）前往韩国仁川国际机场。抵达后由当地导游接团，晚餐后入住酒店。

第2天：首尔—阳智滑雪场—龙山温泉—首尔　　含：早中晚餐　　住宿：首尔

早餐后，前往【阳智滑雪场】（停留约3小时），滑雪场内有各种不同难度的滑雪道，客人可在此享受滑雪、堆雪的乐趣。返回首尔，前往【龙山温泉馆】（含门票，停留约120分钟），是集韩式汗蒸幕、海水浴池、天然盐浴池等设施为一体的大型休闲中心。晚餐后入住酒店。

第3天：景福宫—光化门—清溪川—广藏市场—明洞　　含：早晚餐　　住宿：华克山庄

早餐后，前往参观朝鲜时代最大王宫【景福宫】（60分钟），随后车游韩国总统府——青瓦台外围，可在总统府外围指定地点照相留念（20分钟）。随后，前往【光化门广场+清溪川】（40分钟）参观，清溪川复原工程于2005年竣工。前往【广藏市场】（于市场午餐，停留约60分钟），那里有着味美价廉，朴素却充满着情谊的韩国传统小吃。前往【新罗免税店】（停留约90分钟）自由逛街。逛韩国潮流胜地【明洞】（停留约120分钟），明洞大街有各式高级名牌专卖店，还有乐天百货商场、免税店、新世界百货商场和许多综合购物中心等，在这里可以领略韩流与购物的乐趣！晚餐后，入住热门韩剧《情定大饭店》拍摄地【华克山庄】，可俯瞰汉江。

第4天：自由活动　　全日不含餐、车　　住宿：华克山庄

享受一个没有MORNING CALL的早上。您有一整天的自由活动时间。可搭乘地铁或其他公共交通工具在首尔各个街区到处逛逛、随意看看。

第5天：三仙台—花莲太鲁阁—台北　　含：早餐

前往仁川国际机场，搭乘国际航班CZ340（1055/1400）返回广州（午餐为飞机餐），抵达后散团，结束愉快的韩国之旅。

表8-3 游客原始资料名单表

广州××旅旅游公司

韩国首尔龙山温泉滑雪5天游团队游客名单

团号:CGZL20131226 KEGZG	人数:24人

2013年12月26日由广州乘飞机抵首尔	年 月 日 由 乘飞机抵
年 月 日 由 乘飞机抵	2013年12月30日由韩国乘飞机返广州

编号	英文姓名 name (in block letters)	中文姓名 Chinese name	性别 sex	出生日期 Date of birth	护照号码 passport number	签发地 place of issue	签发日期 Date of issue	护照有效期 passport valid	出生地点 place of birth
1	CHENG LEI	程磊	男/M	10 03 1970	G32645513	广东	11 12 2008	10 12 2018	湖北
2	SU XIAO HUI	苏晓慧	女/F	31 05 1988	G04568555	广东	27 09 2012	06 09 2022	广东
3	HU YING	胡颖	女/F	01 02 1995	G23018321	广东	19 07 2013	18 07 2023	广东
4	LIU YING QIANG	刘英强	男/M	30 05 1994	G39143218	广东	07 12 2009	06 12 2014	广东
5	LIU YING MIN	刘英敏	女/F	29 09 1994	G62809211	广东	07 12 2009	06 12 2014	广东
6	DU FANG	杜芳	女/F	09 11 1994	E21542762	广东	24 06 2013	23 06 2023	广东
7	CHEN YI MIN	陈奕敏	女/F	23 06 1994	E37922460	广东	28 06 2013	07 06 2023	广东
8	QIN JUN WEI	秦俊伟	男/M	30 03 1995	E16443140	广东	07 03 2013	06 03 2023	广东
9	WU SHU YI	吴淑怡	女/F	08 10 1993	E71951275	广东	08 07 2013	07 07 2023	广东
10	ZHANG XIAO TONG	张晓彤	女/F	15 02 1995	G33124423	广东	29 11 2010	28 11 2020	广东
11	LI PING PING	李萍萍	女/F	07 08 1994	E62432085	广东	09 05 2013	08 05 2023	贵州
12	XU JIA BAO	徐佳宝	男/M	11 10 1993	E64952386	广东	15 07 2013	14 07 2023	四川
……									

表 8-4 模拟韩国游团队签证

团队查证发给:广州××旅游公司		招请者:韩国××旅行社			
代表者:程磊外贰拾肆名					
查证番号:NG7869106—NG7869130					
滞留资格:C-3-2		滞留时间:15 天			

中国人团体查证发给许可书

公馆申请番号:NG-2013-NG-667624

代表名	英文姓名	CHENG LEI		汉字姓名		程磊
	出生年月日	1970.03.10	国籍	中国	性别	男	护照号码:G32645513
	单位	广州××旅游公司		职位		领队
	电话	020-37××××××		单位地址		广州市×××××××
韩国内观光	观光时日	观光计划		观光时日		观光计划
	26-12	广州—首尔		29-12		首尔观光
	27-12	首尔观光		30-12		首尔—广州
	28-12	首尔观光				
	指定旅行社	中国广州××旅游公司		韩国		韩国××旅行社

序号	英文姓名(中文姓名)	性别	出生年月	护照号码	居住地(省/市/县)
1	CHENG LEI 程磊	男/M	10 03 1970	G32645513	广东广州
2	SU XIAO HUI 苏晓慧	女/F	31 05 1988	G04568555	广东广州
3	HU YING 胡颖	女/F	01 02 1995	G23018321	广东高州
4	LIU YING QIANG 刘英强	男/M	30 05 1994	G39143218	广东广州
5	LIU YING MIN 刘英敏	女/F	29 09 1994	G62809211	广东广州
6	DU FANG 杜芳	女/F	09 11 1994	E21542762	广东茂名
7	CHEN YI MIN 陈奕敏	女/F	23 06 1994	E37922460	广东广州
8	QIN JUN WEI 秦俊伟	男/M	30 03 1995	E16443140	广东广州
9	WU SHU YI 吴淑怡	女/F	08 10 1993	E71951275	广东广州
10	ZHANG XIAO TONG 张晓彤	女/F	15 02 1995	G33124423	广东广州
11	LI PING PING 李萍萍	女/F	07 08 1994	E62432085	广东中山
12	XU JIA BAO 徐佳宝	男/M	11 10 1993	E64952386	广东广州
	……				

申请日期:2013-12-15   旅行社代表人 署名_____(公章)

表8-5 模拟中国公民出国旅游团队名单表(一式四联)

中国公民出国旅游团队名单表

组团社序号:17800　　　团队编号:CGZL20131226　KEGZG　　年份:2013

领队姓名:程磊139××××××××　　领队证号:　　　　　编号:

序号	姓名 中文	姓名 汉语拼音	性别	出生年月	出生地	护照号码	签发机关及日期	
领队	程磊	CHENG LEI	男/M	10 03 1970	湖北	G32645513	广东	11 12 2008
1	苏晓慧	SU XIAO HUI	女/F	31 05 1988	广东	G04568555	广东	27 09 2012
2	胡颖	HU YING	女/F	01 02 1995	广东	G23018321	广东	19 07 2013
3	刘英强	LIU YING QIANG	男/M	30 05 1994	广东	G39143218	广东	07 12 2009
4	刘英敏	LIU YING MIN	女/F	29 09 1994	广东	G62809211V	广东	07 12 2009
5	杜芳	DU FANG	女/F	09 11 1994	广东	E21542762	广东	24 06 2013
6	陈奕敏	CHEN YI MIN	女/F	23 06 1994	广东	E37922460	广东	28 06 2013
7	秦俊伟	QIN JUN WEI	男/M	30 03 1995	广东	E16443140	广东	07 03 2013
8	吴淑怡	WU SHU YI	女/F	08 10 1993	广东	E71951275	广东	08 07 2013
9	张晓彤	ZHANG XIAO TONG	女/F	15 02 1995	广东	G33124423	广东	29 11 2010
10	李萍萍	LI PING PING	女/F	07 08 1994	贵州	E62432085	广东	09 05 2013
11	徐佳宝	XU JIA BAO	男/M	11 10 1993	四川	E64952386	广东	15 07 2013
	……							

2013年×月×日由广州白云国际机场口岸出境

2013年×月×日由广州白云国际机场口岸入境

总人数:24人(男4,女21人)

授权人签字　　　　　旅游部门签字　　　　　边防检查站加注(实际出境　　人)

旅游路线:韩国

组团社名称:广州××旅游公司　　　联络人、电话号码:

接待社名称:韩国××旅行社　　　　联络人、电话号码:

任务一　服务准备工作

一、任务描述

1. 依据【模拟案例十】中的接待计划,认真学习旅游目的地国家(地区)的相关知识,查阅资料,完成下面的目的地国家(地区)概况表。

表8-6　旅游目的地概况表

项目			
出入境要求			
货币和汇率			
电压插座			
电话漫游			
天气与服装			
饭店住宿状况			
餐饮情况			
治安			
交通状况			

2. 领队在出发前,要对护照、团队签证、出境名单表、机票以及接待计划中的行程等进行反复核对。请根据【模拟案例十一】中表格内的各种资料,参考下面的核对表,模拟进行团队信息的核对工作。

表8-7 出境游团队信息核对表

序	核对项目	核对的资料(应该相符)				是否相符
1	游客姓名中英文	团队签证	团队机票行程单	出国团队名单表	原始资料名单表	
2	游客护照号码	团队签证	团队机票行程单	出国团队名单表	原始名单表游客护照	
3	游客出生日期	团队签证		出国团队名单表	原始资料名单表	
4	航班信息（往返）	全陪出团通知书	地接社确认书	客用行程计划	团队机票行程单	
3	出发时间是否合理	全陪通知出发时间	游客通知书集中时间	各份计划中航班时间		
4	游客人数用餐及标准	全陪出团通知书	地接社确认书	客用行程计划		
5	游客人数用房量	全陪出团通知书	地接社确认书	游客名单表		

备注:本案例要着重进行团队签证、出国团队名单表、原始资料表的核对工作。

二、任务分析

完成本任务,首先要对领队工作中出团前的服务准备环节的工作要求有一定的了解,并且认真阅读接待计划,对于接待计划中的各项信息加以分析和研究。

三、相关知识

(一)出团前的业务准备

1. 细心核对资料

在出境游的过程中,团队要经历国内、国外的出境、入境,还要经过多次的证照查验、海关检查、卫生检疫等过程。若是出境团使用的是团队签证,一旦一位游客的资料出现了差错,就会影响整个团队的出入境等活动。

(1)护照与机票核对。包括中英文姓名、前往国家,姓名有错误的须由机票联络人在出票电脑处更改。

(2)机票与行程核对。包括国际段和国内段行程、日期、航班、间隔时间等,如有转机情况必须核对航班间隔时间。

(3)护照与名单表核对。各项一一对应,核对时要保证实际出境旅游人数与《团队名单表》一致。以护照为准核对名单上客人信息是否准确无误,如姓名(中英文)、护照号码、出生日期以及出生地、户口所在地等,有错误及时通知相关负责人,修正后加盖有效印章。

(4)护照内容核对。包括正文页与出境卡项目一致,出境卡两页是否已盖章、是否与前往国相符,签证有效期、签证停留期是否在有效范围内,以及签证水印及签字等。

2. 检查护照、机票、已办妥手续的《中国公民出国旅游团队名单表》

《出国团队名单表》是出入境重要的手续和资料,表中简要注明游客的基本情况,如中文姓名、汉语拼音、性别、出生日期、出生地、护照号码、发证机关等资料。《出国团队名单表》(国家旅游局颁发的)一式四联,第一联在通过边防检查站出境检查后留存于边防检查站;第二联在通过边防检查站入境检查后由边防检查站留存;第三联应加盖出入境章后由领队带回交旅游行政管理部门留存;第四联应加盖出入境章后由领队带回交组团社留存备查。团队实际人数与名单人数发生增减变更、名单上客人信息有错误等,均应修正后加盖印章。

3. 核对团队旅游行程计划

旅游行程计划是出团信息最集中的一份文件,是出境游领队执行旅行计划的基本依据。

(二)出国必需品准备

1. 国内外重要联系电话

领队不仅应有前往国家接待社经理和业务联系人以及地陪的联络电话,还应有组团社责任人的联络方式,以便在旅游过程中发生问题时能够及时联络。

2. 房间分配表名单表

团队境外住房名单表是领队协助接待社导游员在团队入住酒店时分配住房的依据。编制名单表时,应当根据游客参团时的住房需求确定分房顺序。

3. 准备好入出境卡、海关申报卡

旅游者出入境若携有须向海关申报的物品,应在申报台前向海关递交《中国海关进出境旅客行李物品申报单》或海关规定的其他申报单证,按规定如实申报其行李物品,报请海关办理物品出入境手续。其中,携带中国法律规定的物品,还要向海关交验国家行政主管部门出具的批准文件或证明。

4. 其他物品

如游客胸牌、行李标签、旅行社社旗、社牌、名片、游客问卷表、领队日记簿等业务用品,及其他日用品等。

四、任务准备

1. 准备【模拟案例十一】中的接待计划。
2. 查阅相关资料,准备电脑、网络。
3. 将学生分成学习小组,准备模拟实操。

五、任务实施

表8-8 任务实施表

序号	步骤	操作及说明	要求	备注
1	阅读资料	仔细阅读出团任务书、团队费用计划和游客名单表,对照地陪服务准备中"熟悉接待计划"的要求。	(1)阅读细致 (2)重点内容能够准确记录	可以课前准备。
2	小组讨论分析	将查找到的重点资料进行分析、整理。	分析整理的内容有指导性。	
3	完成表格	对照表格的要求,按照接待计划是实际情况加以整理,按要求填写表格,有不清楚的地方咨询"计调"。	(1)内容正确 (2)表格清楚 (3)问题到位	
4	分享与完善	各组互换位置,参考其他组制作的表格,并且讨论完善。	(1)虚心学习 (2)内容完整	

六、任务评价

见 P6~P7 "六、任务评价"表格。

七、问题及解决

表8-9 问题及解决表

序号	问题	解决方式	意见和建议

八、知识拓展

某旅行社领队出团资料交接表

团号_____　　　　　　出发日期_____
领队_____　　　　　　人数_____

序号	应领	资料/物品	已领	序号	应领	资料/物品	已领
1	√	团队名单		11		中国入境健康申报卡	
2	√	分房表		12	√	××国出入境卡	
3	√	行程计划		13		××国地接计划	
4	√	机票		14	√	××国签证	
5	√	订车单		15	√	××国海关申报单	
6	√	签证申请书		16	√	××国健康申报卡	
7	√	护照		17	√	领队工作手册	
8	√	出境名单表		18	√	客人意见书	
9		中国出境卡（有出境名单表，则不用填写出境卡）		19	√	陪同日志	
10		中国入境卡		20			

出境游_____　　组联系电话:8×××××××、8×××××××
OP：　　　　　　　　　领队：　　　　　　　　　　日期：

任务二　出境前的说明会

一、任务描述

依照【模拟案例十】中的台湾旅游行程计划,模拟担任领队完成出境前的说明会。

二、任务分析

完成本任务,首先要认真研读旅游线路的行程安排,搜集与出境目的地相关的资料和知识,进行分析、归纳、提炼和整理。

三、相关知识

(一)出境旅游说明会

团队出境前的说明会可以由业务人员(OP)主持,也可由出境部经理主持,领队人员列席并补充发言;也可以由领队人员主持。在说明会上,一是把有关事项告知每一位客人;二是与客人认识并让客人相互认识和接触,这样便于以后的团队组织工作的开展。特别是要重点介绍在目的地国家(地区)的注意事项以及应注意的相关问题、特殊的禁忌和风俗习惯等。

主要应包括以下方面:
1. 出境旅游的有关注意事项;
2. 目的地国家(地区)外汇兑换事项与手续等;
3. 发放《出境旅游行程计划》、通知以及旅行社礼品;
4. 介绍相关法律法规知识以及旅游目的地国家(地区)的风俗习惯;
5. 对于不可抗力/不可控制因素导致组团社不能(完全)履行约定做出情况说明;
6. 介绍目的地国家接待旅行社、当地地陪以及出境游领队的情况。

(二)说明会的具体内容

出团说明会是旅行团出发前,领队与团队成员正式见面的开始,是与团队成员熟悉的机会。领队参加并主持说明会,会使团队成员立即感受到领队的亲切,增进相互之间的了解,使彼此的陌生感很快消除。

1. 致欢迎辞

面对游客群体,领队既代表领队本人,更代表着企业。说明会是与游客第一次见面,领队应当利用这个机会,首先代表企业感谢大家的信任,欢迎游客参加旅游团。要自我介绍,使游客初步了解领队的情况。要作出服务承诺,让游客感到领队热爱自己的这项工作,也愿意做好这项工作。

2. 旅游行程说明

(1)集合时间、地点说明

介绍团队行程前,领队务必首先强调集合时间、集合地点和航班的起飞时间。对于抵达机场(或机场集中)的时间大部分旅行社要求提前3小时(也有些旅行社要求2小时)集合,广州白云机场的建议时间也是出境航班提前3小时。游客有时对此表示不理解,认为提前两三个小时没必要。领队要详细介绍出境所须办理的各项手续:登机手续、托运行李、海关检查、卫生检疫、出境边防检查、安全检查等,使游客理解提前集合的原因,充分给予配合。

(2)具体行程、安排

按照行程计划为客人作介绍,说明行程中的主要景点和城市间移动的时间及安排等。

3. 出入境知识

在中国出境时海关规定:允许携带人民币两万元或折合成美金不超过五千元的外币现

钞。变焦相机、摄像机出境时申报;黄金饰品超过 100 克要申报。

可免费托运行李 20 公斤(超重需自付现金),所有液体的物品请托运,手提行李不能超过一件。贵重物品请随身携带。过移民局、海关时,请听从领队的指挥,不要私自行动。不要帮陌生人拿行李,以防被人利用。

4. 货币与汇率

领队要在说明会上说明目的地国家(地区)使用的货币,以及货币兑换的汇率,方便游客提前做好准备。

我国海关规定每人可携带 2 万元人民币或者相当于 5000 元美金的外币出境。

在境外,美金是通用货币,但是随着中国出境旅游的迅猛发展,人民币也很受欢迎。在境外,以外币现金支付最为便利,特别适用于经济欠发达的地区。但在欧美日本等经济发达国家,随身携带信用卡则较为安全方便。在已经开通人民币刷卡业务的境外地区,最好选择刷银联卡。通过银联渠道刷卡,消费金额会直接按汇率转换为人民币入账,这样不会产生任何兑换手续费。

5. 旅行生活

(1) 电话网络

游客通常较为关心到了国外自己的移动电话是否可以使用,酒店是否有 WIFI 可以上网等问题。领队也应该事先了解目的地国家(地区)的移动电话信号、网络覆盖等情况。

(2) 电压插座

现在的游客出游往往要携带多种电器产品,如照相机、摄像机、移动电话等,都需要补充电量。世界各国的电源插头、电压电量都有不同的标准,领队要事先了解清楚,并向游客介绍,方便游客在国外的生活。

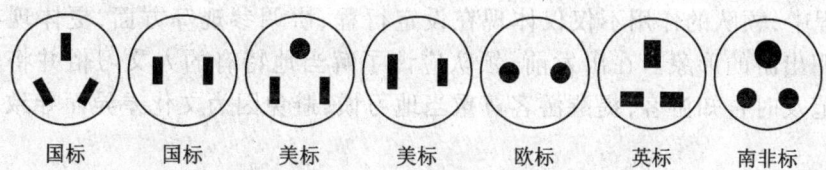

国标　　国标　　美标　　美标　　欧标　　英标　　南非标

各种标准的使用情况大致如下:

国标——中国大陆、澳大利亚、新西兰等国家或地区;

美标——美国、加拿大、日本、中国台湾等国家或地区;

欧标——德国、丹麦、芬兰、法国、挪威、韩国等国家或地区;

英标——英国、新加坡、中国香港等国家或地区;

南非标——南非、印度等国家或地区。

(3) 自备药品

为防止水土不服,提醒游客带好常备药品,如止泻药、感冒药、消炎药、止痛药以及创可贴、风油精等,并且针对自己的身体情况带足备用药。有晕车史的游客,要在乘车、乘船前半小时服药。

(4)看天气带衣物

向游客介绍行程计划中前往地的天气状况,方便游客准备适当的行装。

6. 其他注意事项

(1)安全第一

在许多国家,机动车包括行人都要左侧通行。相应地,车是右手舵,客人从左边门上车。过马路要看行人指示灯,绿灯亮时才可通过。

在外活动,个人的钱款和贵重物品要随身带好,尽管大多数国家治安较好,但千万不要掉以轻心。坐飞机时不要将钱款和贵重物品放在托运行李中,入住酒店亦应随身携带或存入酒店的保险箱,而不应放在房间内。护照是在境外唯一合法身份证明,丢失护照将是最大的问题,补办手续耗时费力,还会影响全团行程。

(2)入乡随俗

要严格遵守当地的法律法规,自觉遵守当地出入境条例及海关规定。遵从当地的生活习惯。让游客牢固树立在国外我们每个人都"代表"中国的观念。

前往有收付小费习惯的国家和地区,要提前预备此项费用,以便适时付给相关服务人员。通常支付小费有两种情况:第一种是对酒店的行李生、房间清扫工,可酌情支付;另一种是对导游、司机服务的奖赏。

(3)遵守旅游纪律

团队旅游务必遵守时间,记住汽车号码、导游同领队的姓名和手机号以便联系。游览时应先听导游讲解,然后再拍照;要随时注意团队的去向,以免掉队;旅行期间,团友应互敬互谅,等等。

7. 强调文明旅游

在行程中,领队的作用不仅仅体现在设定行程、协调参观等方面,更体现在帮助游客维护文明出游的形象。在出发前,领队应该了解当地特有的人文习俗并将其和基本的文明规范及时告知游客,提醒游客尊重当地习惯,避免因为文化差异而导致的不文明现象。

出境时要知礼守礼、文明游览,每位出境游客都应遵守法律,恪守公德,讲究礼仪,爱护环境,尊重旅游目的地文化习俗,以文明言行举止为自己加分,为中国添彩。中国公民出境旅游时要对有损国格、违背公德的不文明行为说"不",用公众监督的力量推动文明旅游风尚形成。

(三)说明会必须再确认的事项

1. 对于没有到会的客人,领队必须与他们取得联系,通知其出发时间,确认以上相关事宜;

2. 房间分配情况(加床、不占床、单间房等),最好能完成住房分配名单;

3. 是否有单项服务离团活动等特殊要求;

4. 是否有其他特殊的要求,如餐饮要求、其他服务要求等。

四、任务准备

1. 详读【模拟案例十】中的行程安排;准备相关书籍、电脑、网络,查阅资料。
2. 将学生分成学习小组,准备实操训练。

五、任务实施

表 8-10 任务实施表

序号	步骤	操作及说明	要求	备注
1	查阅资料	依据【模拟案例十】中的行程安排,查阅目的地国家(地区)的相关知识,搜集相关资料。	(1)阅读细致 (2)资料丰富	
2	组内讨论学习	根据任务要求,分析、整理相关资料。	(1)知识完整 (2)表格清晰	
3	组内模拟实操训练	组内进行模拟训练,合作完成对出境前的说明会上应介绍的内容的掌握。	(1)分工合理 (2)内容准确 (3)参与性强	可以制作 PPT 辅助介绍
4	说明会实操训练	根据【模拟案例十】的行程,按照任务要求模拟召开出国前的说明会。	(1)讲解流畅 (2)符合要求	
5	分享与评价	各组派代表分享本组任务完成过程,并进行讨论评价和完善。	(1)虚心学习 (2)评价中肯	

六、任务评价

见 P6~P7 "六、任务评价"表格。

七、问题及解决

表 8-11 问题及解决表

序号	问题	解决方式	意见和建议

八、知识拓展

中国公民出境旅游文明行为指南

中国公民,出境旅游;注重礼仪,保持尊严。
讲究卫生,爱护环境;衣着得体,请勿喧哗。
尊老爱幼,助人为乐;女士优先,礼貌谦让。
出行办事,遵守时间;排队有序,不越黄线。
文明住宿,不损用品;安静用餐,请勿浪费。
健康娱乐,有益身心;赌博色情,坚决拒绝。
参观游览,遵守规定;习俗禁忌,切勿冒犯。
遇有疑难,咨询领馆;文明出行,一路平安。

台湾旅游注意事项

一、出入境

1. 在中国出境时海关规定:允许携带人民币两万元或美金五千元,抑或折合成美金不超过五千元的外币现钞。变焦相机、摄像机出境时申报;黄金饰品超过100克要申报。

2. 可免费托运行李20公斤(超重需自付现金),所有液体的物品请托运,手提行李不能超过一件。贵重物品请随身携带。过移民局、海关时,请听从领队的指挥,不要私自行动。不要帮陌生人拿行李,以防被人利用。

3. 台湾种类繁多的美味水果只供阁下在当地食用,动植物(如水果、宠物)不能携带出入境。

二、货币与汇率

在台湾旅行中,都以使用新台币为原则,信用卡也可通用,台湾货币1000元、500元、100元为纸币,50元、10元、5元、1元为硬币。1元人民币大约折算台币为4.5元左右,台湾机场银行、酒店及银行都可以兑换新台币。

三、旅途生活

1. 气候

台湾属于热带与亚热带气候,夏长冬短,5—6月为梅雨季节(根据出团月份的实际情况介绍),夏天多雨,旅行中带把雨伞更佳,服装以轻便即可,但冷气普及,行程中有阿里山者,准备一件御寒衣服为妥。行程中台湾中部有的酒店有免费温泉,请自带泳衣。有的酒店客房内没有牙膏、牙刷、拖鞋,请游客自备。

2. 饮食

台湾饮食口味偏甜,敬请入乡随俗。生水不能饮用,酒店或餐厅有茶水供应。

3. 电压

台湾的电压为110伏特,插座为扁头二脚式,敬请注意所携带的电器用品。酒店前台大多备有电压转换器,需付押金使用。

4. 治安

台湾治安良好,但也要提防不必要的陌生人,旅行证件与贵重物品务必妥善管理,避免走人少黑暗路段,以免不必要的麻烦。请保管好自己的证件及贵重物品。不要替陌生人保管物品,也不要让陌生人保管自己的物品。

5. 交通与秩序

台湾交通方便,但以电单车为交通工具的人很多,旅行中必须遵守交通规则,以保自身安全,台湾与大陆一样靠右行驶,违反交通规则将被罚款。旅行途中乘坐交通工具一律禁止抽烟,乱丢垃圾与随地吐痰都会被罚款,公共场所超过3人不许抽烟。最重要的是进入台湾绝对禁止携带毒品与枪械,否则会被严惩,切勿触犯。住宿酒店时不要大声喧哗以免妨碍住客造成他人困扰。

6. 语言及国际电话

普通话为主,中南部地区方言较多,一般来说语言上没有障碍。国际电话的使用方法:公用电话或酒店都可直拨,其使用方法为:002+86+地区号+电话号码。办理国际漫游的中国大陆手机可在台湾使用。

7. 小费

根据国际惯例可以给当地导游和司机支付每天新台币50元/人的小费。除此之外,下榻酒店,若有事要求服务生时,一次给50元新台币即可,商店购物或乘坐出租车不必支付小费。

8. 离团须知

全程不得离团,必须团进团出。

9. 度量衡

600克为一斤,37.5克一两。

10. 游客请注意自己的言行举止,不乱丢垃圾、不随地吐痰,不谈论政治,不做任何有损国家的行为,不看、不听、不与陌生人员搭讪,避免被人利用。

(资料来源:国家旅游局官网)

任务三 出入境服务

一、任务描述

依照【模拟案例十一】中的游客资料，填写下列韩国出入境相关表格。并且模拟领队办理其他出入境服务，如国内出境手续、国外入境手续、国外出境手续以及国内入境手续等服务。

表8-12 韩国入境海关申报表

大韩民国海关申报单

- 所有入境人员均需填写并提交此申报单。大韩民国海关官员需要时，可随时检查旅客的行李物品。
- 以家庭为单位入境时，家庭一员代表填写即可。
- 填前，请务必阅读申报单背面的填写须知。

姓　　名			
出生日期		护照号码	
职　　业		停留期限	日
旅行目的	□旅游　□商务　□探亲访友　□公务　□其他		
航班号		同行家属	人
来韩前所访国家（共　国） 1.　　　　 2.　　　　 3.			
地址（在韩住址）			
联系电话（手机）☎ （　　　　）			

海关申报事项

- 请在下列问题后□内划"✓"，若有需要申报的物品，请在"申报物品填写栏（下端与背面）"内填写。-

	是	否
1. 是否从国外（包括国内外免税店）获取（包括购买，捐赠、赠送）超出免税范围的物品（参照背面1）	□	□
2. 是否携带需要享受特殊优惠关税的FTA缔约国产品	□	□
3. 是否携带超过1万美金以上的支付工具（韩币，美金等法定货币，银行支票，旅行支票及其他有价证券等）〔总额：约　　　　　〕	□	□
4. 是否携带韩国违禁物品与受限物品（枪支、炮弹、刀剑、毒品以及危害国家安全和社会稳定的物品）（参照背面2）	□	□
5. 是否携带动植物、肉类加工品等需要检疫的物品；是否前往过畜禽传染病发生国家的畜禽农场 ※凡前往过畜禽农场者，均需向韩国检疫检查总部申报	□	□
6. 是否携带销售品、公司货物（样品等）、他人委托携带品、寄存或暂准进出口货物	□	□

我保证以上所填申报内容属实无误。
　　　　　　　年　月　日
　　　　　　　申报人：　　　　（签名）

85mm×210mm（一般用纸 120g/m²）

1. 携带物品免税范围
▶ 烟・酒・香水

区分	酒	香水	烟
一般旅客	1瓶（不超过1升，且不超过400美金）	60毫升	200根
乘务员	如上（每月仅限一次）	-	200根

＊未满19周岁旅客所携带的烟、酒等物品，不属于免税范围。

▶ 其他物品

一般旅客	不超过400美金（限本人使用、礼品、随身物品）农林畜产品、中草药不超过10万韩元，每种物品的数量与重量均有所限制。
乘务员	不超过100美金（每种物品限带1件或1套）

2. 违禁物品与受限物品

- 枪支、炮弹、刀剑等武器与仿真武器、炸弹、雷管、火药、放射性物质、窃听装置等
- 麻黄素、鸦片、海洛因、大麻等毒品与违禁医药品
- 危害国家安全、破坏社会稳定、泄露政府机密的物品
- 损害知识产权的冒牌产品、假钞、伪造有价证券等
- 熊胆、麝香、鹿茸、鳄鱼皮等濒危野生动植物与相关产品

3. 需检疫物品

- 活体动物（宠物等）、水产动物（鱼类）、鲜肉、肉脯、火腿肠、午餐肉、奶酪等肉类加工品
- 土壤、芒果、核桃、山参、松珥菌、橙子、樱桃等鲜果、坚果以及蔬菜等

【申报物品填写栏】

▶ 烟・酒・香水（若超过免税范围，则应填写所有携带物品数量）

酒	（　　）瓶，共（　　）升，金额（　　）美金
烟	（　　）盒（以20根为准）　香水（　　）毫升

▶ 其他物品

品　名	数（重）量	价格（美金）

※ 填写须知
- 姓名应填写护照上的韩文名或英文名。
- 若发现未申报、虚假申报或代理携带的，根据大韩民国《关税法》将判处五年以下有期徒刑或给予拘留、增税（增收30%）、通告处分、没收等处罚。
- 根据FTA协议规定，凡符合一定要求的物品，均可享受特殊优惠关税。但需要事后申请特殊关税的，则应当进行一般进口申报。
- 若有其他疑问，请咨询海关官员或致电☎1577-8577。

표 8-13 韩国入境健康申明表

건강상태 질문서
健康狀態質問書 HEALTH QUESTIONNAIRE

성명(姓名) Name		도착 연월일(到達年月日) Arrival Date(YY/MM/DD)	
국적(國籍) Nationality		항공기명(航空機名) Flight No.	
여권번호(护照番号) Passport No.		좌석번호(座位號碼) Seat No.	
생년월일(生年月日) Birth Date(YY/MM/DD)		주민등록번호 뒷자리 (내국인만 작성) Last seven digits of ID. No (Write for Only Korean)	
성별(性別) Sex	[ ]남(男)Male [ ]여(女)Female	휴대전화(전화번호) 携帶電話(電話番號) Mobile Phone No.(Tel.)	
한국 내 주소 (韓國 內 地址) Contact address in Korea			

과거 10일 동안의 방문 국가명을 기입해 주십시오. 請填寫過去十天之內停留的 國家
Please list the countries where you have stayed during the past 10 days before arrival.

1)　　　　　　　　　2)　　　　　　　　　3)

과거 10일 동안에 아래 증상이 있었거나 있는 경우 해당란에 "∨" 표시를 해 주십시오.
過去十天之內如有以下症狀, 請在症狀前劃 "∨"
Please check a mark "∨", if you have or have had any of the following symptoms during the past 10 days before arrival.

[ ]콧물 또는 코막힘(鼻汁, 鼻閉塞) Runny or stuffy nose	[ ]인후통(咽喉痛) Sore throat	[ ]기침(咳嗽) Cough	[ ]발열(發熱·发烧) Fever
[ ]설사(腹瀉) Diarrhea	[ ]구토(嘔吐) Vomiting	[ ]복통(腹痛) Abdominal pain	[ ]호흡곤란(呼吸困難) Difficulty breathing	[ ]잦은 호흡(呼吸急促) Shortness of breath

건강상태 질문서 작성을 기피하거나 거짓으로 작성하여 제출하는 경우 「검역법」 제12조 및 제39조에 따라 1년 이하의 징역 또는 1천만원 이하의 벌금에 처할 수 있습니다.

If you make a false statement concerning your health or fail to fill out the Health Questionnaire, you may face a sentence of up to one year of imprisonment or up to 10 million won in fines, in accordance with Articles 12 and 39 of the Quarantine Act.

回避或虛假地填寫衛生檢疫單時, 依據檢疫法第十二條及制三十九條的規定, 可被判以一年以下的徒刑惑 1000万元(韓貨)以下的罰款.

국립김해검역소장 귀하
Gim Hae National Quarantine Officer
Ministry for Health and Welfare Republic of Korea

148mm×210mm (황색지 70g/m²)

备注：韩国法务部规定由2006年8月起，已在韩国出入境管理部门登记的外国人(已办签证)入境时，不用填写出入境登记卡。未曾在韩国出入境管理部门登记的外国人(免签，如直飞济州岛)在入境时还需提交入境登记卡。

二、任务分析

完成本任务，要学习出境旅游中出入境方面的相关工作要求，特别注意工作细节。

三、相关知识

(一)办理中国出境手续

1. 值机

(1)提前到达。领队应按规定时间(机场建议提前180分钟)，提前到达集合地点(至少10分钟)，在指定位置等候游客到达。提醒陆续到达的游客提前做好申报准备，申报的物品不要放在托运的行李内，需要让海关人员检查实物等。

(2)清点人数。联络尚未到达的客人，确认其所在位置，催促其尽快赶到。

(3)办理登机手续。前往指定柜台，领队应出示本人和全体游客的护照(或其他有效证件)办理。领队可根据航站楼内的电子屏幕上航显的提示或在问询柜台查询航班实际办理区域(广州白云机场的国际出发航班的值机手续于F、G、H、J、K五个值机岛办理)。

(4)行李托运。办理好登机牌后，领队应将护照和登机牌分发给游客，再次提醒游客航空行李规定，带领游客办理行李托运手续，检查游客行李托运单，提醒登机时间和登机口。

2. 卫生检疫

敏感时期(非典、禽流感)，要进行体温检测，平时走过指定通道即可。

3. 海关检查

特别提示：在进出境的海关控制区域，不得使用手机、照相机、摄像机和录像设备。若打电话，会被要求停止通话，直到通过海关；若是在海关拍照或是摄像，海关会要求删除拍摄的任何照片和影像。

(1)选择通道——无申报通道(绿色通道)、申报通道(红色通道)

若没有携带应向海关申报的物品，则选择无申报通道(绿色通道)通关。一般情况下，出境旅游团的游客若按照说明会的要求携带行李物品，可选择无申报通道(绿色通道)通关。选择了无申报通道通关，海关有权抽查，若是被查实未如实申报，要承担相应的法律责任。

若携带了应向海关申报的物品，则应选择申报通道(红色通道)通关。出境游客需填写《中华人民共和国海关进出境行李物品申报单》(简称申报单)。

向海关申报时，要出示本人的护照(有效证件)，并交验申报物品的证明文件，并且将申报物品交海关查验。领队要提醒已申报的游客保管好"申报单"，以备回国时查验。

(2)海关查验

游客的行李物品要通过行李检查机进行检验，没有问题则可以通过。

4. 安全检查

领队带领游客排队进行安检，向安检人员出示登机牌和有效证件，检验完毕后，游客要从金属探测门通过，随身携带的行李要经过X光机检查，然后进入中国边防出境检查区域。

5. 边防出境检查

出境旅游团领队办理通关手续时应持有效的领队证和《出国团队名单表》。

表 8-14　中国海关进出境旅客行李物品申报单

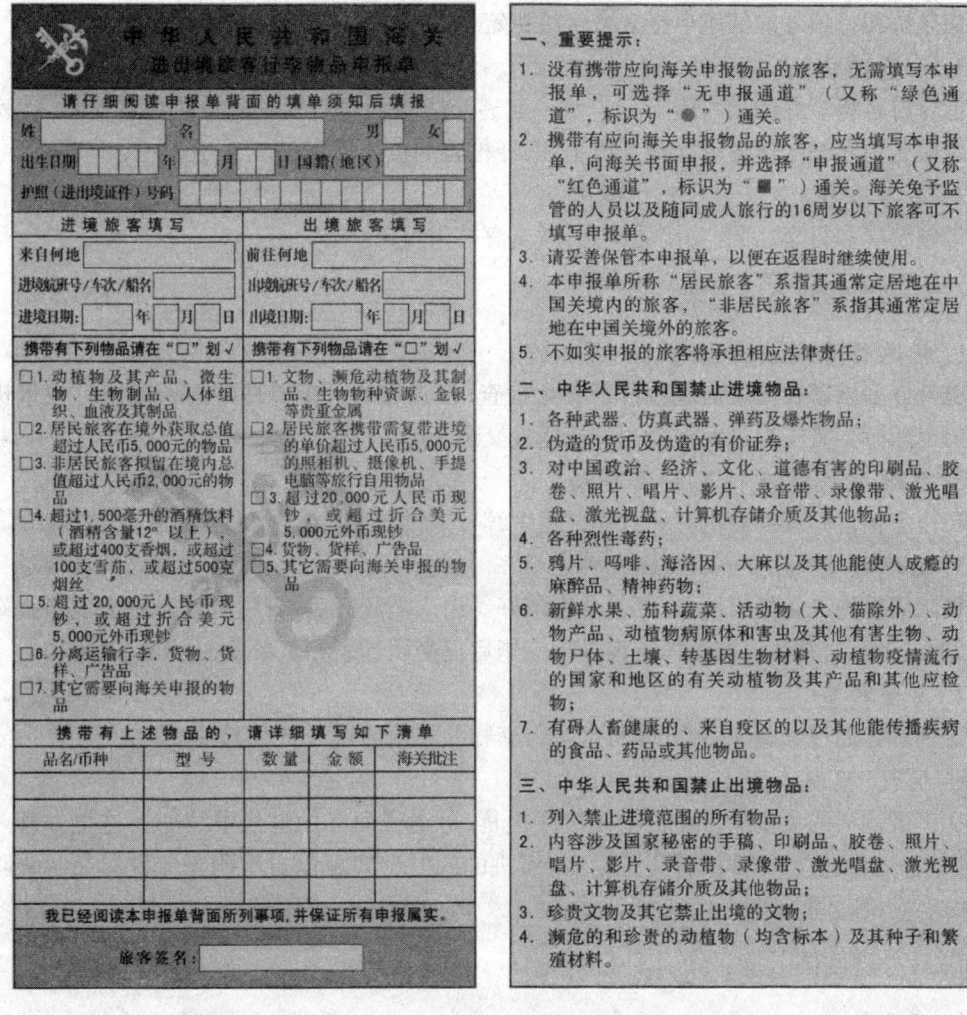

游客将有效护照、签证递交给边检人员,检查完毕在护照上加盖出境章。若是团队签证,领队则要请游客按照名单表的顺序排队通关。通常领队排在第一位(名单表上领队姓名为第一个),过边检时领队将团队签证和出境名单表(一式四联)递交边检人员,边检留存一份,另三份由领队收存(入境时据此通行)。

领队应待全部游客通关后,请排在最后的游客协助取回团签表和名单表,再带领游客前往登机口候机。

6. 候机、登机

登机时,提醒游客需要出示护照和登机牌。

(二)办理国外入境手续

到达旅游站或目的地后,办理有关入境手续,通常称为"过三关"即卫生检疫、证照查验、海关检查(按顺序)。领队应将入境的健康申报表、出入境卡及海关申报单等事先填妥,分发给游客。

1. 卫生检疫

指导游客将填好的健康申报表缴交给指定位置的工作人员。

2. 入境边检

指导游客将填好的出入境卡和护照一起递交边检移民官。领队应待游客全数入境后，提交出境名单表和团体签证办理入境手续，经检验加盖入境章。

3. 海关检查

带领游客取行李，到海关接受检查，缴交海关申报单。

(三)办理国外离境手续

1. 托运行李的安全检查

境外许多国家在托运前进行行李安全检查，检查过的行李要粘贴封条或用打包带机打包。要提醒游客将安检过的行李送到托运处交运。

2. 办理登机牌及行李托运手续

在指定柜台办理换登机牌和行李托运手续。

3. 出境检查

领队应事先准备好出境卡，并代游客填好。进入隔离区后，带领游客通过出境检查站递交护照及出境卡，领队需在全体游客办理完毕后提交团签表和名单表，并加盖出境章。

4. 安全检查

带领游客通过金属探测门，随身携带行李物品均须通过X光仪检测。

5. 候机、登机

在市区购买的免税品可在机场候机厅提货，可退税商品的退税手续亦在这里办理。在各国机场的国际候机厅都设有免税商店，候机的同时游客可以再次购买免税商品。领队须提醒游客登机时间。

(四)办理回国入境手续

1. 卫生检疫

同前面的国内出境部分。

2. 边检入境手续

游客持护照、签证入境，领队将团签表和名单表交边检人员审验加盖入境章。

3. 行李及海关检查

带领游客到行李提取厅等候行李。海关检查规定和要求同前面的国内出境部分，海关对于"进境旅客带进物品"的相关规定见知识拓展部分的《中国籍旅客带进物品限量表》。

四、任务准备

1. 准备【模拟案例十一】中的接待计划，以及电脑、网络查阅相关资料。
2. 将学生分成学习小组，分组进行领队出入境服务的模拟训练。

五、任务实施

表 8–15　任务实施表

序号	步骤	操作及说明	要求	备注
1	教师示范	教师示范部分工作,提出本节课模拟要求。	准备充分	
2	任务分配	各组按照本组任务,讨论角色重点要求,并且分配组员角色。	抽签分配小组任务	
3	角色扮演国内出境	按照小组任务角色,选派代表轮流进行工作模拟。	(1)角色清晰 (2)工作到位	问题合理
4	角色扮演国外入境	按照小组任务角色,选派代表轮流进行工作模拟。	(1)角色清晰 (2)工作到位	问题合理
5	角色扮演国外出境	按照小组任务角色,选派代表轮流进行工作模拟。	(1)角色清晰 (2)工作到位	问题合理
6	角色扮演国内入境	按照小组任务角色,选派代表轮流进行工作模拟。	(1)角色清晰 (2)工作到位	问题合理
7	分享与评价	由各组自评、互评,再由老师进行点评。	(1)分享体会 (2)巩固知识	

六、任务评价

见 P6~P7 "六、任务评价"表格。

七、问题及解决

表 8–16　问题及解决表

序号	问题	解决方式	意见和建议

八、知识拓展

表 8-17 中国籍旅客带进物品限量表

（中华人民共和国海关总署 1996 年 8 月 15 日修订）

类别	品种	限量
第一类物品	衣料、衣着、鞋、帽、工艺美术品和价值人民币 1000 元以下（含 1000 元）的其他生活用品	自用合理数量范围内免税，其中价值人民币 800 元以上，1000 元以下的物品每种限 1 件
第二类物品	烟草制品 酒精饮料	(1) 香港、澳门地区居民及因私往来香港、澳门地区的内地居民，免税香烟 200 支，或雪茄 50 支，或烟丝 250 克；免税 12 度以上酒精饮料限 1 瓶（0.75 升以下） (2) 其他旅客，免税香烟 400 支，或雪茄 100 支，或烟丝 500 克；免税 12 度以上酒精饮料限 2 瓶（1.5 升以下）
第三类物品	价值人民币 1000 元以上，5000 元以下（含 5000 元）的生活用品	(1) 驻境外的外交机构人员、我出国留学人员和访问学者、赴外劳务人员和援外人员，连续在外每满 180 天（其中留学人员和访问学者物品验放时间从注册入学之日起算至毕业结业之日止），远洋船员在外每满 120 天任选其中 1 件免税 (2) 其他旅客每公历年度内进境可任选其中 1 件征税

注：
1. 本表所称进境物品价值以海关审定的完税价格为准；
2. 超出本表所列最高限值的物品，另按有关规定办理；
3. 根据规定可免税带进的第三类物品，同一品种物品公历年度内不得重复；
4. 对不满 16 周岁者，海关只放行其旅途需用的第一类物品；
5. 本表不适用于短期内多次来往香港、澳门地区旅客和经常进出境人员以及边境地区居民。

海关总署公告 2010 年第 54 号
发布时间：2010-08-30

为进一步增强海关执法透明度，方便旅客进出境，明确进境旅客行李物品征免税规定，规范和统一海关验放标准，现就有关事项公告如下：

一、进境居民旅客携带在境外获取的个人自用进境物品，总值在 5000 元人民币以内（含 5000 元）的；非居民旅客携带拟留在中国境内的个人自用进境物品，总值在 2000 元人民币以内(含2000元)的,海关予以免税放行,单一品种限自用、合理数量,但烟草制品、酒精制品以及国家规定应当征税的20种商品等另按有关规定办理。

二、进境居民旅客携带超出5000元人民币的个人自用进境物品,经海关审核确属自用的;进境非居民旅客携带拟留在中国境内的个人自用进境物品,超出人民币2000元的,海关仅对超出部分的个人自用进境物品征税,对不可分割的单件物品,全额征税。

三、有关短期内多次来往旅客行李物品征免税规定、验放标准等事项另行规定。

特此公告。

对于《公告》的解释

在"自用、合理数量"范围内,对进境居民旅客携带的在境外获取总值超过5000元人民币的个人自用物品和对进境非居民旅客携带拟留在中国境内总值超出2000元人民币的个人自用物品,海关仅对超出部分征税;

对不可分割的单件物品,如名贵手表、名牌手提包等,则要全额征税。

据海关总署《中国籍旅客带进物品限量表》规定:

香港、澳门地区居民及因私往来香港、澳门的内地居民可免税带进香烟200支,或雪茄50支,或烟丝250克和12度以上酒精饮料1瓶(0.75升以下);其他旅客可免税带进香烟400支,或雪茄100支,或烟丝500克和12度以上酒精饮料2瓶(1.5升以下)。

海关对以下商品实行全额征税验放:

电视机、摄像机、录像机、放像机、音响设备、空调器、电冰箱(电冰柜)、洗衣机、照相机、复印机、程控电话交换机、微型计算机及外设、电话机、无线寻呼系统、传真机、电子计算器、打字机及文字处理机、家具、灯具、餐料、包含手机、iPad平板电脑、笔记本电脑等常见物品。

出入境卡等表格的填写建议

出国旅游,在国外出入境关口,部分国家会要求填写出入境卡等表格。但是很多国家的出入境卡上面都没有中文,只有英文和本国语言。

身为领队,经常要帮游客填写出入境卡、海关申报单和健康申明表。各个国家出入境卡的规格、颜色以及具体要填写的内容会有些区别,但是填写的主要目的大致相同,主要信息也相差不大。同样,外国人来华旅游也被要求填写出入境卡,为了方便游客,我国的出入境卡上有英文说明,填卡要求是英文或中文。

表8-18 外国人出入境卡

各国出入境卡上大致内容和填写依据如下：

一、护照相关资料

这部分内容可以依照护照上的资料来填写，通常团队签证以及名单表上都有全团游客的相关资料。

1. Full name as it appears in Passport（护照上的英文名字）

或者 Family name（姓）Given name（名）

2. Nationality（国家）

3. Country of Birth（出生地）

4. Date of Birth（出生年月日）

5. Passport No.（护照号码）

6. Place of issue（护照签发地）

7. Date of Expiry（护照到期日）

8. Place of Residence（City/State/Country）（居住地）

二、依照旅游行程填写

符合游客情况打"√"即可，其他资料领队用的行程计划上通常都有，如人数、航班号等资料。

9. Number of persons traveling on this passport（此次旅游人数）

10. Traveling on group tour □Yes □No（团体旅游吗）

11. Sex □Male □Female（性别 Male：男 Female：女）

12. Last place of Embarkation(入境之前到过的国家)

13. Next Destination(下一个目的地)

14. Mode of arrival Air □ Flight No. Sea □ Ship's name
（抵达方式　飞机　□航班　船　□船名）

15. Length of stay（days）（停留天数）

16. Purpose of visit：
Holiday □　Transit□　Employment□　Business□　Official □　Other□
（旅游目的：度假□　转机□　工作□　贸易□　公务□　其他□）

17. Address in Maldives(落脚处)——填入住的饭店即可

18. Singature of the passport holder(护照持有者请签名)——客人自填

另外，在各国的健康申明卡中，有很多需要填"YES"或"NO"，大部分问题都是问是否去过流行性感冒（各种病）的高发区、近期是否感染过流行性感冒（各种病）、最近是否有流鼻涕（发烧、其他各种症状）等症状、近期身边是否有人感染过流行性感冒（各种病）。这类问题，多数都是要在"NO"上打"√"，需要特别注意。

（资料来源：中国海关总署官网、南方航空公司官网）

任务四　境外旅游服务

一、任务描述

1. 通过对【模拟案例十】中的出境游行程安排进行研读、分析，掌握境外旅游的特点和需注意的事项，完成下面的境外活动安排列表。

表8-19　境外活动安排列表

日期	行车时间（含往返交通）	游览景点	游览景点所需时间	游览方式	出发时间	回酒店时间

填表说明：

行车时间——每日乘车总计时间（含出发、返程的大交通）；

景点数量——每日游览的景点多少，影响到全天活动日程是否紧张；

游览时间——比较游览时间总量是否大于行车时间总量；

游览方式——步行、登山或其他，影响游程的疲劳程度；

出发时间、回酒店时间——测量全天游客的游览强度等。

2. 请按照各组完成的境外活动安排，进行模拟训练，合作完成实操训练。

二、任务分析

完成本任务，首先要认真研读出境游旅游线路的行程安排，收集相关资料进行分析、归纳、提炼和整理。

三、相关知识

（一）领队与当地导游的合作

1. 团队到达旅游目的地后，领队应马上与地接社导游进行接洽，将旅游团和旅游者的情况向当地导游通报；

2. 将当地导游介绍给旅游团，与当地导游一起安排客人入住酒店；

3. 领队及时与当地导游按事先约定的行程计划，商定游览计划和时间表；

4. 在行程中，领队应坐在旅游车的第一排，及时与地陪沟通，方便配合，把游客的意见和要求及时向当地导游反映。

（二）住宿服务

1. 在境外旅游期间，领队须办理旅游团入住饭店的手续，将事先准备的分房名单表填上房号，复印后交当地导游和饭店前台留存，并分发房卡。

2. 针对中国游客的特点对饭店的设施进行介绍。领队应当提请客人注意：酒店房间内的饮料、啤酒、小食品等均属于个人消费；使用房间内的电话，离店前请游客本人主动到前台结清费用；部分酒店内设有收费电视节目，客人在选择频道时应予以注意，避免产生不必要的花销。

3. 将自己的联络方式、房间号码告知游客，以便游客有紧急事情时与领队联络。

4. 将饭店的名片、介绍资料分发给游客。

（三）就餐服务

1. 旅途中体力消耗较大，及时安排好团队用餐尤为重要。在饭店内用早餐时领队应提前到达，并招呼游客。

2. 游客可能会因饮食口味不同等，不习惯国外食物或进食规矩而提出异议，出现这种情况，领队要尽量开导。

3. 在用餐时，领队应先安排客人就座后再离开，中间可询问客人对用餐的意见。

(四)观光游览服务

1. 游览景点时,领队一般应走在后面,不熟悉线路的地方应注意转弯处。
2. 要在不影响导游工作的情况下,多问候和提醒大家,以体现领队作用。
3. 团队在外活动,要提醒客人:随队行动,防止走散;与团体一起活动时,注意不要脱离队伍,活动时彼此应互相照应。

四、任务准备

1. 详读【模拟案例十】中的行程安排。
2. 准备相关书籍、电脑、网络,查阅相关资料。
3. 将学生分好学习小组,准备实操训练。

五、任务实施

表8-20 任务实施表

序号	步骤	操作及说明	要求	备注
1	查阅资料	依据【模拟案例十】中的行程安排,查阅相关知识,搜集相关资料。	(1)阅读细致 (2)资料丰富	
2	组内讨论学习	根据任务要求,分析、整理相关资料,完成表格。	(1)知识完整 (2)表格清晰	
3	组内模拟实操训练	组内进行模拟训练,合作完成实操训练的准备工作。	(1)分工合理 (2)内容准确	参与性强
4	实操训练	根据【模拟案例十】的行程,4组按照任务要求进行实操训练。	(1)讲解流畅 (2)符合要求	
5	分享与评价	各组派代表分享本组任务完成过程,并进行讨论评价和完善。	(1)虚心学习 (2)评价中肯	

六、任务评价

见P6~P7"六、任务评价"表格。

七、问题及解决

表8-21 问题及解决表

序号	问题	解决方式	意见和建议

参考文献

1. 周彩屏.模拟导游实训.北京:中国劳动社会保障出版社,2008.
2. 赵利明.模拟导游.大连:东北财经大学出版社,2010.
3. 王培英.北京模拟导游.北京:北京大学出版社,2013.
4. 黄跃珍.导游业务.广州:广东旅游出版社,2009.
5. 叶娅丽,陈学春.导游业务规程与技巧.北京:北京大学出版社,2012.
6. 杨连学.导游服务实训教程.北京:旅游教育出版社,2010.
7. 马继兴.旅游服务技能实训.北京:清华大学出版社,2012.
8. 黄跃珍.广东导游词.广州:广东旅游出版社,2007.
9. 孙丰念.领队实务模拟.上海:复旦大学出版社,2012.
10. 曹景洲.海外旅游领队业务.北京:中国旅游出版社,2011.
11. 王新军,陈克敏.出境游领队工作培训手册·领队业务与政策法规,北京:中华工商联合出版社,2006.
12. 张朝中,黄良河.广东经典导游词,广州:广东旅游出版社,2013.
13. 尚永利,等.旅游计调师操作标准教程,北京:旅游教育出版社,2012.
14. 熊晓敏.旅行社OP计调手册.北京:中国旅游出版社,2007.
15. 宙斯.带团就是战斗:全国一线导游实战攻略.北京:旅游教育出版社,2011.
16. 本书编写组.导游趣味讲解资料库续篇.北京:中国旅游出版社,2009.
17. 中华人民共和国国家标准《导游服务规范》(GB/T 15971-2010)北京:中国标准出版社,2010.
18. 徐昕.我在服务区:一个涉外导游的飞行笔记.杭州:杭州出版社,2007.

责任编辑：张　萍

图书在版编目（CIP）数据

模拟导游 / 陈蕾主编． —北京：旅游教育出版社，
2014.6（2015.8）
　国家中等职业教育改革发展示范校创新系列教材
　ISBN 978-7-5637-2913-5

Ⅰ．①模… Ⅱ．①陈… Ⅲ．①导游—中等专业学校—教材　Ⅳ．①F590.63

中国版本图书馆 CIP 数据核字（2014）第 063426 号

国家中等职业教育改革发展示范校创新系列教材
模拟导游
主编　陈蕾
顾问　王薇
副主编　江澜　张永幸
主审　董家彪

出版单位	旅游教育出版社
地　　址	北京市朝阳区定福庄南里1号
邮　　编	100024
发行电话	（010）65778403 65728372 65767462（传真）
本社网址	www.tepcb.com
E-mail	tepfx@163.com
印刷单位	河北省三河市灵山红旗印刷厂
经销单位	新华书店
开　　本	787毫米×1092毫米　1/16
印　　张	16.375
字　　数	313千字
版　　次	2014年5月第1版
印　　次	2015年8月第3次印刷
定　　价	33.00元

（图书如有装订差错请与发行部联系）